**Gebrauchsanweisung
für Istanbul**

Kai Strittmatter

Gebrauchsanweisung für Istanbul

Piper München Zürich

Mehr über unsere Autoren und Bücher:
www.piper.de

ISBN 978-3-492-27592-7
5. Auflage 2012
© Piper Verlag GmbH, München 2010
Satz: le-tex publishing services GmbH, Leipzig
FSC-Papier: Munken Premium von Arctic Paper Munkedals AB, Schweden
Druck und Bindung: CPI – Clausen & Bosse, Leck
Printed in Germany

*Danke Bela Sinan, Leander Kaya, Selcuk –
ohne Euch drei hätte es dieses Buch so nie gegeben*

Inhalt

Azur	9
Verwandeln	10
Lichtblau	16
Flörten	18
Schmeicheln	25
Türkis	30
Taufen	32
Indigo	38
Baumeln	40
Trinken	45
Silbern	56
Auskosten	58
Suchen & Finden	70
Eisblau	74
Verkehren	76
Schießen	86
Ultramarin	96
Umkleiden	98
Vergessen	106
Mondblau	116

Erinnern	**118**
Ausharren	**125**
Bleigrau	**132**
Fliehen	**134**
Trotzen	**143**
Jadegrün	**150**
Atmen	**152**
Heimkehren	**158**
Sehnen	**170**
Himmelblau	**176**
Blutsaugen	**178**
Sattweinen	**182**
Grillen	**194**
Purpurrot	**198**
Beben	**200**
Lapislazuli	**206**
Schneiden & Legen	**207**
Kinderkriegen	**217**
Nachtblau	**223**
Bellen & Beißen	**224**
Lauschen	**230**
Lesen	**237**
Schwarz & Weiß	**239**

In diesem Buch schreibe ich türkische Wörter so, wie sie in der Türkei geschrieben werden. Ausnahmen sind Wörter, die sich im Deutschen eingebürgert haben, »Raki« zum Beispiel. Für Deutsche ist die Aussprache des Türkischen einfach. Allerdings gibt es ein paar besondere Buchstaben:

c wie »dsch« in »**Dsch**ungel«
ç wie »tsch« in »**Tsch**üss«
ğ wird nicht gesprochen, dient als Verlängerung des Vokals wie bei uns das »h« in »Za**h**n«
ı das »i« ohne Punkt wird gesprochen wie ein fast verschlucktes, dumpfes »e« z. B. im flapsig gesprochenen »komm**e**n«
ş wie »sch« in »**Sch**ule«
v wie »w« in »**W**asser«
y wie »j« in »**J**uli«
z stimmhaftes »s« wie in »lei**s**e«

Azur

Welch ein Glück, diese Stadt. Trägt ihre Ränder in ihrem Innersten: die Ufer des Bosporus, dessen asiatische und europäische Küste ineinanderpassen wie die gezackten Linien eines gebrochenen Herzens in einem Tattoo.

Verwandeln

Asien. Europa. Haben die Griechen erfunden, das Paar: jenseits der Ägäis, diesseits der Ägäis. Sie selbst saßen auf beiden Flecken, ohne sich groß um die Unterscheidung zu kümmern. Wenigstens solange die Perser stillhielten. Am gemütlichsten ließ sich vom einen Kontinent auf den anderen spucken an dem Flecken, den die Griechen Bosporus nannten, und dessen Anblick den unvorbereiteten Reisenden noch heute mit Wucht trifft.

»Mit einem Schlüssel öffnet und schließt er zwei Welten und zwei Meere.« Der französische Reisende Pierre Gilles, vor fünfhundert Jahren.

»…« Ich, bei meiner Ankunft. Sprachlos.

Ich war aus Peking eingeflogen, hatte mir zuvor auf dem Stadtplan angeschaut, wo Büro und Wohnung liegen sollten: in Yeniköy, einem am Bosporus gelegenen Vorort, etwa fünfzehn Kilometer nördlich des Stadtzentrums. Aha, am Wasser, dachte ich. Als ich in der Altstadt auf die Fähre stieg, die mich nach Yeniköy bringen sollte, war ich auf alles vorbereitet: Hafenanlagen, Raffinerien, kilometerlange öl- und teerverschmierte Kaimauern – nach acht Jahren China hätte mich

nichts gewundert. Und dann das. Der spätsommerliche Bosporus. Es nahm mir, ungelogen, fast den Atem. Hier sollte ich leben dürfen? Das letzte Mal waren mir vor vielen Jahren in Bangkok so viele Endorphine ins Hirn geschossen: Da hatte ich meinen ersten Löffel grünen Thaicurrys geschluckt, meine Augäpfel rollten nach hinten ins Schwarze, Rote.
Glücksexplosion.

Asien. Europa. Als ich in Istanbul ankam, fielen mir auf: Das Sonnenblumenkernekauen. Die Liebe zum Radau. Die kleine Straße, in der zehn Läden das gleiche Sortiment an Schrauben anboten, einer am anderen, und die am Ende in eine weitere Gasse mündete, in der dann wieder ein Dutzend Läden die gleichen Klobrillen verkauften. Der Gemüseverkäufer, der seine Tomaten zu einer Pyramide arrangiert hatte und die kunstvoll gebundenen Radieschen auf dem Salat tanzen ließ. Der wöchentliche Stromausfall. Die zahlreichen Altmaoisten. Der Gründungsheilige der Republik (hier heißt er Atatürk), dessen in Marmor gemeißelte Weisheiten die Gebetssprüche ersetzt haben.

Holla, dachte ich: Wie in Peking.

Und dann wieder: Wolken! Ganze Türme, ein Himmel von solcher Tiefe, wie ich ihn acht Jahre lang nicht mehr gesehen hatte. In Peking gibt es keine Wolken. Am Hang, unweit von unserer Wohnung, Haselnusssträucher. Im Sommer wilde Erdbeeren am Wegesrand, im Herbst aufgeplatzte Kastanien, im Winter ein halber Meter Schnee auf der Straße und in der Fußgängerzone geröstete Maroni. Osterzopf in der Bäckerei. Kirchenglocken am Sonntag. Sibirische Tiefdruckgebiete, die kalten Regen bringen. Und immer wieder: Wolken am Himmel! Oft war mir, als sei ich schon wieder zu Hause in Deutschland, so vertraut mutete mich vieles an.

Wer von der Altstadt kommend über eine der beiden Bosporusbrücken fährt, den empfängt am anderen Ende ein Schild: »Willkommen in Asien«. Aber dann entdeckt man, dass die Stadt in asiatischen Vierteln wie Kadıköy und Moda europäischer aussieht als vielerorts auf der europäischen Seite und dass gerade die in Europa liegende Altstadt jener Teil Istanbuls ist, der für viele Besucher orientalisch anmutet. Eine Warnung ist das: Diese Stadt bläst die Klischees zu Staub, und zwar so gründlich, dass man einem jeden Deutschen unverzüglich eine Woche Zwangsurlaub verordnen möchte. Aus Istanbul lässt sich nicht schlau werden. Istanbul verstört. Istanbul beglückt. Gerade das Chaotische, Halbfertige bringt den Ort zum Vibrieren. »Hier öffnen sich deine Poren«, meint unser Freund Erdoğan: »Das ist, als ob du in den Hamam gehst, ins Dampfbad, und abgeschrubbt wirst. Danach kommst du raus, und deine Haut atmet wieder.«

Mit dieser Stadt, sagt die Schriftstellerin Perihan Mağden, sei es wie mit ihren Straßenkötern. »Du wirfst nur einen Blick auf sie, und es ist um dich geschehen.« Abseits des Bosporus ist Istanbul nicht gestriegelt und herausgeputzt. Istanbul ist schorfig und vielerorts heruntergekommen. Einen großen Bogen möchte man da machen um so einen Bastard. Istanbul, der Moloch. Der Ort, der sich so lange einen feuchten Kehricht um den Rest des Landes geschert hat, dass der Rest eines Tages sagte: Dann kommen wir halt zu dir. Und jetzt sitzt die halbe Türkei in der Stadt und auf der Stadt und wartet auf ihr Glück und bekommt doch oft nur ein Leben zugedacht, so bitter wie der starke türkische Tee.

Als ich zum ersten Mal nach Beyoğlu in die Fußgängerzone ging, stand ich da mit offenem Mund und dachte, ich sei wieder in Schanghai. Und dann las ich nach, und siehe da: dreizehn, vierzehn, fünfzehn, siebzehn Millionen leben hier, so genau weiß das keiner. Eine der ältesten Städte der Erde. Eine der jüngsten Städte der Erde. Die größte Metropole Europas. Das größte Dorf Europas.

Oder muss das jetzt heißen: Asiens?

Man sagt ja gerne, Moskau sei nicht Russland, Peking sei nicht China und New York sei nicht Amerika. Und das stimmt. Mit Istanbul aber ist das anders. Istanbul *ist* die Türkei. Istanbul ist eine Miniatur des Landes. Fast jeder vierte Türke wohnt hier. Praktisch jede türkische Stadt und jedes anatolische Dorf hat eine Filiale in Istanbul. Es wohnen hier mehr Sivaser als in Sivas, mehr Giresuner als in Giresun, mehr Ardahaner als in Ardahan, und die größte kurdische Stadt des Landes ist Istanbul sowieso. Oft prägen die einzelnen Landsmannschaften ganze Stadtviertel. Bei uns hinterm Berg haben sich die Zuwanderer aus Samsun niedergelassen, in ihrem »Samsun-Vereinslokal« treffen sich die Männer, trinken Tee, holen Rat. Die Leute aus Mardin findet man im Altstadtviertel Fatih, die aus Sivas in Gaziosmanpaşa. Sie alle sind erst im letzten halben Jahrhundert hierhergekommen. Und sie kommen noch immer. Stadtteile wie das einst griechisch-armenische Kleinbürgerviertel Tarlabaşı, vom schicken Beyoğlu nur durch eine Straße getrennt, sind heute Auffangbecken für immer neue Wellen bettelarmer Zuwanderer aus dem Südosten. Und manchmal bringen die auch ihre Schafe mit und lassen sie auf den Straßen grasen. Wer möchte ihnen die Flucht aus der Heimat verdenken? Wenn das Geld und die Fabriken nicht nach Anatolien kommen, wandert Anatolien halt zu den Fabriken. Offiziell leben in Istanbul heute zwölfeinhalb Millionen Menschen. Jeder weiß, dass es in Wirklichkeit viel mehr sind – aber selbst von den amtlich Registrierten ist nicht einmal jeder Zweite in Istanbul geboren.

Und dann wieder ist Istanbul diesem Land weit voraus. Mehr als die Hälfte aller türkischen Exporte werden heute im Großraum Istanbul hergestellt. Auf einer Liste der Beraterfirma PricewaterhouseCoopers hängt die Wirtschaft der Stadt diejenige von hundertsiebenundzwanzig Staaten weltweit ab. Istanbul ist also nicht nur der Spiegel des Landes. Die Stadt ist auch seine Lokomotive. Sie zieht die Wirtschaft nach vorne, mit einem

Tempo, bei dem Europa schwindlig wird. Und sie schleppt das Volk in die Moderne. Istanbul verwandelt. Die ihm Anvertrauten. Sich selbst. Die Zahlen sind beeindruckend; gesund ist die Konzentration auf diesen Ort nicht. Das Land ist aus der Balance. »Der Wohlstand hier hat einen Preis«, sagt Cengiz Aktar von der Wirtschafts- und Verwaltungsfakultät der Bahçeşehir-Universität. »Und der Preis ist der Ruin Istanbuls.« Eine Megastadt längst. Frisst sich ohne Planung nach Asien wie nach Europa hinein, betoniert und versiegelt den einen wie den anderen Kontinent. Grün gibt es kaum, öffentlichen Raum jenseits von Straße und Parkplatz ebenso wenig, das Wasser reicht schon lange nicht mehr und die Arbeit auch nicht. »Schauen Sie sich die Lebensqualität an«, sagt Cengiz Aktar: »Ich wette, da zählen wir zu den miserabelsten Städten der Welt. Wir haben ein Lumpenproletariat. Unzählige Menschen, die kaum etwas verdienen, sich mit lausigen Jobs über Wasser halten, ohne Schulabschluss, ohne Ausbildung.« Um genau zu sein, sahen die Unternehmensberater der Firma Mercer Istanbul in puncto Lebensqualität zuletzt auf Platz 112. Hinter Brasilia und Bukarest. Fast gleichauf mit Peking (Platz 114).

Und dann wieder sitzt man vor einer solchen Statistik, schaut aus dem Fenster und denkt sich: Was für ein Quatsch. Gleichauf mit Peking? Vor diesem Fenster liegt der Bosporus, von dem leichte Nebelschwaden die Hänge hochfliehen, das Wasser ein Spiegel an diesem Morgen, im besten Moment tauchen die Gedanken dort ein, ohne eine Spur zu hinterlassen. Für mich war der Umzug von Peking nach Istanbul eine Offenbarung. Natürlich gehöre ich zu den Glücklichen. Zu denen mit Arbeit. Mit Geld. Die sich das leisten können: den Bosporus vorm Fenster. Schau auf die Karte. In der großen Türkei ist Istanbul nur ein Klecks. Und in der Metropole von heute ist das alte Istanbul nur mehr ein Klecks. Aber was für einer. Der Fleck, den allein die Alteingesessenen als ihr Istanbul anzuerkennen bereit sind. Der schönste Fleck auf der

Karte. Noch auf einer Weltkarte täte man sich schwer, einen schöneren zu finden. Die Stadt mag von Wucherungen entstellt sein, aber sie hat ihr Herz nicht verloren. Und sie wird es nie verlieren. Denn Istanbul, die Ewige, ist auch nur zu Gast am Bosporus. Und solange der Bosporus noch Wasser trägt, so lange muss einem nicht bange sein um diese Stadt.

Hier ist ein Leuchten.

Lichtblau

Das schönste Wort der Welt ist ein türkisches: *Yakamoz*. Findet die Berliner Zeitschrift »Kulturaustausch«. *Yakamoz* hat einen Wettbewerb der Zeitschrift gewonnen. Den zweiten Platz belegte das Wort *Hulu* (chinesisch für: »schnarchen«). Weil ich gerne das Lob der türkischen Sprache singe, finde ich, die Berliner haben keine schlechte Entscheidung getroffen, wenn sie auch, was das Siegerwort betrifft, knapp danebenlagen. Die Juroren erklären in ihrer Begründung, sie seien dem Charme von *Yakamoz* verfallen, weil es die »Widerspiegelung des Mondscheines im Wasser« bedeute. Das aber ist nicht ganz richtig.

Den Mondschein und sein Spiegelbild im Wasser bezeichnet im Türkischen nämlich das Wort *Mehtap*. Ein Wort, dem ebenso der Sieg gebührt hätte, brachte es doch so schöne Begriffspaare hervor wie die »Ausfahrt unter dem Mondschein« (*mehtaba çıkmak*), gemeint sind jene nächtlichen Bosporusfahrten auf den kleinen Hauskähnen, mit denen die Istanbuler Gesellschaft einst bei Wein und Gesang das Leben feierte. Dennoch würde ich nicht behaupten wollen, *Mehtap* sei um den Sieg betrogen worden. Die Jury hat nämlich in einem

Akt gesegneter Verirrung mit *Yakamoz* ein Wort bedacht, das in der Vorstellung nacht- und meeresverliebter Türken tatsächlich noch größeren Zauber herbeiruft als der Mondenspiegel: *Yakamoz* beschreibt das Phänomen des Meeresleuchtens. Wenn des Nachts das Meer mit einem Mal zu leuchten beginnt, mal milchig weiß, mal grün, mal blau. Weil dieses Licht erzeugt wird, ohne dass dabei Wärme entsteht, spricht die Wissenschaft von Lumineszenz, vom kalten Leuchten, was dem Effekt zumindest in den trunkenen Augen nächtlich Badender nicht ganz gerecht wird. »*Yakamoz*«, schwärmt mein Freund Sinan, »das ist, wenn du eintauchst ins Wasser und wieder auftauchst, und dein ganzer Körper ist gehüllt in Licht ... nun stell dir vor: eine Frau an deiner Seite, und auch ihre Haut schimmert.« Lichtwesen beide.

Wie so vieles andere auch haben sich die Türken dieses Wort bei den Griechen geborgt: Yakamoz geht zurück auf das altgriechische *giakamos*. Das griechische Ahnwort aber, und so gelangen wir auf verschlungenen Wegen zur Rehabilitierung der deutschen Juroren, benennt tatsächlich den Widerschein des Mondenscheins im Wasser.

Über das Meeresleuchten sagen die Wissenschaftler, es seien Kleinstlebewesen, die dieses Licht ausstrahlen, Abermilliarden Mikroalgen, die auf Berührung reagieren. Sollen wir also diesen Dinoflagellaten danken für das schönste Wort der Welt? Oder doch lieber Jim Knopf und der wilden Dreizehn? Das Meeresleuchten war nämlich schon einmal kaputt, da hat Jim Knopf es repariert, am Großen Gurumusch-Magnetfelsen war das, aber das wissen die Zuschauer der Augsburger Puppenkiste ohnehin. Sonst säßen die Meerjungfrau Sursulapitschi und ihr Vater, der Meerkönig Lormoral, bis heute ohne Licht in ihrem Palast am Ozeangrund. Und wir Nachgeborenen wüssten nichts vom Wunder der zweiten Haut, wenn einer ins Nachtmeer taucht, und nichts vom Leuchten im wassergetränkten Sand, wenn der Fuß des Strandgängers über ihn streicht.

Flörten

Ich habe ein neues Lieblingswort. *Gürültülü*. Flüstern Sie's mal nach. Wird Ihnen nicht ganz kitzlig um die Mundwinkel? Und jetzt ein wenig lauter. *Gürültülü*. Sofort wird der ganze Starenschwarm vor Ihrem Küchenfenster fröhlich pfeifend einfallen. Das geht in Ordnung. *Gürültülü* heißt nämlich »lärmig, krachig, laut«. Aber schön krachig halt. Um ein Haar wäre ich diesem Stimmbandtriller nie begegnet: wäre ich nicht nach Istanbul gezogen und hätte ich nicht angefangen, Türkisch zu lernen.

»Ja, Wahnsinn, du lernst Türkisch«, war die Reaktion vieler meiner Freunde, dahingemurmelt meist in einem Tonfall konsternierten Desinteresses, und da erst fiel mir auf, was der eigentliche Wahnsinn ist: dass ich bis dahin keinen Verwandten, Freund oder Bekannten hatte, der auch nur ein Wort Türkisch spricht. Ich kenne Leute, die sprechen Chinesisch, Koreanisch und Tibetisch. Ich kenne sogar einen, der spricht Dänisch. Aber Türkisch? Nicht einer. Dabei stamme ich aus einem Land, in dem drei Millionen Türken leben: Es wohnen in Deutschland mehr als dreimal so viele türkische Staatsbürger wie italienische und mehr als fünfzehnmal so viele wie spanische. Und doch stürzen sich meine Freunde in Spanisch- und in Griechischkurse, tun dem Italienischen mit ebensolcher Lust Gewalt an wie dem Portugiesischen – würde man ihnen jedoch eine Türkisch-Broschüre auf den Küchentisch legen: Man erntete nicht mehr als ein fassungsloses Grinsen. In meinem Sprachkurs in Istanbul saßen schon ein paar Deutsche, Engländer und Franzosen, wenn ich sie aber fragte, warum sie Türkisch lernten, dann erhielt ich fast ausnahmslos zwei Antworten: Wegen der Arbeit. Wegen meines/meiner Verlobten. Viele schickten dem einen Seufzer hinterher, der von der Größe ihres Liebesopfers künden sollte. Türkisch lernen aus Neugier, zum Vergnügen gar? Fehlanzeige.

Das muss und das wird sich ändern.

Warum? Eigentlich sollte man denken, die guten Gründe lägen auf der Hand zu einer Zeit, da deutsche Magazine zur Verteidigung »unserer Türkei«, also des Teutonengrills an der türkischen Riviera, gegen den Einfall der russischen Horden blasen: Mehr als vier Millionen Deutsche machen mittlerweile jährlich in der Türkei Urlaub, doppelt so viele wie in Griechenland. Und werben unsere Turkologen nicht seit Jahrzehnten so unermüdlich wie unbemerkt mit dem Hinweis, es verschaffe einem die Meisterschaft des Türkischen einen wertvollen Vorsprung beim Erlernen des Uigurischen, des Kipschakischen, ja gar des Gagausischen? Reicht Ihnen nicht? Bitte sehr, diese Gründe fallen mir auf Anhieb ein:

Weil die Türkei in der Türkei ganz anders ist als die in unserem Kopf. Weil die Leute endlich erkennen würden, dass es noch ein, zwei, drei, viele andere Türkeien gibt. Also nicht bloß die der faschistischen Staatsanwälte, welche die besten Köpfe ihres Landes vor Gericht zerren. Und nicht bloß das in einer Zeitkapsel konservierte Ostanatolientum, welches das Türkenbild der meisten Menschen in Zürich, Wien und Berlin bestimmt (die vielen modernen Türken fallen ja leider nicht auf bei uns). Weil nicht nur das amerikanische Magazin »Newsweek« Istanbul für die »coolste Stadt Europas« hält.

Weil ein Türke sich den Literatur-Nobelpreis erschrieben hat. Weil das Land die am schnellsten wachsende Wirtschaft des Kontinents hat. Weil die Türkei vielleicht bald mittendrin steht in Europa. Und zwar als dann größtes Volk.

»Weil man den Türken besser zum Freund hat denn zum Feind.« (Ergänzt ein türkischer Freund.)

Hier drei Argumente vom Fachmann. Es spricht: Christoph Neumann, Übersetzer von Orhan Pamuks »Schnee«.

»Du möchtest eine exotische Sprache lernen, sie soll aber doch mit lateinischen Buchstaben geschrieben werden? Bitteschön: Du hast die Wahl zwischen Albanisch, Baskisch, Maltesisch – und Türkisch.«

»Stell dir vor, du bist ein Marsmensch und landest auf der Erde. Du hast nur achtundvierzig Stunden Zeit, eine Sprache zu lernen. Absolut logisch soll sie sein, und mindestens ein Prozent der Weltbevölkerung soll sie sprechen. Ganz klar: Der Marsmensch wird Türkisch lernen.«

»Es ist die am wenigsten übersetzte ernstzunehmende Literatursprache. Und der türkische Roman kann so komisch sein. Ach, was gibt es da noch für Schätze zu entdecken.«

Schätze. Wer sich auf die Türkei einließe, der würde nicht nur feststellen, dass sie den schönsten Frauen Europas Heimat ist, er würde auch erkennen, dass die Melodie ihrer Sprache zu Unrecht einen schlechten Ruf genießt. Vielmehr fließt das Türkische aus dem Munde einer schönen Lehrerin gleich einem mit Edelsteinen besetzten Band aus Atlas. Und wer es spräche, der könnte diesen Frauen in einem kühnen Augenblick auch Verse wie diese ins Ohr flüstern: *Meine schwarze Maulbeere, meine Vliesschwarze, meine Zigeunerin / Was hättest du mir alles noch sein können, meine Einzige / Meine lachende Quitte, mein weinender Granatapfel / Mein Weib, meine Stute, meine Frau.* Ein Gedicht des Malers und Lyrikers Bedri Rahmi Eyüboğlu, das dieser vor mehr als fünfzig Jahren weinend seinen Gästen vortrug: Gewidmet war es seiner Geliebten, die mit einer Lungenentzündung darniedergelegen hatte. Der Maler hatte seine Bilder verschleudert, um ihr die teuren Medikamente zu kaufen. Es half nichts, sie starb. Seine Frau derweil, die angetraute, verließ ihn später, dann schrieb sie ihm diese Zeilen: Sie fühle sich, als ob ihr einer ein heißes Bügeleisen ins Blut gedrückt habe.

Vielleicht sollten Sie Türkisch aber ganz einfach deshalb lernen: weil es Spaß macht. Allein die vielen Ös und Üs mit denen Sie Ihre Mitspieler in Zukunft in die Scrabble-Hölle buchstabieren. Freunde des gespitzten Umlautmundes werden sich hier fühlen wie im Schlaraffenland und dürfen zudem jeden Morgen zum Weckruf des türkischen Hahns erwachen: »Ü-ürü-üüü!« Oder die Speisekarte: Auf der steht nicht einfach: »Gefüllte Aubergine«, auf der steht: »Der Imam ist in Ohnmacht gefallen.« Die Türken streiten sich bis heute, ob der gute Mann so entsetzt war ob der Menge teuren Olivenöls oder ob es ihm so gut geschmeckt hat. (Überhaupt wäre noch zu klären, ob von religiöser Namenspatronage so ohne weiteres Rückschlüsse auf die Qualität eines Gerichtes zu ziehen sind: In Chinas vegetarischen Lokalen servieren sie eine Gemüseplatte, die heißt »Der Buddha springt über die Mauer«. Dabei schmeckt sie wirklich nicht schlecht.) Und erst die türkischen Zeitungen, allein sie sind hundertfacher Lohn: Da sprudelt einem tagein, tagaus so viel Wunderliches und Bizarres auf den Frühstückstisch, dass der Verdacht nicht fernliegt, türkische Satirezeitschriften wie »Penguen« und »LeMan« hätten sich der Tagespresse wegen darauf verständigt, durchgehend in Cartoon-Form zu erscheinen – man würde den Unterschied sonst kaum merken.

Es gibt im Türkischen viele Wörter, die auch ohne Umlaut auf Anhieb Freude machen. Zum Beispiel *Şakamaka*. Gesprochen wird das »Schakamaka« und heißt dem Lexikon zufolge: »Scherz beiseite!«, ganz entgegen seiner gefühlten Bedeutung. Oder *Haşhaş*. Spricht sich »Haschhasch« und heißt, genau, »Mohn«. Oder das *Vasistas*. Sprechen Sie das mal laut aus. Was das ist, das Wasistdas? Ein schmales, oberhalb des normalen Fensters eingelassenes Klappfenster. Ein über den Umweg des Französischen eingeschlepptes Lehnwort übrigens. Überhaupt sind all die eingetürkten Franzosenwörter (ein Wörterbuch zählt gut fünftausend von ihnen) ein zuverlässiger Quell guter Laune. Die Türken schreiben – *sürpriz, sürpriz* (das »z« wird wie ein »s« ausgesprochen) – das Französische viel einfacher als die Franzosen. Hier in Istanbul fahren Sie gemeinsam mit Ihrem *Kuzen* im *Asansör* hinauf zum *Kuaför* und hinterher bitten Sie im Café den *Garson* um ein paar *Milföy* mit *Frambuaz*. Das geht, seltener, auch mit deutschen Lehnwörtern, Warum die Türken allerdings ausgerechnet unsere Wörter *Aysberg*, *Haymatloz* und *Marş!* (Ausrufezeichen wird mitgesprochen) eingebürgert haben, ist mir nicht klar. Warum die Geschöpfe des Istanbuler Nachtlebens zum *Flört* einladen, schon eher.

Nicht verschwiegen sei, dass das Erlernen des Türkischen gemeinhin Mongolen und Japanern leichter fällt als dem gewöhnlichen Mitteleuropäer, hat es seine Wurzeln doch im Altaigebirge, da, wo sich heute die Mongolei, China und Russland reiben. Türkischsprechende verweisen gerne darauf, wie stringent und logisch die Sprache aufgebaut sei. »Die Struktur des Türkischen – das hat was. Das hat Eleganz«, sagt Pamuk-Übersetzer Chrisoph Neumann und sinnt dem Gesagten mit einem liebevollen Blick in die Ferne hinterher: »Das ist wirklich mal was ganz anderes.« Mal was ganz anderes, stimmt. Auch wenn es dem Anfänger manchmal so scheint, als habe sich die Sprache ihre Logik auch dadurch erkämpft, indem sie jede Ausnahme flugs zu einer neuen Regel erklärte. Ich habe auch schon mal Chinesisch gelernt, und ich finde: Das Türkische ist ein weit härterer Brocken als das Chinesische.

Das Türkische ist dem Indogermanen ein fremdes Tier. Es zu zähmen heißt, sich eine neue Welt anzueignen. Eine Welt, die für das Wort »Ehre« gleich vier Begriffe kennt, aber auch für das »Herz« noch zwei (also doppelt so viele wie das Deutsche). Es gibt im Türkischen eine eigene Vergangenheitsform für Dinge, die man nicht selbst gesehen oder bewusst erlebt hat, eine Vergangenheit aus zweiter Hand gewissermaßen. Die Form ist vor allem dann nicht ohne Reiz, wenn man sie auf sich selbst anwendet: »Da soll ich ganz schön betrunken gewesen sein ...« Es verleiht dem eigenen Tun eine oft nicht unwillkommene Unschärfe und ist eine höchst praktische Form für Menschen oder Völker, die sich gerne von ihrem Tun in der Vergangenheit distanzieren. Eine ähnlich praktische grammatikalische Form existiert auch für die Gegenwart, nämlich die *geniş zaman*, die »breite Zeit«, die tatsächlich von einer solchen Weite und Absorptionskraft ist, dass sie unabhängig von der wahren Absicht des Sprechenden praktisch jeder Hoffnung und jeder Vermutung der Zuhörenden Raum lässt. Es ist eine Sonderform des Präsens, die interessanterweise für zwei einander eigentlich widersprechende Ziele eingesetzt wird. Einerseits drückt man damit Allgemeingültiges und Immerwährendes aus, gleichzeitig aber auch beschreibt man mit dieser Form Sachverhalte, die lediglich möglich und wahrscheinlich sind. Politiker benutzen dieses Nagel-mich-nicht-fest-Türkisch besonders gern: Es erlaubt ihnen, zu oszillieren zwischen dem Möglichen und dem Wirklichen. Es ist die rhetorische Form der Heisenbergschen Unschärfe: Mal ist das Wort ein Teilchen, mal eine Welle, die Wahrheit liegt allein im Auge des Betrachters. Die Welt des Gesagten und die Welt des Gemeinten berühren einander dabei oft kaum. Auf diese Weise kann sich ein im Zentrum eines Sturmes stehender Türke problemlos aus dem Sturm herausreden. Die Welt geht unter? Hauptsache, wir verlieren nicht die gute Laune.

Außerdem wickeln wir uns hier fleißig endlose Suffixketten um die Bäuche und verstricken und verstolpern uns heillos darin. Es wachsen in der Türkei nämlich auch an sich harmlosen Wörtern lange Schwänze aus immer noch neuen Endungen – und leider wedeln dann im Türkischen tatsächlich die Schwänze mit den Wörtern und nicht selten auch mit den Studenten derselben.

So geschah es der geliebten Frau an meiner Seite in der dritten Schulwoche. Es war Spätsommer, wir schliefen in einem Zimmer, in dem es von Mücken wimmelte, sie musste sich die ganze Nacht kratzen – und hatte dann in dämmrigem Halbschlaf diesen Traum: Aus dem Ellbogen, aus dem Knie und aus dem großen Zeh – überall dort, wo besonders giftige Tierchen zugebissen hatten – wuchsen ihr türkische Endungen, lange, wuchernde Suffixschlangen. Voller Schrecken bemerkte sie, dass es die falschen Endungen waren: Am großen Zeh dockten nur noch Us an, aber keine Is mehr. Am geschwollenen Knie hingegen hingen lauter Endungen mit »i« und wollten die Üs nicht hinlassen. Als ich sie aufweckte, erzählte sie mir atemlos, sie habe gerade verzweifelt die Is dort weggekratzt. Denn die Üs, die brauchen wir doch: für *Gürültülü*.

Schmeicheln

Die Türken sind eine große Familie, sie trauen einander also oft nicht über den Weg. Gleichzeitig haben sie ein großes Bedürfnis, auch Fremden gegenüber ein Stück jener Intimität zu schaffen wie sie unter Verwandten üblich ist. Das gelingt über die Anrede. Die Zauberwörter sind *Abi*, älterer Bruder, und *Abla*, ältere Schwester, keine Anrede wird häufiger benutzt. Dabei sollte man als junge Frau nicht beleidigt sein, wenn die alte Gemüseverkäuferin einen mit »*Abla! Abla!*«-Rufen herwinkt: *Abi* oder *Abla* nennen einen eben nicht nur Jüngere, sondern grundsätzlich alle, die etwas von einem wollen, vor allem die Straßenverkäufer. Mittlerweile gilt es selbst unter Studentinnen als cool, einander wie die Jungs *Abi* zu rufen. Ältere Frauen und Männer, denen man sich respektvoll, aber auch freundlich nähern will, nennt man »Tante« (*teyze*) oder »Onkel« (*amca*).

Baba, Vater, war früher die Anrede für die Heiligen und Weisen des mystischen Islam, heute ist der *Baba* ein gutmütiger Patriarch, am besten verkörpert durch Orhan Baba, das ist Orhan Gencebay, der Pate der Arabeskmusik. Ein anderer bekannter *Baba* in seinem Kielwasser war der Sänger Müslüm

Gürses, ein wimmernder Macho, dessen Musik den Fans so unter die Haut ging, dass sie sich reihenweise Brust und Arme mit dem Rasiermesser aufschlitzten (zu den nicht ungefährlichen Nebenwirkungen der Arabeskmusik auf labilere Seelen vgl. das Kapitel »Sattweinen«). Ein weiteres türkisches Wort für Vater ist *Ata*, was auch »Ahne« heißt, mittlerweile aber reserviert ist für einen einzigen Mann: für den tapferen Mustafa Kemal, der sich nach vollbrachter Gründung der Republik mit Nachnamen *Atatürk*, »Vater der Türken«, nennen durfte. Familienname wäre in diesem Falle das falsche Wort: Gesetz Nr. 2587 von 1934 bestimmte, dass dieser Name einzig ihm vorbehalten bleibt und nicht einmal auf seine zahlreichen Adoptivkinder übergehen durfte, die nach seinem Tod fast alle in der Anonymität verschwanden. (Bekannteste Adoptivtochter ist bis heute Sabiha Gökcen, die erste Kampfpilotin der Türkei. Nach ihr ist der Flughafen im asiatischen Teil Istanbuls benannt. Ihren Nachnamen, der auf dem Wort »Himmel«, gök aufbaut, hat ihr Atatürk gegeben.) Übervater Atatürk revanchierte sich bei seinem Volk, indem er seine Untergebenen und Bürger fortan nur noch als *Cocuklar* ansprach, als »Kinder« (»Sag, Kind, was kann ich tun?«), eine Angewohnheit, die man heute noch bei manchen hohen Offizieren in der türkischen Armee findet, auch wenn unter ihnen das schneidig und oft mit drohendem Unterton einher kommende *Arkadaşlar!* (»Freunde!«) verbreiteter ist.

Überhaupt, die Nachnamen. Sie gibt es erst seit dem Jahr 1934, auch so ein Geschenk Atatürks an sein Volk, und wie die anderen eines ohne Umtauschoption. Das Gesetz über die Familiennamen vom 21. Juni 1934 befahl den Türken, die bislang mit ihrem Vornamen gut ausgekommen waren, sich als Eintrittspass in die Moderne einen Familiennamen zuzulegen. Manche nannten sich nach dem Vater, deshalb die vielen Namen die auf die Silbe -*oğlu* (Sohn) enden: *Kahvecioğlu* (Sohn des Kaffeemachers) oder *Sarıibrahimoğlu* (Sohn des blonden Ibrahim). Gern genommen wurden männlich und kriegerisch klingende Namen wie *Ateş* (Feuer) oder *Cengiz* (Dschingis, von Dschingis Khan) – die Türken halten sich seit jeher für das Brudervolk der Mongolen, mit denen gemeinsam sie aus Zentralasien auszogen. Zur Kämpfernatur passen auch *Çelik* (Stahl), *Demir* (Eisen) oder für die ganz Eifrigen *Özdemir* (echtes Eisen). Aber auch sensiblere Naturen kamen zu ihrem Recht, durften sich fortan nach der Rose (*Gül*), dem Mond (*Ay*) oder den Sternen (*Yıldız*) benennen. Anderen wollte gar nichts einfallen oder zumindest nichts, was bei der Obrigkeit auf Gefallen stieß, bei denen übernahm der Gemeindesekretär oder der Ortspolizist die Auswahl, höchstwahrscheinlich ist das der Ursprung von Namen wie *Deli* (Der Verrückte), *Kızmaz* (Der sich nie ärgert) oder *Balyemez* (Der keinen Honig mag). Zudem sind die beamteten Täufer verantwortlich dafür, dass heute erstaunlich viele Kurden Nachnamen wie *Türk* (Türke), *Öztürk* (Echter Türke) oder *Türksever* (Der die Türken liebt) tragen. Vorsitzender des Menschenrechtsvereins IHD in Ankara war zuletzt Öztürk Türkdoğan. Das heißt »Echter Türke, als Türke geboren«. Natürlich ist der Mann Kurde. Überhaupt gab der Zeitgeist Namen mit *Türk* Vorfahrt: Der eine wollte als »starker« (*Güçlütürk*), der andere als »fröhlicher Türke« (*Şentürk*) bekannt sein.

Aber nicht nur der kurdische Volksteil, auch der Rest der Türkei ist bis heute noch nicht so recht warm geworden mit seinen Nachnamen. Im alltäglichen Umgang werden sie praktisch nicht benutzt. Man bleibt bis heute, wie unter Verwandten üblich, bei den Vornamen. Um dennoch Fremden gegenüber etwas Distanz zu wahren, stellt man dem Vornamen die Anrede »Herr« (*Bey*) oder »Frau« (*Hanım*) voran: Man begrüßt sich also als »Herr Ahmet« (Ahmet Bey) oder »Frau Ayşe« (Ayşe Hanım). Und ich bin die letzten Jahre gemeinhin als »Herr Kai« angesprochen worden. Die Familiennamen benutzt man nur in sehr formellem Rahmen, wenn man Fremden einen Brief schreibt etwa, dann setzt man vor den Namen noch ein höfliches »Verehrter...«, auf Türkisch *Sayın*. Aber Vorsicht: Dieses harmlos klingende Wort bringt in der Türkei regelmäßig Leute vor Gericht – dann nämlich, wenn man ihm den Familiennamen *Öcalan* beigesellt: Dem Anführer der kurdischen PKK-Rebellen, Abdullah Öcalan, die Ehre zu erweisen ist in der Türkei noch immer eine Straftat. Und als Ende 2009 in der Türkei mal wieder eine kurdische Partei vom Verfassungsgericht verboten wurde, da war es eine der in der Anklageschrift aufgeführten Indizien für die angebliche Gewaltbereitschaft dieser Partei, dass mehrere ihrer Politiker den Herrn Öcalan öffentlich als »verehrten Herrn Öcalan« bezeichnet hatten. (*Öcalan* heißt auf Deutsch übrigens »Rächer«.)

Gegenüber Leuten, denen man auf der Straße begegnet, muss man sich nicht mit dem schon erwähnten *Abi* begnügen. Gerne gehört werden auch *Usta* (Meister!), *Şef* (Chef!) oder *Şefim* (Mein Chef!). Wer sich einen echten Hauch von Unterwürfigkeit verleihen möchte, kann es auch mit *Müdürüm* versuchen: »Mein Direktor!«, aber dazu sollte der Angesprochene mindestens Krawatte tragen und der Sprecher über jeden Ironieverdacht erhaben sein. *Hodscha* (Lehrer oder Geistlicher) nennt man jemanden, dem man höhere Bildung unterstellt oder dem man zumindest das Gefühl vermitteln möchte, er strahle eine solche aus. Vor allem junge Halbstarke kommen nicht durch den Tag ohne das Wort *Lan*. Das kann so viel wie »Alter!« oder »Mann!« bedeuten und durchaus anerkennend und lobend ausgesprochen werden. *Lan* kann aber auch einfach nur »Depp!« heißen, wie in: »Pack deine Mutter und hau ab, du Depp!« (Das Urheberrecht für diesen Satz liegt beim Premierminister, der so vor laufenden Kameras einen Bauern abkanzelte, welcher seine Politik kritisiert hatte. Ansonsten bevorzugt der Premier im Umgang mit den ihm Anvertrauten die Possessivform: »Mein Gouverneur!, Mein Bürgermeister!, Mein Landsmann!...« etc.) In Kombination mit einem weiteren Substantiv wird *Lan* zum einfachen »He!«, zum Beispiel *Lan Optik* (»He, Brillenschlange!«) oder *Lan Hıyar* (»He, du Gurke!«).

Junge Frauen jonglieren lieber mit Koseworten. Beliebt sind »Meine Seele« (*Canım*), »Mein Geist« (*Ruhum*), »Meine Liebe« (*Aşkım*), »Mein Leben« (*Hayatım*) oder »Mein Einziger« (*Bir tanem*) und natürlich, wie nicht anders zu erwarten in diesem zuckerverrückten Land: »Mein Zuckerchen, mein Bonbon« (*Şekerim*).

Türkis

Ich weiß nicht, warum mein Herz jedes Mal schneller zu schlagen beginnt, wenn ich an der *Iskele* stehe, an der Anlegestelle, wenn die Sirene das Kommen der Fähre ankündigt, lange bevor sie um die Kurve gebogen ist, die der Bosporus vor Yeniköy macht: Weil die Bosporusfähren einer anderen Zeit oder weil sie einer anderen Welt angehörten? Sie transportieren einen nicht einfach, sie entführen einen. Käme einer nach Istanbul und hätte nur ein paar Stunden Zeit im Gepäck, ich würde ihn auf einen dieser alten, eisernen Kähne setzen. Die fahren nicht bloß hoch zum Schwarzen Meer, fahren nicht bloß runter nach Istanbul – sie fahren geradwegs Richtung Nirwana. Man treibt, schaut, meditiert und möchte glucksen vor Glück. Abgetretene Planken, einfache Holzbänke, der einzige Schmuck hier sind die Ketten weiß lackierter Eisennieten, die die fleckigen Fenster umrahmen. Schwärme von Möwen ziehen hinter den Booten her wie einst die Dampfwolke, von der diese ihren Namen haben: *Vapur* nennt man sie noch heute, das kommt vom französischen *vapeur*, Dampfer. Möwenfüttern ist der Morgensport der Passagiere, die ihnen von der Reling aus Stückchen ihres

Sesamkringels zuwerfen. Eifrige Matrosen servieren für ein paar Cent kupferfarbenen Tee in kleinen Tulpengläsern und, wenn sie in Kanlıca auf der asiatischen Seite Nachschub an Bord geholt haben, den berühmten Joghurt des Ortes, nicht ohne ihm zuvor eine ihre Hände weiß bestäubende Haube von Puderzucker aufgesetzt zu haben. Manchmal winken Matrosen vom Turm eines U-Boots herüber. Und wenn man es vor lauter Seligkeit schon kaum mehr aushält, dann schicken die übermütigen Götter noch eine Schule Purzelbäume schlagender Delfine in die Bucht von Tarabya. Als der große Dichter Nazım Hikmet im bulgarischen Exil eine türkische Fahne zu Gesicht bekam und ihn sein Sehnen nach Istanbul fast umbrachte, da schrieb er diese Verse:

Nazım streichelt das Vapur,
seine Hände verbrennen.

Die *Vapur* sind Fluchtpunkte der Sehnsucht, auch jenen, denen der Alltag ein Ort der Verbannung vom Leben ist.

Taufen

Die Poli. Die Stadt. Die Eine. So nennen noch heute wie seit Jahrtausenden viele Griechen Istanbul. Ein Name bezeichnet etwas zu Unterscheidendes. Wenn es aber nichts Vergleichbares gibt auf dem Erdkreis, wozu dann ein Name? Zumal, Istanbul ist hierfür ein gutes Beispiel, die unterschiedlichen Bezeichnungen nachfolgender Generationen manchmal unnötig verwirren. Vier junge Burschen aus Kanada wussten das und traten 1953 an, ein für allemal Klarheit zu schaffen. Sie nannten sich »The Four Lads«, und das Lied hämmerte Allen ein: Es heißt »Istanbul, not Constantinople«.

Istanbul was Constantinople
Now it's Istanbul, not Constantinople
Been a long time gone, Constantinople
Now it's Turkish delight on a moonlit night

Istanbul. Einst Konstantinopel. Noch früher Byzantion. Ein dorischer Stamm der Griechen gründete die Stadt, ein ganzes Jahrtausend, bevor der römische Kaiser Konstantin sie zu der Einen machen sollte. Es war eine hellenische Kolonie in

Barbarenland, was einerseits festes Mauerwerk erforderte, andererseits aber den Vorteil hatte, dass die im Umland lebenden barbarischen Thrakier einen unerschöpflichen Nachschub an Sklaven boten. Die Byzantiner folgten eigentlich den Regeln Spartas, nicht Athens, und doch erarbeiteten sich vor allem ihre Kaufleute bald einen legendären Ruf als Trunkenbolde. Man huldigte gerne den Göttern des Weins und der Liebe, Dionysos und Aphrodite, und als der Dichter Antiphilus einmal den Geschäftssinn seiner Mitbürger beschreiben wollte, da schrieb er ein Gedicht mit dem Titel »Ein Schiff, erbaut aus den Profiten eines Puffs«.

Even old New York
Was once New Amsterdam
Why they changed it I can't say
People just liked it better that way

Die Stadt. Man schreibt den 11. Mai 330. Vierzig Tage lang haben die Feierlichkeiten gewährt. Am letzten Tag ist der Kaiser selbst zugegen, bei der Messe in der Hagia Eirene, der Kirche des Göttlichen Friedens. An diesem Tag, mit dieser Messe wird das Reich dem Gott der Christen geweiht. Rom wird christlich. Und die Stadt Byzantion wird, so verfügt es der Kaiser, *Nova Roma Constantinopolitana*: das neue Rom, Stadt des Konstantin. Es ist ein Montag, dieser 11. Mai, an dem das neue Reich ins Leben tritt – und mit ihm die Verwirrung der Begriffe, die sich bis heute nicht recht gelegt hat. Denn während der 1123 Jahre und achtzehn Tage, die das Byzantinische Reich überdauert, hat es sich selbst nicht einen einzigen Tag lang so genannt: »byzantinisch«. Dieses Etikett ist eine Erfindung westeuropäischer Historiker, allen voran des Augsburger Bibliothekars und Historikers Hieronymus Wolf, der 1557 eine Quellensammlung oströmischer Texte unter dem Titel »corpus Historiæ Byzantinæ« veröffentlichte und damit eine Mode begründete, die der Zunft nicht wieder auszutreiben war. Wie aber nannten sie sich selbst, unsere Byzantiner? Ganz einfach: *Romai*, Römer. Ihr Reich war das Römische Reich. Auch wenn sie fast alle Griechen waren.

So take me back to Constantinople
No, you can't go back to Constantinople
Been a long time gone, Constantinople

Der Kaiser. Der britische Historiker John Julius Norwich nennt Konstantin »einen ernsthaften Anwärter auf den Platz des einflussreichsten Mannes in der Geschichte – mit Ausnahme von Jesus, Buddha und dem Propheten Mohammed«. Und wenn wir von der Geschichte Europas sprechen, hat er recht. Ohne Konstantin sähe Europa heute anders aus. Der Kaiser traf zwei folgenschwere Entscheidungen. Er machte erstens das Christentum zur Religion des Reiches und damit Europas. Und er gründete Rom ein zweites Mal. Im Osten. Desillusioniert vom alten Rom, das geplagt von Malaria, Barbareneinfällen, Bevölkerungsschwund und geistiger Verkrustung seinem Niedergang entgegendämmerte, trug er Kaisersitz und Macht an die Ufer des Bosporus, näher an die Feindesstämme, die aus Asien gegen Europa anrannten, näher auch an die hellenischen Zentren neuer Gelehrsamkeit.

Konstantin erfand Rom und auch Europa neu, und das Erstaunliche ist, wie wenig das in unserem Teil des Kontinents bis heute gewürdigt wird. »Unsere Zivilisation hat niemals anerkannt, wie tief sie in der Schuld des Oströmischen Reiches steht«, schreibt Historiker Norwich: Hätte Europa ohne die Bastion Konstantinopel auch nur irgendeine Chance gehabt gegen den Ansturm der Perser im siebten oder gegen die Armeen des Kalifen von Bagdad im achten Jahrhundert? »Welche Sprache würden wir heute sprechen, welchem Gott huldigen?«, fragt Norwich. Ironie der Geschichte: Jenes Ereignis, welches dem Byzantinischen Reich die Kraft nahm, weiter Bastion zu sein gegen die Einfälle von Osten, jenes Ereignis, welches ihm am Ende das Genick brach, das war kein Arabersturm und keine Türkenhorde – das war im Jahr 1204 die Plünderung und Zerstörung Konstantinopels durch die katholischen Kreuzritter. Ihr Überfall erst machte Stadt und Reich sturmreif für das nächste starke Volk, das aus Asien anreiten sollte: die Türken. So groß war der Hass zwischen orthodoxen Christen und papsttreuen Katholiken, dass kurz vor der Eroberung durch Sultan Mehmet II. in Konstantinopel der trotzige Spruch die Runde machte: »Lieber der türkische Turban als die lateinische Mitra!« Die päpstliche Propaganda wiederum trägt einen Gutteil der Schuld daran, wenn einem Westeuropäer zu Byzanz auch heute noch erst einmal korrupte Eunuchen einfallen, nymphomane Kaiserinnen und Kaiser, die einander die Nasen abschneiden. Dabei leuchtete an den Universitäten Konstantinopels bis zuletzt das Licht von Philosophie und Kultur, während der Westen in der Dunkelheit und Ignoranz des Mittelalters dahindämmerte. Hier, im christlichen Gottesstaat Byzanz, nicht in Rom, wurde das klassische Erbe der Hellenen und der alten Römer bewahrt.

Das Volk. Latein war anfangs die Sprache bei Hof, aber selbst dort stieg man bald aufs Griechische um. Griechen also waren es und Griechen blieben es. Griechen, die sich Römer nannten und nennen. *Romai* heißen sie in ihrer eigenen Sprache, die Istanbuler Griechen, *Rum* werden sie von den Türken genannt. Bis heute.

> *Now it's Istanbul, not Constantinople*
> *Been a long time gone, Constantinople*
> *Why did Constantinople get the works?*
> *That's nobody's business but the Turks'*

Die Sultane. »Römer« ließen sich auch manche Türken gerne nennen. Schon der türkische Stamm der Seldschuken gefiel sich beim Ausrufen eines »Sultanats der *Rum*«, nachdem er sich im späten elften Jahrhundert in Anatolien – also nach dem Verständnis der Zeitgenossen auf römischem Territorium – festgesetzt hatte. Der berühmteste islamische Mystiker und Poet aller Zeiten, dessen Gedichte bis heute Bestseller sind in den USA und in Europa, war ein im anatolischen Konya wirkender Perser, den die Zeitgenossen *Mevlana* nannten: Meister. Im Westen aber ist er unter seinem Beinamen *Rumi* bekannt: der Römer. Auf ihn geht der Orden der tanzenden Derwische zurück. Und der bekannte türkische Historiker Ilber Ortaylı, im Nebenberuf Direktor des Topkapıpalastes, erschreckte nicht wenige Türken, als er ihnen zeigte, wie ihre ersten Sultane große Energie darauf verwandten, sich zu legitimen Nachfolgern der römisch-byzantinischen Kaiser zu stilisieren: Auch die Osmanen wollten Erben Roms sein.

Noch heute kann man innerhalb der Mauern des Topkapıpalastes die Hagia Eirene besuchen, jene Kirche, in der Konstantin die Gründung seiner Stadt feierte und die heute in auserwählten Sommernächten für klassische Konzerte geöffnet wird. Obwohl die Kirche auf dem Grund ihres Palastes stand, sah kein Sultan je Veranlassung, sie abzureißen. Nicht einmal zur Moschee wurde sie umgewidmet, wie es so vielen anderen Kirchen geschah, dafür diente sie den Janitscharen, Elitetruppe des Osmanischen Reiches und Leibwache des Sultans, zeitweise als Waffenlager. Und im Stadtteil Samatya am Marmarameer steht die mehr als eintausend Jahre alte Kirche des heiligen Konstantin und der heiligen Helena, wo orthodoxe Priester jedes Jahr am 21. Mai die Messe für den großen Kaiser lesen – siebzehn Jahrhunderte nach seinem Tod. Nicht nur beließen die osmanischen Eroberer die alten Bauten weitgehend intakt. Auch der Name *Konstantinopel* geriet, anders als man vermuten könnte, nach der Eroberung durch die Türken 1453 keineswegs in Misskredit. Ganz im Gegenteil: Die türkisch-arabische Version *Konstantiniye* war bis in die Dreißigerjahre in Gebrauch, findet sich noch am Ende des Osmanischen Reiches auf Poststempeln. Gleichzeitig kann man auf diesen Stempeln auch all die anderen Namen lesen, die über Jahrhunderte hinweg parallel in Gebrauch waren. *Dersaadet* etwa, die »Pforte der Glückseligkeit«. *Islambol* (»vom Islam erfüllt«), was religiöse Kreise gerne benutzten. Und schließlich *Istanbul*, was zunächst nur die historische Halbinsel bezeichnete und erst in den Dreißigerjahren offiziell alleiniger Name der Stadt wurde.

Die Taufe auf *Istanbul* war natürlich ein symbolischer Akt, Teil eines radikalen Neuanfangs. Die 1923 gegründete türkische Republik tat alles, um das Osmanische Reich in Vergessenheit geraten zu lassen. Sie nahm der Stadt nicht nur die alten Namen, sie nahm ihr auch Status und Größe. Demonstrativ erwählte Mustafa Kemal Atatürk ein anatolisches Provinznest, Ankara, zur neuen Hauptstadt. Die *Poli* hörte nun auf den Namen Istanbul und hatte als eben Wiedergeborene erst einmal eine Reise in Niedergang und Verfall anzutreten. Dem alten Nebeneinander von Völkern und Glaubensgemeinschaften blieben ein paar letzte Jahre, neue Religion der Türkei wurde der Nationalismus. Und doch ist es nicht ohne Ironie, wenn heute einen türkischen Blogger, der seinen Blog »Konstantiniye« nennt, die wütende Zuschrift eines patriotischen Lesers erreicht: Vaterlandsverrat sei das, wenn er statt des guttürkischen Namens Istanbul das alte Konstantinopel heraufbeschwöre. Warum das ironisch ist? Weil auch *Istanbul* keineswegs türkischen Ursprungs ist: Der Name ist abgeleitet aus dem griechischen *is tin polin*. Das heißt: »in die Stadt«. Die eine, die man eh nicht verfehlen kann.

Ein letzter Tipp von den »Four Lads«:

> *Every girl in Constantinople*
> *Lives in Istanbul, not Constantinople*
> *So if you've a date in Constantinople*
> *She'll be waiting in Istanbul*

Indigo

Leichter Wind, die Sonne tanzt auf dem sich kräuselnden Wasser. Der Blick schmerzt ohne Sonnenbrille. Die Promenade am Sonntag. Jungen, die von der Mauer herab ins Wasser hechten. Bei der Romafamilie springen auch die Mädchen, in Rock und T-Shirt, fangen einander in den Wellen, tauchen ab, kommen prustend wieder hoch. Ein Mann und eine Frau liegen im Schatten der Kofferraumklappe ihres Wagens auf dem Parkplatz, neben sich Thermoskannen voller Tee, ein Eimer voller Zuckerwürfel, im Kofferraum eine Gasflasche für Grill und Wasserkocher. Sie schnarcht. Aus dem Wasser steigt ein Mann, der sich Halbmond und Stern übers Herz hat tätowieren lassen. Angler voller Geduld und Demut, die vom Leben nicht viel mehr erwarten als die kleinen Fischlein, die ihnen hier an den Haken gehen. Werfen die Leine so oft aus, bis der Zehn-Liter-Joghurteimer voll ist von zappelnden Fischlein. Eine Familie hat ihren Teppich auf dem Asphalt ausgebreitet, in den Blumenrabatten der Grill, den der Vater anfacht, neben sich Plastiktüten voller blutigen Fleischs. Die Kinder stehen um den alten Joghurtkübel eines Anglers, starren gebannt auf die zuckenden Fische im Todeskampf. In einem kleinen Lieferwagen auf dem Parkstreifen hat einer die Türe aufgeschoben, verkauft Haken, Schnüre, Köder. Hinten erklingt eine Geige, eine Handvoll junger Männer singen. Ein Teeverkäufer hat kleine Plastikhocker aufgestellt, auf den Hockern ein Brautpaar, sie in weißem Kleid, beide nippen an ihrem noch vollen, dampfenden Glas. Der Bräutigam versucht sie zum Lachen zu bringen, sie hält kichernd die Hand vor den Mund. Vorne der Maisverkäufer mit seinem Wägelchen, der letzte Woche noch Sesamringe und vor einem Monat Fischbrötchen verkauft hat und der nun mit einem lang gezogenen »Saaaftiger Mais« seine gekochten Kolben anbietet. Im Laufschritt eilen vorüber schöne und eben noch schöne Frauen, alle in den gleichen engen grauen Jogginghosen aus Baumwolle, alle der Welt den gleichen strammen Arsch zeigend. Walking. Ipod im Ohr, teure dunkle Brillen auf der Nase. Verbergen kaum die Verachtung für alles um sie herum. Sind einem SUV entstiegen, haben einen Mann, haben die Welt. Alle anderen sind Staffage. Ist ihre Bühne hier, müsste mal wieder ausgeklopft werden. Die Männer sieht man nie. Sind gerade Geld scheffeln oder bei der Geliebten. Haben auch deshalb kein Erbarmen im Blick, die Schönen und eben noch Schönen. In einem geparkten Renault ein Student auf dem zurückgekippten Fahrersitz. Den Blick mal auf den Bosporus, mal in die Examensbücher gerichtet. Er lächelt. Er wird bestehen.

Baumeln

Ein altes Gerücht besagt, die Türken seien »die Preußen des Orients«. Wie immer bei solchen Metaphern hat ihr Schöpfer die so Benannten weder gefragt, ob sie gerne das wären, was er ihnen andichtet, noch hat er allzu genau hingeschaut. Gut, beide Völker sind Spätzünder, beide kratzten sich erst dann einen Nationalstaat zusammen, als die anderen alle schon längst einen hatten, und beide gaben sich einer die Nachbarn eher beunruhigenden Liebe zum Furcht einflößenden Schnurrbart hin. Aber reicht das zur Zwillingsexistenz?

Seinen Ursprung hat der Vergleich in der Waffenbrüderschaft der beiden Völker im Ersten Weltkrieg. Damals taten sich Sultan und Kaiser zusammen und schickten ihre Untergebenen gemeinsam zum Verrecken aufs Schlachtfeld. So etwas prägt. Noch heute brüllen sie, Preußen sei Dank, auf gut Deutsch »Marsch!« (oder vielmehr: *Marş!*) auf den türkischen Kasernenhöfen. Und als bei der letzten Europameisterschaft Michael Ballack von den »deutschen Tugenden« schwärmte, die er eben auf dem Platz gesehen habe, da sprach er nicht von seiner, sondern von der türkischen Mannschaft. Eine »große mentale Stärke« habe die bewiesen. Also übersetzt: Sie sind wie die Deutschen Meister darin, mit viel Dusel in der letzten Minute ein schon verloren geglaubtes Spiel herumzureißen. Spätzünder, wie gesagt. Aber die Preußen des Orients?

Lassen wir mal einen zu Wort kommen, der in die Türkei geschickt worden war mit ebenjenem Auftrag: die Türken zu Preußen zu machen. Helmuth von Moltke, der spätere Generalfeldmarschall der preußischen Armee, der von 1836 bis 1839 als Militärberater ins Osmanische Reich abkommandiert wurde und in seinen wunderbaren »Briefen aus der Türkei« schon sehr früh eine bedeutende Feststellung machte: »Eine der wichtigsten Angelegenheiten der ehrlichen Türken ist, was sie *Kief etmek*, wörtlich: Laune machen, nennen, das heißt an einem gemütlichen Ort Kaffee trinken und Tabak rauchen.« Moltke beobachtete das nicht ohne Sympathie: »Da sitzen die Türken nun mit untergeschlagenen Beinen und – schweigen.« Nicht alle Berliner blieben da so gelassen: »Der *Käff*«, rümpfte ein auf Besuch in Istanbul weilender Reichstagsabgeordneter 1876 die Nase, »ist ein nach wissenschaftlichen Grundsätzen bis zur höchsten Vollkommenheit ausgebildetes methodisches und bewusstes Faulenzen.«

Da kläfft der Preuße: *Käff*. Wo es doch eigentlich *Keyf* heißt. Oder auch *Keyif*. Ein betörender Sirenenruf, das weiche wiegende »eeeiiii«, aufgespannt zwischen zwei Konsonanten wie eine einladende Hängematte. Ins *Keyf* lässt sich fallen, wer dem Alltag das Leben abzuringen versteht. Da liegt man dann und schaukelt und blinzelt und schnurrt. Die Lexika übersetzen *Keyf* als: Genuss, Vergnügen, Wohlbefinden, Lust, Rausch. Ein Istanbuler Stadtmagazin nennt es treffender den »angenehmen Zustand entspannten Nichtstuns«. Fast könnte man es eine buddhistisch-meditative Transzendenz der mühevollen Erdenfron nennen, hätte der Buddhismus nicht grundsätzlich etwas gegen Genuss und Lust. Anders der Türke, der eine Sprache spricht, die für den Begriff Zeit kein originär türkisches Wort kennt: Beide Wörter für Zeit, *zaman* und *vakit*, sind aus dem Arabischen importiert. Fremdwörter. Ja, auch *Keyf* ist ein arabisches Wort, aber fast scheint es, als hätten die Türken die Araber allein deshalb unterworfen, um sich diesen Schatz anzueignen. Kein Anfang und kein Ende, das ist *Keyf*. Wie der Zenschüler findet der Istanbuler die meditative Erlösung von Sorge und Mühe in den einfachsten Tätigkeiten. *Keyf* ist Angeln am Bosporus, ist eine Kartoffel in der Asche des an die Promenade mitgeschleppten Grills, ist der Raki zum Fisch, ist die plötzliche Erinnerung an einen Duft, an Sesamkringel, an Tee, ist das Frühstück nachmittags um vier. *Keyf* ist Zuspätkommen, weil man vorher beim guten Bäcker noch *Blätterteig-Börek* oder Kuchen kauft, ist Zuspätkommen, weil man unbedingt den langsamen Bus nehmen muss, der an der Küste entlangfährt, ist Zuspätkommen, weil man erst am Nachmittag aufgestanden ist. *Keyf* ist alles, was nicht Arbeit und nicht Zweck ist.

Das mit dem Frühstück vor allem, das kommt mir sehr entgegen. Ich brauche viel Schlaf. Zehn Stunden wären optimal. In meinen Jahren in China hat das dazu geführt, dass ich eine ganze Welt nur vom Hörensagen kannte. Die Morgengrauenwelt. Spätestens um halb sechs trifft man sich in Peking im Park zum Tai-Chi. Oder Bäumeumarmen. Oder Rückwärtslaufen. Wenn ich aufstand, um halb neun, hatte meine sechzigjährige Putzfrau schon ihren Tangopartner schweißnass getanzt und meine Wohnung geputzt.

Dann zog ich nach Istanbul. Und beging gleich einen Riesenfehler. Ich rief jemanden an, den ich interviewen wollte, und zwar um halb zehn Uhr morgens. Ja und?, werden Sie jetzt fragen. Ganz einfach: Man ruft in Istanbul niemanden vor zehn Uhr an. Eigentlich ruft man niemanden vor elf an. Zwischen zehn und elf kann es schon sein, dass man jemanden an den Hörer bekommt, man wird dies aber schnell bedauern. Dann zugeflüsterte Dinge muss man sich nämlich noch einmal bestätigen lassen, am besten am späten Nachmittag. Weil der Istanbuler zur Vormittagsstunde noch nicht wirklich zurechnungsfähig ist. Da schlafhandelt er quasi.

Hier kriecht nur der Muezzin früh aus den Federn. Dafür, dass er seine Nachbarn mit einer Salve elektronisch verstärkter Krächzer aus dem Schlaf reißt, lassen die ihn dann beim Morgengebet alleine. Den Vormittag nutzt man, um zu sich zu kommen. Die wenigen wachen Augenblicke zwischen Aufstehen und Mittag sind so rar und so schnell vorüber wie das Aufzucken eines Blitzes, und es gilt unter Türkeikennern auf der Suche nach Gesprächspartnern als hohe Kunst, einen dieser Blitze zu fassen zu bekommen. Alle anderen warten bis zum Nachmittag. Erst dann finden in der Türkei auch Pressekonferenzen, Staatsbesuche und Bombenattentate statt, worüber sich die deutschen Redaktionsschlüssen verpflichteten Korrespondenten tagtäglich die Haare raufen.

Ich lebe in Yeniköy, der Ort ist wie alle Bosporusdörfer ein beliebtes Ausflugsziel am Wochenende. Samstags oder sonntags ist es hier eigentlich unmöglich, einen Platz in einem der Ufercafés zu bekommen. Außer man tut das Undenkbare und geht dort vor elf Uhr morgens hin. Dann nämlich ist noch alles leer. Frühstück bekommt man in jedem Istanbuler Café selbstverständlich auch noch spätnachmittags. Vielleicht auch deshalb sieht für uns ein türkisches Frühstück ein wenig aus wie unser Abendessen: Oliven, Gurken, Tomaten, Käse, Wurst, Eier und Tee. Ein, zwei gemütliche Stündchen im Stau auf der Uferstraße und dazwischen ein gutes Frühstück sind eigentlich die einzigen Dinge, zu denen sich der Istanbuler an einem Wochenende aufrafft. Weil dann ja schon wieder die Dämmerung hereinbricht und man die Kinder nach Hause bringt. Wenn die Kinder im Bett sind, dann widmet man sich dem Reden, dem Leben, der Rettung des Vaterlandes und all den anderen wichtigen Dingen. In Istanbul gehen Fußballspiele um halb zehn Uhr abends los, und ein Verkehrsstau um vier Uhr morgens ist nichts Ungewöhnliches. »Die Istanbuler«, sagt eine Freundin, »sind wie kleine Kinder, die sich verzweifelt gegen den Schlaf wehren und alle möglichen Tricks ausprobieren, um wach bleiben zu dürfen.«

Kurz nach meinem Umzug, da hätte ich sie am liebsten alle umarmt, die Istanbuler Morgenmuffel: Was für ein Paradies! Ich fühlte mich endlich zu Hause, unter meinesgleichen. Dann bekam ich ein Kind. Und noch eines. Ich steh jetzt jeden Morgen um halb sieben auf. Und weit und breit kein Tangopartner in Sicht.

Kinder bekommen schon früh ihren Grundkurs in *Keyf*. Beim Hamambesuch mit der Mutter etwa, wo auch die kleinen Jungen in den Frauenbereich mitdürfen, solange sie noch nicht beschnitten sind. Einen Hamamvormittag türkischer Frauen kann man sich ausmalen als Picknick im Dampfbad. Da wird gegessen, getrunken, gelacht, gelästert, intrigiert und gekuppelt. Wenn die Jungen älter sind, wenn sie ihre Beschneidung hinter sich haben, die nicht zuletzt deshalb ein so traumatischer Akt ist, weil von da an die Begleitung der Mutter in den Frauenhamam tabu ist, dann ist das Pausenbrot in der Schule eine wichtige Übung in schwereloser Versenkung. Auch türkische Mütter machen Butterbrote, allerdings sind die meist pfiffiger als unsere. Man nehme ein Stück Weißbrot, frisch, schmiere darauf Butter aus Trabzon (in der Schwarzmeerstadt Trabzon, bekannt für den Nationalismus ihrer Bürger, leben zwar nicht unbedingt die glücklicheren Türken, dafür aber offenbar die glücklicheren Kühe). Dann ein wenig Salz. Und roter Pfeffer. Oder lieber schwarzer? Scharf oder nicht scharf? Am Butterbrot erkennt man einander: Die scharf gewürzten sind aus Ostanatolien zugezogen.

Wenn sie erwachsen sind, trennen sich in den traditionelleren Schichten die Wege der Geschlechter. Männer und Frauen haben sich beide heilige Räume geschaffen, in denen sie die Seele baumeln lassen. Die Männer treffen sich im Kaffeehaus, die Frauen zum *Çay Keyfi*, zum Teeklatsch. Wobei das bei den Männern eigentlich nichts anderes ist.

Trinken

Ein traditionelles türkisches Kaffeehaus ist mit unseren Cafés nur bedingt zu vergleichen. Das Mobiliar ist schnell beschrieben: ein paar Stühle oder Hocker, nackte Tische, Neonlicht. An der Wand vielleicht eine *Saz*, die anatolische Laute, daneben ein vergilbtes Kalenderblatt, das grüne Weiden und Wasserfälle aus der alten Heimat des Besitzers zeigt, eine Heimat, die er wort- und gefühlsreich anzupreisen weiß, auch wenn er selbst noch nie da war, weil schon seine Eltern die Wanderung nach Istanbul gemacht haben. Auf den Tischen Bretter fürs *Tavla*, fürs Backgammon, oder Spielkarten. Vor den Tischen Männer, oft alt, pensioniert oder arbeitslos. Männer nur. Es gab ein paar Versuche der Regierung, die Emanzipation ins Kaffeehaus zu tragen, es gibt offiziell eine Regel, die jedes Kaffeehaus dazu verpflichtet, eine »Bibliothek« – gedacht hat man wohl an ein Bücherregal – anzulegen und Frauen einzulassen. Aber bislang habe ich keine Frau und kein Buch kennengelernt, die es ins Kaffeehaus drängte, auch erwecken die Stammgäste dort nicht den Eindruck, als ob sie besonders darauf erpicht wären, den beiden Eintritt zu gewähren.

Wie zu unseren Bierkellern das Bier und wie zur Weinschenke der Wein gehört zum Istanbuler Kaffeehaus – und das überrascht ein wenig – der *Tee*. Tatsächlich war die Republik diesem Volk während der ersten Jahrzehnte ihres Bestehens ein gewaltiges Umerziehungslager, und als das Volk wieder zu sich kam, da waren ihm nicht nur das Huttragen, die lateinischen Buchstaben und der Nationalismus antrainiert worden, da hatte die Republik tatsächlich aus einem Volk von Kaffeetrinkern ein Volk von Teetrinkern gemacht. Wenigstens Letzteres hatte weniger mit der Ideologie denn mit der Wirtschaft zu tun. Denn dass man den Türken den Kaffee austrieb, war aus der Not geboren.

Der türkische Mokka ist legendär, und sein Schicksal ist eng mit dem des Osmanischen Reiches verknüpft. Natürlich waren es die Türken, die uns Alteuropäer mit dem Kaffee bekannt gemacht haben, so wie auch mit dem Marzipan und mit der Tulpe. Hätten sie 1683 nicht wieder einmal vor Wien gelegen und dort fünfhundert Sack Kaffee verloren, es wären weder die Schicksalsgemeinschaft Europa noch die Stadt Wien heute das, was sie sind. Heimat des Kaffeebaums ist Äthiopien, bald nach seiner Entdeckung aber wurde auch der Jemen zum Anbaugebiet und vor allem zum Hauptumschlagplatz der Bohnen. Als Sultan Selim der Grimmige 1517 Ägypten einnahm, da schleppte er aus Kairo nicht nur das Schwert und die Barthaare des Propheten nach Istanbul, wo sie im Topkapıpalast bis heute zu bestaunen sind, sondern auch die ersten arabischen Kaffeebrüher. 1538 dann eroberten die Osmanen auch den Jemen, spätestens jetzt war der Siegeszug des Kaffees durchs Osmanische Reich nicht mehr aufzuhalten. Als Sultan Selim II. regierte (1566–1574), zählte man allein in Istanbul sechshundert Kaffeehäuser. Vielen Herrschern war das nicht geheuer, auch deshalb, weil die Türken schon damals den Kaffee nicht wie wir heute als Aufputschmittel für einen harten Arbeitstag ansahen, sondern ganz im Gegenteil als heiliges Wasser aus dem Quell des *Keyf*: trinken, träumen, tratschen. Der eine Sultan klagte, man müsse die Soldaten immer erst aus den Kaffeehäusern herbeizerren, dem anderen erschien ohnehin jeder Ort ungeheuer, an dem sich die Männer des Reiches spontan und unkontrolliert versammelten. Wenn das Sprichwort schon bald sagte: *kahve bahane, muhabbet şahane* (»Der Kaffee ist nur der Vorwand, gehuldigt wird der Konversation«), dann war dies dem Sultan erst recht Anlass, seine Spione in die Kaffeehäuser zu schicken. So mancher verteufelte ihn gleich dem Raki und dem Tabak und erließ drakonische Verbote. Funktioniert hat das so wenig wie beim Alkohol, und bei dem gibt immerhin der Koran Schützenhilfe. Misstrauen gegenüber dem fremden Trunk herrschte damals übrigens auch bei uns, der Kaffeekanon, ein Kinderlied des Komponisten Carl-Gottlieb Hering (1766–1853), legt davon beredt Zeugnis ab:

C-a-f-f-e-e, trink nicht so viel Kaffee / Nicht für Kinder ist der Türkentrank / schwächt die Nerven, macht dich blass und krank / Sei doch kein Muselmann, der ihn nicht lassen kann!

Türkischer Kaffee wurde damals schon so gebraut und getrunken wie noch heute: Man kocht ihn auf und füllt ihn in das Tässlein mitsamt dem Kaffeepulver, was das Ganze zu einer recht schlammigen Angelegenheit macht und manchen Espressofreund große Überwindung kostet. Tipp für Empfindliche: Nie sofort trinken, immer erst warten, bis sich der Satz senkt, notfalls die Zähne zusammenbeißen und als Schlammfilter in Stellung bringen. Den Zucker gibt nicht der Gast selbst, sondern die Köchin dazu, deshalb sagt man vorher Bescheid, die meisten entscheiden sich für *orta* (mittelsüß) oder *sade* (schwarz). Den Schlamm nicht mittrinken, den braucht man hernach, fürs *kahve falı*, fürs Kaffeesatzlesen. Hierzu bedeckt man die Tasse mit der Untertasse, wartet, bis der Satz erkaltet ist, dann stürzt man das Ganze um und ergeht sich in ähnlich prophetischer Figurendeutung wie unsere Silvestergemeinschaft beim Bleigießen. Freunde machen das ebenso für einen wie professionelle Kaffeesatzleserinnen. In Beyoğlu etwa gibt es neuerdings Cafés, wo man Mokka und Séance im Doppelpack bestellen kann. Studenten der türkischen Kaffeekultur wie Psyche werden an dem alten Spruch nicht vorbeikommen: *Fala inanma, falsız kalma.* (»Glaub bloß nicht an die Wahrsagerei. Und glaub erst recht nicht, auf sie verzichten zu können.«)

Republikgründer Atatürk trank stets *sade*, schwarz. Er war ein leidenschaftlicher Kaffeetrinker, bis zu zwanzig Tassen sollen es gewesen sein am Tag. Aber zu Atatürks Zeit waren die Keime des Niedergangs der Kaffeekultur längst gesät. Das Osmanische Reich war zerfallen, der Jemen verloren. Das Land lag in Ruinen, hatte kein Geld mehr für Luxusimporte wie Kaffeebohnen.

Und hier kam der Tee ins Spiel.

Angeblich waren es die Russen, die die Anatolier mit dem Teegenuss vertraut gemacht hatten. Bloß: Über Jahrhunderte waren die Russen und ihr Samowar die Feinde Nummer eins des Osmanischen Reiches, ständig schlug man einander in blutigen Schlachten die Köpfe ein, wobei es, zugegeben, erst in zweiter oder dritter Linie um die Frage ging: »Kaffee oder Tee?«. Mit der Oktoberrevolution aber änderte sich das Verhältnis schlagartig. Erst zog sich die russische Armee aus den besetzten Teilen Ostanatoliens zurück, dann leisteten die Sowjets den türkischen Truppen Schützenhilfe beim Widerstand gegen Griechen und andere Besatzungsmächte und schickten später Gold, Waffen und Berater nach Ankara. So schmeichelten sich auch die Samoware ein in der neuen türkischen Hauptstadt, bis schließlich irgendein Minister auf die Idee kam, dass man Tee – anders als Kaffee – auch in der Türkei anbauen könne. Wenn er sogar in Georgien wuchs.

So befahl man den Schwarzmeerbauern, zuerst in der Region Rize, den Anbau des Teestrauchs und den braven Patrioten im ganzen Land den Genuss ihrer Ernte. Seither sieht es am Schwarzen Meer ein wenig so aus wie mancherorts im Osten oder Süden Chinas. Steile Hänge erheben sich dort direkt aus dem Wasser, Schwarzmeerorte liegen am Meer und in den Bergen zugleich. Haben unten Küste und oben Almen und dazwischen einen von feuchten Nebeln genährten ewig grünen Garten, durchsetzt von Goldkiefern und Haselnusssträuchern, gepolstert mit einer dichten Steppdecke aus kugelrunden Teebüschen. Und in den Kaffeehäusern der Türkei wird seither Tee getrunken.

Wenn man ehrlich ist, geben sich die Türken dafür, dass der Tee eine solche Stellung in ihrem Leben einnimmt, mit einem simplen Gebräu zufrieden. Chinesen verbringen Stunden damit, über Herkunft, Anbau, Hanglage und Erntezeitpunkt ihres Lieblingstees zu debattieren, eine Teeverkostung dort ähnelt einer Weinprobe in Frankreich. In der Türkei bestellt man einfach nur *Çay* (das Wort kommt vom chinesischen *Cha*). Türkischer *Çay* ist ein einfacher Aufguss ohne große Ambition, dafür ist er stark und voller Charakter.

Gekocht wird nach der Samowar-Methode. Zwei Kannen stehen übereinander auf dem Herd. Eine Handvoll Teeblätter wird in der oberen Kanne aufgebrüht, die vom Wasserdampf der unteren Kanne erhitzt wird. Man gießt sich etwas vom starken Sud ins Glas und füllt auf mit heißem Wasser. So kann der Tee auch einen halben Tag lang vor sich hin köcheln. Sehr praktisch – anders als der türkische Kaffee, der immer frisch zubereitet werden muss. Wenn er im Sonnenlicht rot leuchtet »wie Hasenblut«, dann ist der Tee ganz nach dem Geschmack der Istanbuler. Einige trinken ihren Tee mit Zitrone, fast alle mit Zucker, Milch kommt nicht ins Glas. Mancher klemmt sich den Zuckerwürfel unter die Zunge oder zwischen die Gaumen und filtert den bitteren Tee quasi hindurch. Daran gibt der Mann seine Herkunft aus Ostanatolien zu erkennen, in der Stadt Erzurum servieren sie zu diesem Zweck extra harte und große Zuckerstücke. Den bei Touristen beliebten Apfeltee trinken übrigens fast ausschließlich, genau: Touristen.

Eine Teezeremonie hielte man in der Türkei für unnötigen Firlefanz, der die Konzentration auf das kostbare Nichtstun stört. Tatsächlich ist der Genuss des Tees hier viel unzeremonieller als der des Kaffees. Weder liest man die Zukunft aus den Teeblättern noch wird seine gekonnte Zubereitung zum Prüfstein für ein Urteil über die künftige Schwiegertochter (»Sie kann gut Kaffee kochen« – Werbung aus dem Mund der Brautmutter, die besagen will: Die Tochter ist nicht nur eine gute Hausfrau, sie versteht auch etwas von den feinen Dingen des Lebens). Auch hat bislang kein Türke gesagt: »Die Erinnerung an eine Tasse Tee hält vierzig Jahre lang.« Wenn Sie allerdings das Wort »Tee« durch »Kaffee« ersetzen, bekommen Sie ein gängiges türkisches Sprichwort. Und doch ist Tee der Treibstoff allen Tuns und Lassens in Istanbul, und verziehen sei all jenen, die zum Schluss kommen, dass sich der gewöhnliche Türke nicht durch die Zufuhr von Sauerstoff, sondern durch in kurzen Abständen verabreichte Infusionen von Çay am Leben erhält. Kupferroter Tee, in dem sich die Sonnenstrahlen brechen, serviert in geschwungenen Gläsern in Form einer Tulpenblüte, auch nicht größer als ein Mokkatässchen, schließlich soll er heiß bleiben der Tee, die Untertasse aus Blech, mit ein paar Dellen schon.

Der *Çay keyfi*, der Teeklatsch türkischer Mütter ist eine Institution für sich. An solchen Tagen verlassen die Männer fluchtartig das Haus, bevor Tanten, Kusinen und Nachbarinnen einfallen zu Klatsch und Klage, zum Kichern und zum Kuppeln und zum Verzehr von gefühlten fünfundzwanzig Kilogramm Mehl, Butter, Zucker und Milch, gereicht in unzähligen Varianten von Keksen, Kuchen, oder Börek. Das artet wie bei uns auch oft in einen wahren Schaulauf hausfräulicher Künste aus, sodass es als gute Sitte gilt, der Gastgeberin die verpasste Entspannung durch kiloschwere Komplimente zu Kuchen, Börek, Tochter und Sohn zu vergelten.

Wenn man zu einem Türken nach Hause oder ins Büro kommt, dann ist die erste Frage: »Was trinken Sie?« Eine rhetorische Frage bloß, die eine willkommene Atempause vor dem Gespräch verschafft, denn die Antwort ist ohnehin klar: Tee. Auf einem Amt, in einem Ministerium, in einer Anwaltskanzlei, aber auch in einem Handwerksladen auf der Straße wird als Nächstes dies passieren: Der Gastgeber ruft / klingelt / telefoniert nach dem Teemann. Dem *Çaycı*. Überall in Istanbul sieht man die Jungen, die mit einem an dünnen Ketten hängenden Tablett voller dampfender Gläser durch die Straßen eilen, manche schwingen das Tablett dabei auf abenteuerliche Weise. Jede Einkaufsstraße hat ihren *Çaycı*, jede Firma, jede Kaserne, jedes Amt. Die UN-Mission der Türken in New York hat einen. Der Premierminister in Ankara hat einen. Der *Çaycı* ist nicht nur Teekocher, er ist Dienstmann und Glücksbote in einem. Ein Alchemist, der aus Wasser und Teeblättern flüssiges Gold bereitet. Es gibt einen Witz: Aus dem Zoo bricht ein Löwe aus und versteckt sich in einer Behörde. Er frisst einen Beamten. Keiner merkt's. Also frisst er noch einen. Alle dämmern weiter vor sich hin. Jeden Tag verspeist der Löwe nun einen Beamten. Eines Tages ist das Geschrei groß: Der Löwe hat den *Çaycı* gefressen.

In manchen Ämtern kann der *Çaycı* Lebensretter sein. Er kennt alle, weiß im Notfall, ob die schleppende Bearbeitung wirklich an den fehlenden Dokumenten oder nicht doch an der fehlenden Begleichung außerordentlicher Gebühren liegt und welche Höhe an Entgelt der Mühe des Diensthabenden angemessen ist. In Büros und Konferenzen schneit er in den heikelsten Momenten herein und bietet willkommenen Anlass zum Themenwechsel oder zur Erheiterung. Der Anblick eines Tabletts dampfenden Tees allein verbreitet augenblicklich Entspannung und Zufriedenheit im Raum. Es gab eine Zeit, da bangten die *Çaycı* um ihre Existenz: Die Firma Arcelik hatte einen elektrischen Teekocher erfunden. Aber der Albtraum währte nur kurz. Der Apparat kocht Tee, gut. Aber wer bringt ihn dann? Und wer macht hinterher die Gläser sauber? Man muss sich die *Çaycı* als kleine geflügelte Putti am grau verhangenen Himmel der türkischen Beamten- und Angestelltenseelen vorstellen.

Dass ein solcher *Çaycı* manchmal auch spitze Hörner tragen kann, musste unser Freund Erdoğan feststellen. Erdoğan hat eine Wohnung in der Nähe des Galataturms, ganz oben, im sechsten Stock. Erdoğan ist gehbehindert und gewann die Hausgemeinschaft dafür, einen Aufzug in das alte Haus einzubauen. Einen Aufzugsschacht gab es von früher. Den Aufzug gibt es auch heute, Jahre nach dem Beschluss, noch immer nicht. Weil die Besitzer entdeckten, dass sich im Erdgeschoss einer eingenistet hatte: ein Zuzögling aus Anatolien, der eines Morgens im Aufzugsschacht saß und fand, das seien nun seine zwei Quadratmeter Istanbul, der sodann seinen Teekocher anwarf, ein prächtiges Schild anbrachte, eine Decke in den Schacht einzog und seither die Handwerker und die Touristen der Umgebung mit Tee versorgt. Ein Schild wirbt für den *Kral Çaycı* – den »König der Teekocher«. Der stolze König also beschied die Hausgemeinschaft, er denke nicht daran, sein Reich zu verlassen, es sei denn, man bezahle ihm eine ordentliche Abfindung. Das eigentlich Erstaunliche: Keiner wagte die Revolution. Der Mann sitzt heute noch dort.

Der Teebeutel hat sich in der Türkei nie durchgesetzt. Vor allem nicht jener perverse Triumph des Marketings über den Geschmacksnerv, der den Namen Lipton trägt. Teebeutel der Marke Lipton Yellow Label gehören zu einem missratenen Morgen wie der versehentlich eine Stunde zu früh eingehende Weckruf der Rezeptionistin, der Nieselregen vor der Fensterscheibe und die dunkle Brühe, die aus dem Duschkopf rieselt. Im Frühstücksraum begegnet man ihnen für gewöhnlich im Verein mit bombenfest verschweißten Marmeladeportiönchen und einem fleckigen Aluminiumbottich, aus dem lauwarmes Wasser tropft: Guten Morgen, Buffet! Die Lipton-Beutel färben das gechlorte Wasser rostbraun und den angehenden Tag rabenschwarz. Wie gesagt, normale Türken meiden ihn. Ganz entkommen wird man ihm aber auch in Istanbul nicht. Vornehmlich in Ländern, die dem industrialisierten Westen hinterhereilen, gilt der Lipton-Teebeutel ja manchen als Accessoire des Fortschritts. Und so servieren einem in Istanbul ausgerechnet jene Cafés und Hotels, die zeigen wollen, wie schick und westlich sie sind, auch hier die britische Travestie von Tee. Dieselben Cafés führen dann auch »Nescafé« auf der Karte, und da darf man sich schon fragen, wie unsicher die Klientel hier ihrer selbst ist und wie sehr sie an die Versprechungen der Moderne glaubt, dass sie ihren eigenen Sinnen nicht mehr traut. Espresso und Cappuccino haben in Istanbul heute natürlich auch ihre Heimat gefunden in den Ablegern der bekannten internationalen Caféketten. Die erfolgreichste türkische Version einer solchen Kette ist *Kahve Dünyası*, »Welt des Kaffees«, die mehr noch als für ihre Kaffeebohnen für den Schokoüberzug berühmt ist, in den sie einen Gutteil dieser Bohnen steckt, außerdem für ihr Schokoladenfondue. Und was das wiederum über die Türken aussagt, werden wir weiter unten erläutern.

Schließlich gilt es noch von einem Genuss zu berichten, dem die Regierung so erfolgreich an den Kragen geht, wie dies in der Vergangenheit keinem Sultan je vergönnt war, sodass man aus dem Staunen gar nicht mehr herauskommt. Diese Zeilen sind also als Nachruf zu lesen auf das *Sigara keyfi*, das wohlige Sich-Auflösen in Asche und Rauch, das den Türken nach ihrer Ankunft in Konstantinopel zur zweiten Natur wurde. »Man begreift nicht, wie die Türken haben leben können, ehe die große Erfindung der Pfeife gemacht wurde«, notierte der preußische Offizier Helmuth von Moltke. Er schrieb gar die Wandlung der Türken vom quirligen Reitervolk, das beständig im Sattel lag, um Städte und Länder zu erobern, zum sesshaften Kulturvolk der segensreichen Wirkung des Tabaks zu: Das heute »wesentlich sitzende« sei doch vor allem das »wesentlich rauchende« Türkenvolk, schloss der scharfe Beobachter Moltke und gewöhnte sich schleunigst selbst das Rauchen an, unter schattigen Platanen mit Blick auf Bosporus und Berge selbstverständlich.

Also, absolutes Rauchverbot in geschlossenen Räumen, in Bars, Cafés und Restaurants seit 2009. Ausgerechnet in der Türkei. Wo seit Jahrhunderten Pfeife und Zigarette dem Manne so anverwachsen sind wie der Schnurrbart. Wo der Tabak seit altersher nicht »geraucht«, sondern »getrunken« wird, sodass er sich harmonisch fügt zwischen zwei Schluck Mokka oder Tee. Wo zum Himmel steigende Wölkchen verglommenen Tabaks zur Landschaft gehören wie die Minarette. Wo man sich bislang die Augen rieb, wenn *kein* dichter Nebel in Kaffeehäusern und Restaurants wallte. Wo das Rauchen den Leuten so sehr zur zweiten Natur geworden ist, dass es in Ländern wie Italien die Redewendung gibt: »Er raucht wie ein Türke.« Wo sie einst auf endlosen Feldern die Pflanzen für jenen herben »Turkish blend« anbauten, dem mancher Raucher noch heute nachtrauert. Tatsächlich waren die Istanbuler Kaffeehäuser schon kurz nach dem Import des Tabaks aus Amerika »derartig verqualmt, dass die Leute drinnen einander nicht sehen konnten«, wie ein Zeitgenosse Anfang des siebzehnten Jahrhunderts berichtete: »Plätze und ganze Stadtteile stanken.« Hauptsache, man sah noch das *Tavla*, das Backgammon-Brett.

Aus, vorbei. Die Nebel lichten sich.

Vielleicht ist das eigentlich Erstaunliche, wie gelassen das Verbot im Volk aufgenommen wird. In einer Umfrage begrüßten neunzig Prozent der befragten Türken das neue Gesetz. Und wenn man sich in den Istanbuler Cafés umhört, trifft man auf Leute wie den siebenundvierzigjährigen Ahmet Kuraz, der – Zigarette in der Hand – nach drei Jahrzehnten starken Rauchens sagt, er freue sich über das Verbot: »Ich will nicht, dass meine Kinder so werden wie ich.« Die Istanbuler Psychologin Ilknur Ustunucar erzählt von ihrer Überraschung: »Wir erwarteten nach dem Rauchverbotsgesetz eine Trotzreaktion – aber das Gegenteil ist passiert.« Sie und ihr Mann leiten eine Klinik, in der sie die Türken zu Nichtrauchern machen. Und sie sind vom Ansturm überwältigt: viertausend Kunden in drei Jahren. »Die Zahl der Leute, die zu uns kommen, hat sich jedes Jahr verdoppelt«, sagt Ilknur Ustunucar, die selbst noch vor ein paar Jahren zwei oder drei Schachteln am Tag rauchte: »Viele nehmen das Verbot nun zum Anlass aufzuhören.«

Vor allem eine Institution will noch nicht so recht glauben, dass ihr Ende gekommen sein soll: die *Nargile*-, die Wasserpfeifen-Cafés. »Das kann nicht sein«, glaubt Servet Ergül, Kellner in einer der bekannten *Nargile*-Kneipen im Stadtteil Tophane: »Wir sind eine alte Kultur. Die Touristen kommen wegen uns.« Allein, das Gesetz ist gnadenlos. »Ich komme seit fünf Jahren hierher, um *Nargile* zu rauchen und meinen Alltagsstress loszuwerden«, sagt Fatih Cicek, ein Wirtschaftswissenschaftler. »Mich erinnert das alles sehr an Sultan Murat IV.« Besagter Sultan ließ 1633 den Genuss von Tabak bei Todesstrafe verbieten. Raucher, die ihm unter die Augen kamen, darunter auch Offiziere seiner Janitscharen, ließ er aufknüpfen. »Es sind Leute auszuschicken, die öffentlich und im Geheimen in den Zimmern spionieren«, hieß es damals im Sultanserlass. Es war auch Sultan Murat IV., der den Wein und den Kaffee verbieten ließ – alles Verbote, die seinen Tod nicht lange überlebten. Wird das neue Gesetz ein ähnliches Schicksal ereilen? Kellner Servet Ergül setzt darauf: »Schau mal Bruder: Fremdgehen und Ehebruch sind doch auch Dinge, die man nicht tun soll. Und trotzdem gibt es Bordelle, oder? Wo sollen wir Kellner denn hin? Sollen wir Haschisch verkaufen oder Autoradios klauen?«

Silbern

Das Fischen haben die Türken – wie auch das Rakitrinken, das Kochen mit Olivenöl und das Baden im Hamam – von den Griechen gelernt. Deshalb tragen die Bosporusfische auch heute noch griechische Namen. Fast immer zu finden in Istanbuler Küchen sind der fleischige Seebarsch (türkisch: *Levrek*, griechisch: *Luvraki*), die zarte Dorade (*Çipura/Tsipura*) und die kleine, meist frittiert servierte Makrele (*Istavrit/Stavritis*). Im Herbst freuen sich die Istanbuler auf den thunfischartigen Bonito (*Palamut/Palamuti*), der schon die alten römischen Münzen Konstantinopels schmückte. Erstaunlicherweise fiel den vom Türkentum besessenen Putschgenerälen nie ein, die Fischnamen so zu türkisieren wie sie dies über die Jahre mit kurdisch, armenisch und auch griechisch benannten Orten, Flüssen und Bergen taten. »Vielleicht«, so mein Freund Sinan, »saßen sie bei *Levrek* und Raki und verspürten mit einem Male eine große Dankbarkeit den Griechen gegenüber für das Geschenk des Anisschnapses.«

Man tritt den Türken wohl nicht zu nahe, wenn man sagt, dass die meisten von ihnen im Restaurant gerade mal in der Lage wären, eine Sorte von Fisch zu bestellen. Nämlich

»Fisch«. Das war bei mir nicht anders – vor meiner Ankunft in Istanbul. In dieser Stadt aber gibt es Leute, die können einem nicht nur genau sagen, wann der räuberische Blaufisch (*Lüfer/Luferi*) im Gefolge der Makrelenschwärme durch den Bosporus zieht, deren Nachzügler er angreift und in Stücke reißt (nämlich vom Spätsommer an), – sie haben für denselben Fisch ein halbes Dutzend Namen: Den jungen Blaufisch rufen sie *Defne Yaprağı*, später heißt er *Çinekop*, dann *Sarıkanat*, *Lüfer* und zum Schluss *Kofana*. Und die *Barbunya*, die rote Meerbarbe, ist manchen von ihnen der beste Fisch der Welt – aber nur, wenn er zur rechten Zeit an der südlichen Mündung des Bosporus gefischt wird.

Mich hat es anfangs gewundert, zwischen all den Öltankern und Frachtern im Bosporus tatsächlich Fischerboote bei der Arbeit zu sehen. Fische aus dem Bosporus? Aus dem schmutzigen Wasser? Noch mehr gewundert haben mich die kleinen Einmannkähne, die manchmal zu Dutzenden an einer Stelle tümpeln, unter der sich gerade ein Schwarm Bonitos tummelt – so malerisch die Nussschalen und die Silhouette der gebannt den Wasserspiegel beobachtenden Fischer im blinkenden Gegenlicht, als habe sie das Tourismusamt dort platziert. Fischer sind das, deren Väter schon hinausgerudert sind. Sie stechen vor Sonnenaufgang in See und stellen mit nichts als einer langen, hakenbewehrten Schnur dem Herbstfisch nach. Wenn ihre Boote einander nah genug sind, vertreiben sich die weniger Wortkargen die Zeit mit dem Schimpfen. Über den Bonito (Ein Fisch wie der Teufel: eben noch hier, schon ist er dort drüben). Über die Zeiten, in denen einer froh ist, wenn er mit seinem Eimer Fang abends auf dem Markt fünfzig Lira erlöst, seit die großen Kutter alles abgreifen. So ein Land sind wir, seufzen sie: Ist auf drei Seiten von Meer umgeben und hat doch nicht einmal ein Meeresministerium. Zuständig für die Fischerei auf dem Bosporus, zuständig für alle Meere der Türkei ist der Minister für Landwirtschaft und Dorfwesen.

Auskosten

Eigentlich könnte alles ganz einfach sein. »Ach wär ich doch ein Fischlein in einer Rakiflasche«, seufzte der eine Dichter. Und der andere starrte traumversunken vor sich hin und sah: »Auf meinem Teller eine Wolke, in meinem Glas der Himmel.« Wolke und Himmel kann ein jeder hier auf eigene Gefahr nachhaschen: in der *Meyhane*, die zu Istanbul gehört wie Dampfbad und Bosporusfähre. Die *Meyhane* hat die Stadt lange vor den Türken erobert. Wörtlich heißt *Meyhane* »Trinkhaus«, aber im Laufe der Jahrhunderte gesellten sich in der *Meyhane* dem Trinken andere Kulturtechniken wie Musizieren, Weltverbessern und natürlich das Essen hinzu. Und so formte sich im Wechselspiel von Trunkenheit, Dicht- und Kochkunst eine unverwechselbare Istanbuler Institution: Sie hat nicht nur die Wirren des letzten Jahrhunderts überlebt, sie steht Abend für Abend bereit, den Istanbulern neue Kräfte zu geben für die kommenden hundert Jahre. In der *Meyhane* wird Raki getrunken. Jener Anisschnaps, den die Athener Griechen Ouzo und die Istanbuler Griechen Douziko nennen. Gebrannt aus dem Trester von Trauben, serviert mit einem Alkoholgehalt zwischen vierzig und fünfzig Prozent.

Was Nationalheiligtümer anbelangt, so kommt für manche Türken der Anisschnaps Raki gleich nach der türkischen Fahne und Republikgründer Atatürk. Atatürk persönlich lud sein Kabinett Nacht für Nacht an die Rakitafel, um dort an der Rettung der Türkei zu arbeiten, ein Beispiel, dem Generationen türkischer Männer bis heute folgen. Kein Wunder also, wenn auch feinste Erschütterungen im Raki-Universum von gewissen Kreisen sensibel registriert und mit direktem Bezug zu Wohl und Wehe des Vaterlandes diskutiert werden. Trinken war hier immer ein politischer Akt. Atatürk tat es demonstrativ und mit Hingabe bis zu seinem Ableben durch eine Leberzirrhose. Der Premierminister der islamisch geprägten Regierungspartei tut es demonstrativ nicht. Gegner des gläubigen Premiers verweisen denn auch mit Vorliebe auf die alkoholfeindliche Attitüde der Partei, um damit ihre These von der schleichenden Islamisierung der Türkei zu untermauern. Tatsächlich schraubte die Regierung in den letzten Jahren die Alkoholsteuern hoch – die Rakipatrioten reagierten alarmiert, ein pensionierter General erklärte auf einer Tagung unter dem Titel »Unsere Parole heißt: Heimat, unser Zeichen: Ehre« sogleich das unzertrennliche Gespann Raki und Laizismus zur bedrohten Spezies.

Feldzüge gegen den Alkohol sind so alt wie das Osmanische Reich. Sultan Süleyman ließ 1560 mit Wein beladene Schiffe im Goldenen Horn anzünden; Sultan Murat II. schickte die griechischen Kneipenwirte an den Galgen, die sich heimlich seinem Alkoholverbot widersetzten, und Sultan Selim II. soll in Verkleidung die Tavernen Peras inspiziert haben, um die Einhaltung seines Verbotes zu kontrollieren. Es half den Sittenwächtern nicht, dass einige von ihnen selbst die schlimmsten Sünder waren. Selim II. etwa hatte beim Volk den Beinamen »Selim der Betrunkene« weg; er starb, als er im Suff auf dem nassen Boden eines Hamam ausrutschte.

Einmal, im Ramadan, werde ich Zeuge eines denkwürdigen Protestes. Hundert Demonstranten auf dem Pier des schicken Vororts Moda auf der asiatischen Seite Istanbuls. Treffen sich hier jeden Freitagabend, über Wochen hinweg. Entzünden Kerzen, singen Lieder. Viele junge Leute, Linke, Langhaarige, Kunststudenten, die ein Unbehagen an den Regierenden plagt, denen sie Neoliberalismus und Bigotterie vorwerfen. »Die alkoholische Bewegung hält keiner auf!«, ruft einer. Das ist Şafak Tanrıverdi. Er hält eine Dose Efes in der Hand, das Nationalbier der Türkei. Ein Akt der Poesie und der Rebellion, wenn wir ihn richtig verstehen. Denn dazu haben sie sich hier versammelt, auf der Uferstraße von Moda: Sie trinken für die Freiheit. Für die Demokratie. »Unser Vaterland blutet«, sagt ein Redner, eigentlich meint er: »durstet«. Er ballt die Faust: »Möge das Licht zurückkehren.«

Passiert war nämlich Folgendes: Auf dem Pier von Moda steht seit mehr als neunzig Jahren ein kleines Lokal, auf einem malerischen Steg ins Marmarameer hineingebaut. Vor Kurzem übernahm die städtische Gesellschaft Beltur das Lokal. Warum das ein Problem ist? In Beltur-Restaurants wird kein Alkohol ausgeschenkt. So will es die Stadt Istanbul, die seit bald zwei Jahrzehnten von den konservativen Gefolgsleuten des frommen Premiers regiert wird. Der Bürgermeister beteuert, seine Gemeinde wolle nichts anderes, als preiswerte Lokale zu schaffen, die auch ärmere und religiösere Familien besuchen könnten: Manche dieser Familie seien früher nie ausgegangen, weil sie grundsätzlich Orte meiden, an denen Alkohol ausgeschenkt wird. Davon abgesehen gebe es in Istanbul noch Tausende von Kneipen, in denen Bier und Rakı strömten, es sei also maßlos übertrieben, von einer islamisch motivierten Kampagne gegen Alkohol zu sprechen. Die Gegner trauen der Partei des Bürgermeisters – es ist auch die des Premierministers – dennoch nicht über den Weg: Schon wieder ein alkoholfreies Restaurant mehr, für sie ist das ein Menetekel.

»Lang lebe die alkoholische Internationale!«, steht auf einem Plakat. »Für eine beschwipste Türkei«, auf einem anderen. »Den Slogan hab ich erfunden«, sagt Student Şafak Tanrıverdi stolz. Er erinnert sich an die Zeiten, bevor die Stadt das Lokal übernahm: »Damals ging ich auch nie rein.« Warum denn nicht? »Viel zu teuer. Wir haben immer hier auf der Uferstraße getrunken, die Leute haben uns Landstreicher geschimpft.« Immerhin ist das Lokal jetzt billiger, oder? »Ja, billiger Tee!« Also bleibt er nicht bloß wieder draußen vor der Tür wie früher, nein, er bleibt draußen vor der Tür und protestiert. Ein Dutzend Polizisten bewachen den Eingang zum Lokal. »Die sind eigentlich auch Volk«, sagt eine Kerzenträgerin. »Nichttrinkendes Volk!«, korrigiert sie streng ihr Freund.

Die letzte Dose ist geleert, die letzte Parole gerufen. Die Menge bricht auf. Auf dem Weg hoch nach Moda öffnet ein Anwohner sein Fenster, laut erschallt die »Internationale«. Jubel. Oben am Hügel eine Büste von Atatürk, dem Vater der Republik, der 1938 wie gesagt an den Folgen des ausgiebigen Alkoholgenusses starb. Er hatte den Raki geliebt. »Erhabene Jugend!«, steht auf der Plakette, »Wir haben die Republik gegründet. Durch Euch lebt sie fort.«

Nüchtern betrachtet spiegeln die rhetorischen Schlachten um Raki und Wein mehr die ideologischen Reflexe der ineinander verbissenen Lager wider als eine tatsächliche Gefahr. Noch muss der Istanbuler weder um den Raki, noch um die *Meyhane* fürchten. Ja, die muslimischen Politiker mögen den Alkohol nicht, und ja, die Türken trinken weniger Raki als früher. Letzteres aber ist nicht nur den hohen Steuern, sondern auch dem Zeitgeist geschuldet: Wein und Bier verkaufen sich von Jahr zu Jahr besser, der Grüne Halbmond, eine Organisation, die sich dem Kampf gegen die Alkoholsucht widmet, hat Statistiken veröffentlicht, wonach der Alkoholkonsum insgesamt seit der Jahrtausendwende stark angestiegen ist. Andere Studien bestätigen den Trend: In der Türkei wird von

Jahr zu Jahr mehr Alkohol getrunken, Regierung hin oder her. Der Bericht des Grünen Halbmonds schlüsselt die türkischen Trinker gar nach politischer Überzeugung auf – und macht die größten Säufer unter den Sozialisten aus, angeblich ist jeder zehnte Linke dem Alkohol verfallen. Aufschlussreich auch die Analyse nach Berufen. »Ein sehr inniges Verhältnis zum Alkohol haben die Sänger«, heißt es. Der Bericht hebt insbesondere die Interpreten des Arabesk als warnendes Beispiel hervor: jene Sänger, die westlichen Schmalz unter orientalischen Weltschmerz rühren. Kein Wunder: Nirgends sind die Herzen gebrochener, nirgends ist die Liebe größeres Leid als in ihren Liedern. Der Kurde Ibrahim Tatlıses, ein Pionier des Arabesk, steht in seinen Videoclips gerne verlassen am Tresen und kippt gramvoll einen Whiskey, wenn er die Hände nicht gerade dazu braucht, sie auf sein schmerzendes Herz zu pressen. »Sie versenken sich in ihrer Trauer, die sie als Weg zum Glück ansehen«, heißt es in der Alkoholstudie tadelnd über die Freunde des Arabesk. »Nur deshalb trinken sie.«

Die Istanbuler unterschieden immer zwischen dem Gewohnheitstrinker (*Gündüzcü*) und dem abendlichen Genießer (*Akşamcı*), und gerade unter Letzteren führt noch immer jeder neue Schritt der Regierung zu einem neuen Aufschrei, zuletzt ihre Anordnung, Alkoholika wie Raki und Bier dürften im Interesse der Volksgesundheit nur mehr nackt für sich selber werben, verboten aber seien von nun an Plakate, die eine Schüssel Kartoffelchips neben ein Glas Bier oder aber einen Teller mit Käse oder gegrilltem Fisch neben eine Flasche Raki stellen.

Das rührt tatsächlich ans Herz einer Kultur. Raki und Käse, Raki und Fisch, die gehören zusammen wie Halbmond und Stern. Natürlich hat es auch immer Puristen gegeben, die darauf bestanden, der eigentliche Zweck eines Istanbuler Trinkhauses sei, nun, das Trinken und jegliches Beiwerk sei bloß unnötige Ablenkung vom allmählichen Erklimmen des Pfades zu guter Laune (*Neşe*), Schwips (*Çakırkeyfi*) und ausgemachtem Rausch (*Sarhoş*). In der Praxis jedoch setzten sich jene durch, die die Nahrungsaufnahme insoweit akzeptierten, als sie Herz und Bauch stählt und die Kapitulation vor dem Alkohol hinauszögert. Und deshalb ist die *Meyhane* heute so etwas wie die Tapas-Bar der Türken: Man wählt aus einer Vielfalt von *Meze*, kalter und warmer Vorspeisen, die der Kellner auf einem riesigen Tablett an den Tisch jongliert. Atatürk begnügte sich mit gerösteten Kichererbsen, *Leblebi*. Für andere sind Schafskäse und Honigmelone die Klassiker. Die meisten aber nehmen die Verlockung gerne an und verlieren sich in einem wahren Universum: Da locken geröstetes Auberginenmus, eingelegte Zucchiniblüten, marinierte Artischocken, scharfe Tomaten-Chilipaste, gefüllte Paprika, in Weinblätter gerollter Reis, blanchierter Spinat, mit kleingehacktem Knoblauch bestreute Algen, in Dill marinierte Makrele, in Walnusspaste geknetetes tscherkessisches Huhn. Mit dieser Auswahl belässt man es am besten fürs Erste, denn in einem zweiten Gang folgen die warmen *Meze*: mit Käse oder Schinken gefüllte *Börek* (türkische Frühlingsrollen), frittierte Kalamari, im Tontopf gebackene Shrimps. Und wenn man schon pappsatt ist, dann würde der Wirt einem eigentlich noch gerne einen gegrillten Seebarsch servieren. Den kann man aber auch bleiben lassen.

Das Erste, was auf den Tisch kommt, immer und überall und oft noch vor der Tischdecke, ist Brot. Meist ein ganzer Laib frischen Weißbrots. Die Türken haben es nicht oft ins Guinnessbuch der Rekorde geschafft. Die Ehre etwa, das Land mit der wertlosesten Währung der Welt zu sein, nahm man ihnen im Jahr 2005 wieder, nachdem die Regierung von den Geldscheinen über Nacht einfach sechs Nullen gestrichen hatte – im selben Jahr schon durften sie sich jedoch über einen neuen Rekord freuen: Kein Volk isst mehr Brot. 199,6 Kilogramm pro Kopf und Jahr waren es zu dem Zeitpunkt. Die Deutschen kommen nicht einmal auf die Hälfte. Und das, obwohl die Türken praktisch nur jenes fluffige Weißbrot essen, das kaum ein paar Gramm auf die Waage bringt. Wenn man sie nur ließe, würden die Türken wahrscheinlich noch ihre Pizza mit Brot belegen und ihre Dönerspieße damit umwickeln, so sehr sind sie vernarrt in ihr *Ekmek*. Frisch und knusprig muss es sein, dann braucht es sich auch nicht hinter französischem Baguette verstecken. Weißbrot, das älter als ein paar Stunden ist, rührt kaum mehr einer an. Vielleicht auch deshalb versteckt sich hinter dem Rekord eine traurige Tatsache: Jeden Tag landen allein in Istanbul zwei Millionen Laib Brot auf dem Müll oder im Bosporus, wo sich – Türken, die sie sind – die Blaufischlein darum balgen. Als sich vor der letzten Wahl ein Häuflein Unzufriedener zu einer Protestpartei zusammenfand, da erwählten sie sich zu ihren Parteisymbolen all das, was sie für typisch türkisch hielten: das Teeglas, den Grill, den Rosenkranz (noch immer Handschmeichler vieler türkischer Männer), die *Saz* (die dreisaitige Laute) und schließlich das Brettchen fürs *Okey*-Spiel (eine Art Mahjongg). Namensgeber aber konnte nur eines sein, und so traten sie an als »Brotpartei«.

Wenn ein Bäcker es gut meint mit seinem Brot, dann verkauft er es an einen Fischbrater, und der macht daraus ein *Balık Ekmek*, ein Fischbrot. Einer vollkommeneren Verwendung kann türkisches Weißbrot nicht zugeführt werden. Das *Balık Ekmek* – und nicht etwa der Döner – ist für Istanbul das, was die Currywurst für Berlin ist: der berühmteste und beliebteste Snack der Stadt. Und das sagt einiges aus über die kulinarische Reife beider Kulturen. Auf der Berliner Seite: Man nehme in Schweinedarm gehüllten billigen Wurstteig und versenke ihn in einem aus Ketchup und Currystaub angerührtem Leim. Und hier in Istanbul: ein duftendes halbes Weißbrot. Aufklappen. Eventuell Brot auf der Innenseite rösten, dann mit knusprig gebratenem Bonito oder Makrele belegen, darauf etwas Salz, Zwiebeln, Salat. Der eine rundet's mit Tomaten ab, der andere mit sauer eingelegtem Blaukraut.

Reinbeißen. Jubeln. Bratfett von den Mundwinkeln streichen.

Aber die Straßen von Istanbul haben noch mehr zu bieten. *Midye* zum Beispiel, gefüllte Muscheln, in die der fliegende Händler noch etwas Zitrone träufelt. Den Sesamkringel *Simit*, klar. Die in langen Reihen ausgestellten Schafsköpfe, gerne zu Suppe verkocht. Vor allem aber lieben die Türken das Grillen: Fleisch über Feuer, der Duft der Steppe. Sie grillen hier den feinsten Seebarsch und das zarteste Zicklein. Und manchmal nehmen sie zwei, drei Schafsdärme, wickeln sie um einen langen Spieß und grillen auch das. Das heißt dann *Kokoreç*. »*Kokoreç* ist die schmackhafteste Gestalt, die ein Schafsdarm annehmen kann«, heißt es im »Sauren Wörterbuch«, einer alternativen Kultwebseite, »Wer es nicht mag, ist verrückt.« Ich mag es nicht, aber da bin ich die Ausnahme in Istanbul. Sie haben dem *Kokoreç* sogar einen Schlager gewidmet: *Meine rauchende Liebe / Dich werd ich nie vergessen / Kokoreç, Ko Ko Ko Ko Kokoreç*. Das war vor ein paar Jahren, zu einer Zeit, da Gerüchte umgingen im Land, die EU wolle den Türken den *Kokoreç* verbieten, der Hygiene wegen: *Fremde haben uns getrennt / Dein Geschmack noch an meinen Lippen / Kokoreç, Ko Ko Ko ...* Die Gerüchte hatten ähnlichen Wahrheitsgehalt wie jene, wonach Europa der Türkei die Flüsse Euphrat und Tigris entreißen und nach Brüssel verlegen wolle, und nach einer Weile legte sich die Aufregung wieder.

Auch *Kokoreç* gibt es als Sandwich. Die fertig gegrillten Därme werden klein gehackt und mit Chili und Salz vermischt. *Kokoreç*-Brater stehen mit ihren Wägen gerne an den Anlegestellen der Istanbuler Fähren oder schieben sie die Bosporus-Promenaden entlang. Oft ist, wo der *Kokoreç* weilt, auch die *Iskembe* nicht fern: die Kuttelsuppe. Beiden gemein ist eine zweite Existenz als Speisen der Nacht: Wenn die Zecher der Stadt genug haben von *Meze* und Raki, von Discos und Bars, wenn Morgendämmerung und Kater nicht mehr weit sind, dann fallen sie ein in Kuttelsuppenküchen und *Kokoreç* Bratereien für ein Ausnüchterungsmahl. Den besten *Kokoreç* der Stadt hat Mustafa Güneş in Üsküdar (sagt Mustafa Güneş aus Üsküdar): »Ich nehme nur den Darm von Milchlämmern. Nicht älter als drei, vier Monate. Und ich kaufe nur von Februar bis Mai. Später fangen die Lämmer an, Gras zu fressen, dann schmeckt der Darm anders.« Ein paar Istanbuler gibt es schon, die *Kokoreç* aus ganzem Herzen verabscheuen: »Widerlich« findet ihn eine alteingesessene Dame der Istanbuler Gesellschaft: »Solches Zeug gab es früher alles nicht hier«, schnaubt sie, »bevor diese Anatolier in unsere Stadt einfielen.« Dabei stammt *Kokoreç* gar nicht aus Anatolien. Sondern aus dem Balkan und aus Griechenland, wo er *Kokoretsi* heißt und auch nach dem EU-Beitritt des Landes noch heiß geliebt und verzehrt wird. *Ko Ko Ko Ko / Kokoreç, es geht nicht ohne dich / Kokoreç Ko Ko Ko Ko …*

Man kann den Istanbulern einiges vorwerfen, aber nicht, dass sie das Essen nicht ernst nähmen. Am besten sieht man das im Fastenmonat Ramadan, den die Türken *Ramazan* nennen. Eigentlich ist Fasten ja gesund. Und dennoch warnen die Ärzte und Kliniken hier Jahr für Jahr aufs Neue: »Viele Leute landen im Ramadan im Krankenhaus.« Vor Entkräftung? Nicht ganz. »Die Mahlzeiten zum Fastenbrechen sind einfach zu reichhaltig«, heißt es in der Presseerklärung eines Krankenhauses. »Nach einem Tag ohne Essen kommen unsere Körper mit solcher Üppigkeit nicht zurecht.« Der Ramadan mag der Monat des Fastens sein, für viele Türken ist er vor allem der Monat des Fastenbrechens, des *Iftar*. »Während des Fastenmonats«, meldet stolz und ohne jede Ironie eine Broschüre des Kulturministeriums, »ist die Küche ununterbrochen in Betrieb.« Nicht nur das: Es wird in den meisten Familien sogar mehr gekocht und gegessen als im Rest des Jahres.

Der Ramadan ist ein Fest, eines, das dreißig Tage andauert. Tag für Tag schicken sich Nachbarn und Verwandte zum

Iftar gegenseitig Schälchen mit Datteln, mit Pastirma-Schinken im Knoblauchmantel, mit gekochten Okraschoten. Gute Freunde lädt man zu sich nach Hause. »Nichts, das nicht auf dem Tisch gestanden hätte«, erinnert sich der prominente Küchenchef Vedat Başaran an die *Iftar* seiner Kindheit: »Zuerst eine heiße Suppe, auf die gebackenes Kebap folgte, dann Spinat und Joghurt-Borani, Eier mit würzigem Pastrami, Zucchini-Pasteten und Safran-Reis.« Und zur Abrundung die Ramadan-Kur für den abgefallenen Zuckerspiegel im Blut: Dutzende Sorten von sirupsüßem Blätterteig-Baklava, gebackene Quitten mit Sahne, in Zuckerwasser und Nelken gekochter Kürbis – und natürlich *Güllac*, dünne Blätter aus Reisstärke, mit Nüssen oder Mandeln gefüllt, getränkt in süßer Milch und Rosenwasser, verziert mit geriebenen Pistazien und Granatapfelkernen. »Erfrischend und leicht verdaulich«, wie eine Rezeptsammlung behauptet. Und damit eher die Ausnahme unter den *Iftar*-Leckereien. Höhepunkt des Ramadan ist das *Şeker Bayram*, das Zuckerfest: eine drei Tage währende Zucker-, Sirup- und Honigorgie.

Sie sind aber auch eine Offenbarung, die Desserts. Mehr noch als mit dem Krummsäbel ist der Türke nämlich mit dem Siruplöffel in der Hand geboren, und er versteht ihn so zu schwingen, dass einem Hören und Sehen vergeht, was aber gerade recht ist, weil dann das Riechen und Schmecken ja viel besser funktioniert. Viele Türken tragen stolz Familiennamen wie Zucker (*Şeker*) oder Süß (*Tatlı*). Kein Zufall wird es sein, dass die Zuckerbank (*Şekerbank*) eine der größten Banken des Landes ist, ebenso wenig die Tatsache, dass sich die Istanbuler ausgerechnet den Mann zum Oberbürgermeister gewählt haben, dessen Familie der bekannteste aller Dessertpaläste von Istanbul gehört: das »Saray« in der Fußgängerzone: vier Stockwerke Seligkeit. Eine Speisekarte, so dick und so bunt wie ein Weltatlas. Dabei sind türkische Desserts so viel mehr als nur der auch bei uns bekannte Zahntöter Baklava: Schokolade in jedem Aggregatzustand, Pudding und

Milchreis in allen Sprachen und Dialekten der Konditorzunft durchdekliniert und mein persönliches Suchtmittelsubstitut: gebackenes Helva aus Sesam, Mehl und Zucker, frisch und zerfließend aus dem Rohr. Es gibt in der Türkei nicht einfach bloß den Konditor. Es gibt den Helvameister (*Helvacı*), den Baklavameister (*Baklavacı*), den Milchpuddingmeister (*Muhallebici*), und schließlich den *Tatlıcı*, der Süßwaren aller Art verkauft: Einer jeden Süßspeise die Aufmerksamkeit und Hingabe, die sie verdient.

Natürlich gibt es auch den *Dondurmacı*, den Eismann. In Anatolien behaupten sie, sie hätten schon immer an den Gletschern gelutscht: Ein bisschen Sirup drauf, und fertig war das Sorbet. Die Türken sind da bloß die Letzten in der Schlange all der anatolischen Leckermäuler, hinter Hethitern, Römern, Byzantinern. Deshalb schmeckt es ihnen aber nicht weniger. Sie haben sogar ihre ganz eigene Sensation erfunden: das Eis von Maraş. Maraş liegt am Ahır-Berg, dort, wo die Ziegen grasen und sich über die wilden Orchideen hermachen. Die Leute von Maraş haben einfach die Milch der Ziegen genommen und die zu Pulver zerriebenen Wurzeln der Orchideen, fügten etwas Zucker und Zimt hinzu – und nach viel Kneten und Schlagen war es plötzlich auf der Welt, das Eis von Maraş. Das ist jetzt auch schon dreihundert Jahre her.

Etwas ganz Besonders ist das. Man isst es nämlich mit Messer und Gabel. Man hängt es an Fleischerhaken, und wenn man lustig ist, dann zerteilt man es mit der Kreissäge. So fest ist es. Ein wenig wie Toffee, sagen die einen. Ein wenig wie Kaugummi, meinen die Kinder. Die haben überhaupt ihren Spaß: Ein Maraş-Eis-Verkäufer, egal ob in Maraş oder in der Fußgängerzone von Istanbul, der verkauft nicht einfach Eis, der führt Kunststückchen vor. Kugeln und Eislöffel gibt es hier keine, dafür ellenlange Spachteln, die graben, schaben, stechen und austeilen. Mal trommelt der Verkäufer damit ein Solo auf den Eistöpfen, mal lötet er die Waffel mit der Portion Dattel/Schoko/Granatapfel einfach an seiner Spatel fest, die er dir dann entgegenstreckt. Greifst zu, denkst, jetzt hast du dein Eis – reingefallen: Bevor dein Griff sich schließt, zieht er Spachtel und Waffel blitzschnell zu sich zurück. Klebt bombenfest. Und alle lachen auf deine Kosten. Irgendwann aber will auch er sein Geld. Dann machst du dich dran: Ist mehr Abbeißen und Kauen als Schlecken. Aber wilde Orchidee!

Suchen & Finden

Begriff: *Landkarte*. Erklärung: *schöner Wandschmuck*. Steht so im »Sauren Wörterbuch«, der populären türkischen Internetenzyklopädie. Steht auch so im Erbgut des Istanbulers. »Der Türke hat einen Gendefekt, was Landkarten und Stadtpläne angeht«, sagt unser Freund Serdar, selbst Türke, selbst Gendefekt. »So etwas KANN MAN NICHT lesen.«

Es ist nicht so, als ob es keine Stadtpläne gäbe. Es gibt sogar sehr schöne und sehr dicke. Ringbuch. Hardcover. Faltplan. Es wurde bloß noch nie ein Taxifahrer mit so einem Plan gesehen. Manchmal steckt hinten in den Sitztaschen des Taxis eine fleckige Karte. Zum Verschenken, für die Touristen auf dem Rücksitz. Wenn man die herausnimmt, darauf eine Straße sucht und sie dem Taxifahrer unter die Nase hält, dann wird er die Stirn runzeln, die Karte einmal um 180 Grad drehen, sich eine Weile im Nacken kratzen und schließlich fragen: »Ist das beim Topkapıpalast?« Dann hat man erstens Glück gehabt, dass der Taxifahrer den Topkapı kennt, und zweitens etwas gelernt: Die Orientierung funktioniert über Bezugspunkte. Und übers Fragen. Es gibt ein altes Sprichwort: *Sora sora Bağdat bulunur,* »Fragend kommt man bis nach

Bagdad«. Immerhin haben sich die Türken so von Zentralasien bis an den Bosporus durchgeschlagen: »Bruder, wo geht's denn hier nach Konstantinopel?«

Für Beyoğlu zum Beispiel heißt das, dass man am besten alles in Bezug zum Marmara-Hotel am Taksimplatz setzt. Einfach einen Straßennamen zu nennen und es sich dann auf dem Rücksitz bequem zu machen ist riskant. Losfahren wird der Taxifahrer immer. Bloß ankommen tut er nicht. Er wird die grobe Richtung einschlagen und fortan auf ein erlösendes Wort des Fahrgastes hoffen. Wenn das nicht kommt, wird er ein, zwei Kilometer vor dem Ziel nervös den Gast anblaffen: »Und? Jetzt?«

Mein Freund Sinan, studierter Luft- und Raumfahrttechniker, erklärte mir einmal, wie man einem Türken den Weg erklärt: »Sag um Himmels willen nicht: ›Immer in Richtung Süden, dann zweihundert Meter weiter und schließlich nach rechts Richtung Westen abbiegen.‹ Da könntest du dem armen Mann auch einen Vortrag über Atomphysik halten.« Richtig geht das vielmehr so: »Du steigst hier über diese Treppe runter, Bruder. Dann siehst du gegenüber diesen knallroten Laden, der Hamburger verkauft. Bei dem gehst du rechts an der Tür vorbei. Am Ende der Gasse dann siehst du Cems Zeitungskiosk. Richte Cem meine Grüße aus und sag ihm, ›Ahmet Abi von oben‹ habe dich geschickt. Dann wird er dir weiterhelfen.« Nicht selten wird Cem vom Kiosk den Fragenden sogar an die Hand nehmen und zu seinem Ziel geleiten. So machen das oft auch die Taxifahrer: Der eine fragt den anderen, den vom lokalen Taxistand, woraufhin der oft den Fragenden in Schlepptau nimmt und erst kurz vorm Ziel abdreht. Die Kunst besteht also darin, immer einen Wissenden zu finden. Also auch am Frankfurter Hauptbahnhof am besten einen Türken. Diese Kunst ist deshalb von großer Bedeutung, weil es zu unterscheiden gilt zwischen dem Wissenden und dem Scheinwissenden: Eine Antwort erhält man nämlich immer. Kein Türke wird eingestehen, dass er den

Weg nicht kennt. Er wird lieber sagen: »Da hinten um die Ecke« als: »Weiß nicht.« Da liegt ja eh die halbe Welt, da hinten um die Ecke. Wollten die Türken überhaupt je nach Konstantinopel, oder hat sie damals auch einer in die falsche Richtung geschickt? Wenn's so wäre, keiner würde es zugeben.

Ein Problem ist es allerdings, wenn keiner da ist, den man fragen könnte. In diese unangenehme Lage versetzt Mehmet Akif Ersoy, der Dichter der türkischen Nationalhymne, in seiner »Ballade vom Unglückskahn« den Kapitän eines Schiffes im Mittelmeer. Der Kapitän hat keine Ahnung, wo es langgeht. Anders als unsere Taxifahrer findet er tatsächlich eine Karte an Bord – bloß zeigt die nicht das Mittelmeer, sondern das falsche, nämlich das Schwarze Meer. Um die Tragödie komplett zu machen, muss er schließlich feststellen, dass am Kompass auch noch die Nadel fehlt. Da fällt auch einem türkischen Kapitän nichts anderes mehr ein als seiner Mannschaft das Gebet zu empfehlen. Der Dichter schrieb diese Parabel, um seiner Republik den Spiegel vorzuhalten. Leider guckte die Republik nicht hin, weil sie gerade sehr beschäftigt war, ihren Weg zu finden.

An Land hat den Türken früher noch der Instinkt ihrer Pferde geholfen. Dafür gibt es heute Navigationsgeräte. Und siehe da, anders als im Falle der Stadtpläne hat mit einem Mal ein jedes Taxi ein Navigationsgerät. Direkt vor der Nase des Fahrers. Ein schönes Gerät ist das, hat einen kleinen Bildschirm, auf dem man verfolgen kann, wie ein kleiner Punkt sich durch die Straßen schlängelt. Aber Zieleingabe? Wie? Was? Ich habe bis heute, ich schwöre es, keinen einzigen Fahrer erlebt, der je sein Navi zur Zielfindung benutzt hätte, auch in der größten Not nicht. Warum er dann eines hat, der Taxifahrer? Weil alle anderen auch eines haben. Und weil es sich hübsch macht. Wie das Glasauge am Rückspiegel und das blinkende Display des Autoradios.

Die Himmelsrichtungen sind ein Kapitel für sich. Armeeoffizieren und Fischern sind sie geläufig, dem gewöhnlichen

Istanbuler hingegen recht bedeutungslos. Als die Türken nach Anatolien vordrangen und Namen suchten für die Meere, da griffen sie zur alten chinesischen Farbenlehre, die jeder Richtung eine Farbe zuweist. Das Meer im Süden wurde so zum Roten Meer, weil Rot die Farbe des Südens ist. Das im Norden heißt seither Schwarzes Meer. Und das im Westen – unser Mittelmeer – heißt bei den Türken Weißes Meer.

Bei der Armee traten früher oft Rekruten ihren Dienst an, die links und rechts nicht auseinanderhalten konnten. Für solche Fälle griffen die Offiziere auf die Zwiebel- und Knoblauchmethode zurück. Sie klopften dem Rekruten zuerst auf die linke Schulter und tauften sie auf »Zwiebelschulter« und erklärten sodann die rechte zur »Knoblauchschulter«. Die erste Silbe des Wortes Zwiebel (türkisch: *soğan*) klingt nämlich ähnlich wie »links« (*sol*), die erste des Wortes Knoblauch (*sarmısak*) ähnlich wie »rechts« (*sağ*).

Praktisch überhaupt keine Probleme hat der Istanbuler mit »vorne/hinten« und »oben/unten«. »Oben« und »unten« benutzt er dabei gerne auch in der Ebene, was eine stillschweigende Übereinkunft zwischen allen Anwesenden voraussetzt, wenn einer auf einer brettlgraden Straße sagt: »Ich geh mal schnell runter.« Den Kabarettisten Zeki Alasya und Metin Akpınar fiel zu dem Thema einmal ein bis heute gern zitierter Dialog ein: »Geht diese Treppe nach oben runter? Oder nach unten rauf?« Dazu passt, dass sich die Worte unten (*aşağı*) und oben (*yukarı*) zusammensetzen lassen zu dem gängigen Adverb *aşağı yukarı*, das im Deutschen seine Heimat hat in dem Niemandsland zwischen »ungefähr«, »halbwegs«, »circa« und »über den Daumen gepeilt«. Eben »untenoben«. Der türkische Kompass funktioniert mit *fuzzy logic*.

»Kein Problem das alles, solange man sich nicht von der Stelle rührt«, seufzt Sinan. Nun ist der Türke aber quicklebendig. »Wenn sich die Welt nur nach ihm richten würde, dann wäre alles gut.«

Eisblau

Steht ein Schiff im Schlafzimmer. So beginnen Geschichten in Istanbul. Für die Bewohner der *Yalı*, der Ufervillen, ist es eine Urangst: Man wacht auf und ein Öltanker hat sich bis zur Bettkante gebohrt. An einem Nachmittag im Mai wurden wir bei uns in Yeniköy selbst Zeugen einer solchen Havarie. Auf der Straße vor ihrem Haus stand die Schauspielerin Oya Başar und berichtete einer Traube von Reportern aufgeregt, was ihr eben widerfahren war. Hinter dem Haus, auf der Bosporusseite lag mit Schlagseite, quasi auf der Terrasse, das aus Bulgarien kommende Schiff Ella J, ein hundertfünfzig Meter langer Frachter, der sich durch die Uferbrüstung gebohrt hatte. 10 782 Bruttoregistertonnen, die knapp einen Meter vor dem Balkon des alten Holzhauses zum Stehen gekommen waren.

Der Bosporus ist eine der gefährlichsten Wasserstraßen der Welt. An der Oberfläche fließen seine Wasser vom Schwarzen Meer hinunter zum Marmarameer, taucht man aber fünfzehn Meter in die Tiefe, dann kann man sich in die entgegengesetzte Richtung, von Süden nach Norden, treiben lassen: Dort fließen die Wasser des Mittelmeeres, sie enthalten mehr Salz und sind schwerer. Vertrackte Strömungen, Strudel und scharfe Kehren, durch die sich Tag für Tag hundertfünfzig Tanker und Containerschiffe winden. Mitten durch eine Millionenstadt. In dem Monat, in dem ich in Istanbul eintraf, kam ein Erdgastanker gerade mal fünfzig Meter vor dem Dolmabahcepalast zum Stehen. Das Ruder war ausgefallen. Die Istanbuler dachten sofort an 1979. Im November jenes Jahres rammte ein griechisches Schiff den rumänischen Öltanker Indepenta. Der Tanker brach auseinander, das Meer stand in Flammen. Die erste Explosion ließ die Scheiben im Topkapıpalast bersten, noch die zweite, drei Wochen später, ließ Feuer auf Istanbul regnen.

Die Türkei schlägt regelmäßig Alarm, aber ihr sind die Hände gebunden. Das Abkommen von Montreux erlaubt Handelsschiffen jeder Nation freie Fahrt durch den Bosporus. Die Türkei kann die Kapitäne nicht einmal dazu zwingen, Lotsen an Bord zu nehmen. Als der Vertrag 1936 unterzeichnet wurde, da passierten keine viertausend Schiffe im Jahr den Bosporus. Heute sind es mehr als zehnmal so viele, und sie sind oft zehnmal so schwer. Jahr für Jahr fallen bei Dutzenden Schiffen die Maschinen aus, blockieren die Ruder.

Aber nicht nur Schiffe verunglücken hier. Bis zum Jahr 2000, bis die Uferstraße an den Kurven mit Stahlseilen abgesichert wurde, konnte man in den Zeitungen des Öfteren die Überschrift »*Boğaza uçtu*« lesen: »In den Bosporus geflogen«. Dann hatte wieder einmal ein betrunkener oder übermütiger Fahrer die Kontrolle über seinen Wagen verloren. Solche Unfälle gingen meist tödlich aus, nicht wenige Autos ruhen noch heute auf dem Grund des Bosporus, der an seiner tiefsten Stelle, bei der Burg Rumelihisarı, hundertzehn Meter tief ist. Dort verläuft auch die zweite Bosporusbrücke, von der sich gerne Lebensmüde herunterstürzen. Immer wieder überleben welche den 64-Meter-Sturz, oft bläht sich die Jacke im Flug auf wie ein Fallschirm und bremst den Fall, dann fischt die Seepolizei sie heraus.

Verkehren

Stellen Sie sich vor, Sie fallen in einen Bottich mit zähflüssigem Kaugummi. Nun versuchen Sie, mit Händen und Armen zu rudern. Geht nicht? Natürlich nicht. So fühlt es sich an, im Istanbuler Verkehr zu stecken. Nicht vorankommen können Sie in Istanbul auf vielfältige Weise. Zum Beispiel im **Bus**. Obwohl ich da einmal ein schönes Erlebnis hatte. Lange Zeit war mir, als sei zuerst das Schild »Nicht mit dem Fahrer reden« auf der Welt gewesen und habe sich dann aus einem Klumpen besonders groben Lehms die ihm genehme Spezies geformt. Dann saß ich im Bus in Istanbul. Fast allein. In einem Vorort. Wir fuhren und fuhren auf einer immer weniger befahrenen Straße, da wurde mir ein wenig mulmig: Saß ich überhaupt im richtigen Bus? Ich fragte den Fahrer. »Oh«, sagte der, »ganz falsch.« Dann drückte er aufs Gas, dass wir gefährlich ins Schaukeln kamen. Irgendwann tauchte vor uns ein anderer Bus auf. Wir hängten uns dran. Schließlich kam eine Haltestelle in Sicht. Unser Fahrer drückte ein letztes Mal aufs Gas, überholte den anderen in einem waghalsigen Manöver und schnitt ihm diagonal den Weg ab. »So«, sagte mein Fahrer. »Das da ist Ihr Bus. Gute Fahrt.«

Schneller als mit dem Bus ist man für gewöhnlich mit der **U-Bahn**. Der einen. Eigentlich war das alte Istanbul einst bei den Pionieren dabei: Die 1875 eröffnete *Tünel*-Bahn – privat betrieben von einem französischen Ingenieur – war nach den U-Bahnen von New York und London das weltweit älteste unterirdische öffentliche Verkehrsmittel. Die Zahnradbahn wurde erst in Betrieb genommen, nachdem der Scheichülislam, der vom Sultan eingesetzte oberste islamische Würdenträger, in einem Rechtsgutachten (einer *Fatwa*) befunden hatte, diese Art der Fortbewegung sei dem Menschen nicht als Sünde anzulasten. Die Bahn verkehrt noch heute vom Tünel-Platz die knapp sechshundert Meter den Hügel hinunter zur Galatabrücke. Danach aber mussten die Istanbuler geschlagene 126 Jahre warten, bis zum Jahr 2000, bis sie ihre erste U-Bahn erhielten. Und bis 2008 gab es im Zentrum der europäischen Seite der Fünfzehn-Millionen-Metropole eine einzige U-Bahn-Linie mit exakt sieben Haltestellen. Heute gibt es ein paar Haltestellen mehr. Wenn ich aber von meiner Wohnung in Yeniköy mit öffentlichen Verkehrsmitteln zum Flughafen wollte, dann sähe mein Weg noch immer so aus: Zu Fuß oder mit dem Taxi den Berg hinunter zur Hauptstraße. Von dort ein *Dolmuş* zur U-Bahn in Maslak. Dann die U-Bahn zum Taksimplatz. Dann die alte Straßenbahn zum Tünel. Mit der Tünel-Bahn den Berg runter. Mit der Straßenbahn weiter nach Aksaray, dann die Koffer über eine Brücke und durch eine belebte Straße schleppen, wo ich zuletzt in die S-Bahn zum Flughafen einsteige. Alternativ könnte ich am Taksim auch von der U-Bahn in Bergbahn Nummer 2 umsteigen, wo ich bei derselben Straßenbahn landen würde.

Und was ist mit dem **Fahrrad**? Radler in Istanbul? Doch, es gab da mal einen. Das war der Kollege von der Nachrichtenagentur dpa, der erschien sogar zu Pressekonferenzen auf der asiatischen Seite mit dem Rennrad, manchmal verschwitzt, den Helm noch auf dem Kopf. Wir Deutschen bewunderten ihn, seinen Mut, seine buddhistische Gelassenheit. Die Türken nahmen ihn achselzuckend so hin, wie ein Dorf seinen Dorftrottel hinnimmt. In Istanbul fährt keiner Rad. Das geht gar nicht. Die Gassen sind so eng, dass ein Auto oft nur mit eingeklappten Seitenspiegeln durchkommt, und die Autos, klar, die müssen durch. Die Straßen sind an manchen Hügeln so steil, wie ich das auch im Alpenvorland meiner Allgäuer Heimat nie gesehen habe. Und die Autofahrer sind so aggressiv, dass auch Mütter mit Kinderwägen oft nur der Hechtsprung hinter die Mülltonne rettet. Mir fallen in Istanbul ziemlich genau zwei Orte ein, die sich zum Radfahren eignen: die Bosporusfähren, die großen, und unsere Wohnung. Wir haben nämlich ein Laufrad, und das sind die einzigen Orte, an denen wir unseren Dreijährigen fahren lassen. Das Problem: Es macht ihm riesigen Spaß. Wir werden ihn bald entwöhnen müssen.

So verrückt wie unser Sohn nach seinem Laufrad, so verrückt ist der Türke nach seinem **Auto**. Eingedenk der Tatsache, dass in Deutschland schon vor Jahrzehnten die sonntägliche Autopflege den Kirchgang ersetzte, musste der deutsche Mann stets viel Spott ertragen ob seiner innigen Beziehung zu Lack und Blech. Aber in all der Zeit bewahrte er sich doch einen Rest von nüchterner Distanz und nahm das Auto nie als eine Verlängerung seiner selbst. Anders der Türke. Er ist heute so verwachsen mit dem Autositz wie einst mit dem Sattel seines Pferdes. Der gezielte Schuss des Feindes holte ihn da vielleicht runter, aber der Benzinpreis? Der bestimmt nicht. Die Türkei hat seit Jahren die höchsten Benzinpreise Europas. Und wenn schon. Zuletzt zahlten wir hier 1,91 Euro für den Liter. Die durchschnittliche türkische Familie wiederum hat im Monat ein Einkommen von umgerechnet etwa neunhundert Euro. Benzinpreise verdoppeln? Isst man halt nur noch halb so viel. Hauptsache der Gaul hat zu futtern.

Und so ist wie immer kein Durchkommen auf den Straßen. Weil die Leute alle unterwegs sind. Zur Arbeit. Zum Nasenhaareschneiden. Zum Picknick.

Autofahren in Istanbul. »Ist wie als Akrobat in einem Zirkus zu arbeiten« (findet der Ratgeber »MyMerhaba«). »Vermeiden Sie es!« (»City Guide Istanbul«). Trotzdem fahren neun von zehn Pendlern mit dem Auto zur Arbeit. Mit dem eigenen. In gewissen Kreisen gilt es fast als unschicklich, sich in Bus und Bahn zu setzen (»Kannst du dir kein Auto leisten?«). Es gibt Straßen in Istanbul, die große Teile des Tages über praktisch zu Parkplätzen werden: Nichts geht mehr, nicht vor und nicht zurück. Wenn doch was geht, dann werden alle so hibbelig und panisch, dass man sicher sein kann, sich mit folgenden Aktionen den Zorn der anderen Fahrer einzufangen: a) Bremsen am Zebrastreifen; b) Bremsen überhaupt; c) Halten an bestimmten roten Ampeln, die im kollektiven Bewusstsein der Istanbuler Autofahrer offenbar bloß Straßenschmuck, auf keinen Fall aber Teil irgendeines Regelwerks sind. Woran man diese Schmuckampeln von den ernst zu nehmenden unterscheidet, ist mir bis heute nicht ganz klar, sodass ich sehr zum Missfallen der Lawine hinter mir noch immer an allen roten Ampeln bremse. Gut erinnere ich mich an mein erstes Mal. Ein zorniges Hupkonzert hub an, um mich nach vorne zu treiben. Als ich standhaft auf mein Grün wartete, war ein mit kopfschüttelnden Beamten besetzter Polizeiwagen der erste, der ausscherte, mich überholte und über die rote Ampel bretterte. Klar ist seit Kurzem, warum die Istanbuler so fahren: weil die Fahrschulen ihnen oft schon nach zwei oder drei Fahrstunden den Führerschein in die Hand drücken statt nach den vorgeschriebenen 20. Die Zeitung »Zaman« druckte Geständnisse Istanbuler Fahrlehrer. »Es ist die Konkurrenz«, klagt Musa Ayan vom Verein der Fahrschulen: So koste der Schein eben nur mehr 200 Lira statt 700.

Man darf übrigens froh sein, wenn es beim Hupkonzert bleibt. In der Zeitung diese Meldung: Zwei Autos bedrängen einander auf der engen Uferstraße. Insassen steigen aus. Streiten, brüllen, gehen aufeinander los. Am Ende werfen die einen die anderen ins Wasser. Zwei Brüder ertrinken.

Schon mal die Leute picknicken gesehen in Istanbul? Auf Verkehrsinseln, um die herum achtspurig der Bär tobt? Im Wald rollen die Istanbuler auch gerne ihre Picknickteppiche aus – aber nur, wenn der um die Autos herum gepflanzt ist. So wie der Belgradwald zum Beispiel, das Naherholungsgebiet im Norden der Stadt, das Sie daran erkennen, dass zwischen all den Fiats, und Renaults, die ihre geöffneten Türen wie Flügel ausspreizen, auch noch Büsche und Bäume hervorragen, an deren Äste man dann Hängematten spannen kann. Das nämlich geht am Auto noch nicht.

Oder das Bosporusufer. Da kann man die Räder bis ans Wasser rollen und sich den Tee dann durchs Autofenster servieren lassen. Und wenn doch mal einer aussteigt, dann ist das Auto auch hier nützlich: Unter der geöffneten Heckklappe liegen die Luftmatratzen im herrlichsten Schatten. Zudem sind so auch Gaskocher und Jogurtheimer im Kofferraum in Griffweite. Überhaupt gilt: Egal ob beim Fischefüttern oder beim Sternschnuppenzählen – nie weiter als eine Armeslänge vom Wagen entfernen. Er könnte davontraben.

Die Leute, die sich kein Auto leisten können, nehmen am liebsten den *Dolmuş*. *Dolmuşe* fahren, »wenn sie voll sind« (nichts anderes heißt das Wort auf Deutsch). Und halten, wenn sie einen Kunden sehen. Auch mitten auf der Kreuzung, auch auf dem Mittelstreifen. Machen oft auch einfach nur die Tür auf während der Fahrt. Damit man aufspringen kann. Oder abspringen. Oder damit der Fahrer ins Freie spucken kann. Sehr praktisch. Sehr voll. Sehr abenteuerlich.

> *»Wäre die Welt Manns genug, sie wäre nicht rund.«*
> (*Dolmuş*-Spruch)

Es gibt viele Wege, etwas über die Stadt und das Leben zu lernen. Einer davon ist, *Dolmuş* zu fahren. Wer beim Ein- oder Aussteigen einen Blick auf das Rückfenster oder unter das Nummernschild wirft, der entdeckt nicht bloß einen simplen Aufkleber, der erhascht einen Blick auf die Seele der Stadt:

> »*Die Welt ist ein Tal voller Dornen – ist das etwa der Fehler der Liebenden?*«
>
> (*Dolmuş*-Spruch)

Wahrscheinlich gibt es den *Dolmuş*, also das »Wir fahren, wenn wir voll sind«-Taxi in dieser Stadt, seit Boote ihre Wasser befahren. In den 1940er Jahren dann sprang die Idee aufs Auto über: Benzin war knapp, die paar Pontiac-, Buick- oder Chevrolet-Limousinen, die es gab, waren ihrerseits riesige Schiffe, so lag es nahe, sie mit allen Nachbarn zu füllen, die den gleichen Weg zur Arbeit hatten. Irgendwann lasen die Fahrer alles auf, was am Straßenrand den Arm ausstreckte und schon bald fuhren sie regelmäßig ihre Strecken und kassierten Geld dafür. Die letzten der amerikanischen Schlitten versahen noch bis Mitte der Neunzigerjahre ihren Dienst zwischen Taksimplatz und Beşiktaş und auf der asiatischen Seite entlang der Bagdad-Straße. Aber da hatten längst die Minibusse, meist Marke Ford, die Herrschaft über die Straße übernommen. Mit dem Autotyp änderte sich in den Siebzigerjahren der Charakter des *Dolmuş*: Aus der Fahrgemeinschaft der Istanbuler Mittelschicht wurde das Sammeltaxi der *Gecekondu*, der die Istanbul einkreisenden Armenvororte. Der *Dolmuş* tauchte überall dort auf, wo im offiziellen Plan der Städtischen Verkehrsbetriebe noch weiße Flecken waren: Terra incognita. Die Stadt war vom Ansturm der Anatolier angeschwollen, die Busse überfüllt, mit einem Male standen die Leute im *Dolmuş*. »Dabei war Stehen offiziell verboten«, erinnert sich der Istanbulkenner und Urbanist Orhan Esen. »In den Augen der

Bourgeoisie war das eines der Symbole für Chaos und Anarchie, die ihre Stadt bedrohten: der stehende Passagier.«

» Gott, erschaffe mich erneut!«
(Liedzeile von Orhan Gencebay, *Dolmuş*-Spruch)

Die *Dolmuş*fahrer führten nicht nur neue Sitten ein, sie brachten auch ihre eigene Musik mit. In den Siebzigern und Achtzigern gab es noch keine Privatsender in der Türkei. Der staatliche Rundfunk TRT aber sendete tagein, tagaus westliche Klassik und türkische Kunstmusik – in den Gecekondu hörte das keiner. Dort war man vernarrt in das Tremolo, den Weltschmerz und die Prachtschnauzer von Orhan Gencebay, von Ferdi Tayfur und von Ibrahim Tatlıses, den Stars der Arabeskmusik, die sie bei TRT nicht mit der Kneifzange angefasst hätten. So schuf sich der Arabesk sein eigenes Medium: das Kassettenradio im *Dolmuş*. Die *Dolmuş*-Fahrer stammten alle selbst aus den Vororten und machten es zu ihrer Mission, den Passagieren die Schnurrbartschlager möglichst herzerweichend, sprich: laut, nahezubringen. Eine Weile nannte man Arabesk deshalb auch *Dolmuş*- oder »Minibusmusik«, und zwischen den aus Plastikperlen gestickten Nachtigallen und dem blauen Auge gegen den bösen Blick hatten nicht wenige Fahrer eine Single ihres Lieblingsstars vom Rückspiegel baumeln (der ja überhaupt nur dazu da war, allerlei Schmuck und Talismanen Halt zu geben). Natürlich war es den Helden des Arabesk, allen voran Orhan Gencebay mit seinen langen Koteletten und der schwarzen, den Kopf fliehenden Haarwelle eine Ehre, in ihren Musikfilmen auch selbst *Dolmuş*-Fahrer zu spielen. Ein typischer *Dolmuş*-Film geht so: Armer Fahrer mit Schnurrbart verliebt sich in blonde Reichentochter mit Limousine oder alternativ in schwarzhaariges Mädchen aus dem eigenen Viertel. Ist es die blonde Reiche, so flieht sie vor dem Dünkel ihrer Familie in die Arme des Fahrers; die arme Schwarze hingegen flieht vor den wütenden Brüdern, die erstens über ihre Ehre wachen und sich zweitens eine bessere Partie gewünscht hätten. Die Schlussszene nach vielen Verwicklungen und noch mehr geschluchzter Sängersehnsucht ist stets die gleiche: Familie und Nachbarn aus der *Mahalle* schmücken ausgelassen den Dolmuş, auf dem Vordersitz sitzt die schöne Braut im weißen Brautkleid.

»Überhol mich nicht. Ich krieg dich wieder.«
(*Dolmuş*-Spruch)

Dolmuş-Fahrer ist ein harter Job. Die Stadt hat die Zahl der Lizenzen begrenzt, es gibt eine *Dolmuş*-Mafia, die Strecken und Busse untereinander aufteilt. So ein Fahrer muss in möglichst kurzer Zeit möglichst viele *Ördek*, Enten, erlegen – so nennen die *Dolmuş*-Fahrer die Passagiere. Dabei versuchen sie einander auch gegenseitig auszubremsen und zu überholen. Untereinander haben sie sich mit Spitznamen belegt wie Özcan der Frosch oder Ali der Zaunkönig, meist aber solchen, die sie sich mit ihrem Fahrstil verdient haben: Rambo Murat, Düsenjet Mustafa oder Hamdi der Teufel. Gibt es in Deutschland eigentlich noch Jahrmärkte, auf denen »Tollkühne Kerle in ihren fliegenden Autos« oder »Devil Drivers« auf ihren Motorrädern allerlei Halsbrecherisches aufführen? Dort würden sich die *Dolmuş*-Fahrer und ihre Kunststückchen gut machen: Rauchen, telefonieren, rechts überholen, schalten, Geld einsammeln und Restgeld herausgeben – alles gleichzeitig.

»Lebe schnell, sterbe jung, deine Leiche soll schön aussehen.«
(*Dolmuş*-Spruch)

Bezahlt wird immer in voller Fahrt. Einer steigt ein, nimmt hinten Platz und kramt nach seinem Geld, während der *Dolmuş* schon wieder volle Fahrt aufnimmt. Er zieht seinen Fünf-Lira-Schein aus der Tasche und tippt dem Vordermann auf die Schulter: »Bruder, einmal Beşiktaş.« Der Vordermann nimmt den Schein und reicht ihn wieder eine Reihe weiter: »Beşiktaş, einmal«, und so wandert der Schein vielleicht durch vier, fünf Hände nach vorne und der Spruch durch ebenso viele Münder und Ohren, bevor beides den Fahrer erreicht. Der wechselt schnell sein Handy in die linke Hand, klemmt das Steuerrad zwischen die Schenkel und kramt mit der freien Rechten in dem kleinen Holzkästchen, das als Kasse dient, nach dem Wechselgeld. Dann nimmt die stille Post wieder denselben Weg nach hinten. Diese Prozedur stelle man sich nun vor in einem voll besetzten Bus, in den sich ein halbes Dutzend neuer Passagiere zwängen, die alle gleichzeitig bezahlen und ihr Geld nach vorne reichen. Es klappt erstaunlich gut. Will man aussteigen, dann steht man auf und ruft dem Fahrer zu: »*Müsait bir yerde...*« – »Wenn's ein passendes Plätzchen gibt...« worauf der Fahrer, so will es das ungeschriebene *Dolmuş*-Gesetz, an Ort und Stelle eine Vollbremsung hinlegt, denn gäbe es irgendwo in Istanbul ein passenderes Plätzchen als den Mittelstreifen oder die Überholspur? Das Halten am Mittelstreifen hat für den Fahrer zudem den Vorteil, dass er schnell die Scheibe herunterkurbeln kann, um mit entgegenkommenden Fahrern den neuesten Minibustratsch auszutauschen.

Istanbuls Autofahrer klagen über die *Dolmuşe*, weil sie die Straßen verstopfen, ständig anhalten und den Verkehrsfluss bremsen. Na, Gott sei Dank tun sie das. Wahrscheinlich können sich die Istanbuler bei den *Dolmuş*-Fahrern bedanken, dass es nicht noch mehr Unfälle und Verkehrstote gibt. Die Verkehrsregeln jedenfalls helfen nicht. Die sind in Istanbul nämlich ziemlich einfach. »Klar kennen wir die Regeln«, sagt ein Fahrer. Nämlich? »Wir halten bei Rot.« Und sonst? »Reicht das nicht?« Der Rest ist Gefühl.

»Schau mich nicht so an, Liebes. Ich weiß, dass auch du bald aussteigen wirst.«

(*Dolmuş*-Spruch)

Wenn mein Sohn Leander und mein Freund Sinan ein Abenteuer erleben wollen, dann fahren sie *Dolmuş*. Zuerst geht es zu einer Bushaltestelle. Einfach irgendwo an der Straße einzusteigen, wie üblich, ist Leanders Sache nicht. Man sitzt auf der Bank und wartet. Die beiden mögen nur die *Dolmuşe*, die flitzen und hüpfen. Die anderen sind langweilig. Das Fahrgeld bezahlt gerne Leander, das Restgeld nimmt immer Sinan. Am liebsten hat Leander es, wenn der *Dolmuş* leer ist. Wenn viele Leute drin schwitzen und eine nette Frau von Leanders Backe naschen will, ist die ganze Laune im Eimer. Also hat Sinan beide Hände voll zu tun, Leander die lieben Tanten vom Leibe zu halten. Beim Hüpfen sitzt Leander auf Sinans Schoß. Aus Sicherheitsgründen. Und weil Sinan noch mehr hüpft und schwankt als der *Dolmuş*. Lieblingsplatz ist gleich hinter dem Fahrer, in der Mitte. So können die beiden sehen, wie der Fahrer schaltet, und außerdem auf die Straße schauen. Da dürfen beide laut lachen und Motorengeräusche imitieren. Sinan hat noch immer alle Hände voll zu tun, lästige Entzückensrufe, Zulächeln und Naschversuche abzuwehren. Wenn ein Auto vorüberflitzt, aus dem ein kleiner Hund herausschaut, dann freut sich Leander über das rote Halsband des Hundes. Wenn eine Fliege durch den *Dolmuş* fliegt, dann schaut er ihr sogar noch dann nach, wenn sie auf der Nase einer Naschtante landet. Wenn die Tante aber zurückguckt, dann will er schnell aussteigen. Beim Aussteigen darf man Leander nur von hinten packen, damit er freie Sicht auf den Absprung hat. Dann schauen sie dem davonflitzenden *Dolmuş* nach, und Leander klatscht.

Schießen

Also, Preisfrage: Was ist passiert in der Türkei, wenn Premier und Präsident grinsen wie Honigkuchenpferde, obwohl sie gerade erfahren haben, dass ihr politisches Überleben und die Zukunft ihres Landes auf dem Spiel steht, weil das Verfassungsgericht auf die Idee gekommen ist, es müsse mal eben die Regierung verbieten? Wenn mitten in Istanbul mitten in der Nacht die streunenden Hunde wild werden und stundenlang heulen und jaulen? Weil mitten in Istanbul Schüsse abgefeuert werden, ganze Magazine geleert werden, in den Himmel, auf dass die Sternlein fallen? Wenn am nächsten Tag die ganze Stadt blaugelb gefärbt ist, vielleicht der Sternlein wegen, vielleicht aber auch, weil die Leute ihre Hauswand mit ihrer gestreiften Bettwäsche verputzen? Genau: dann hat ihr Fußballverein gewonnen. In diesem Fall der Blaugelbe. Fenerbahçe.

Dass Fußball mehr ist als nur ein Spiel, kein Volk wüsste dies besser als die Türken, die sich gemeinhin so begrüßen: »Woher kommst du? Wie heißt du? Für welchen Club bist du?« Regiert werden sie von einem Mann, der sich abseits des politischen Tagesgeschäfts vor allem auf zwei Quellen der Inspiration beruft: den Islam und den Fußball. Beinahe wäre er selbst Fußballprofi geworden, jener Tayyip Erdoğan, der seine Laufbahn bei einem Verein namens »Bei der Moschee« begann. Angeblich verbot ihm das der Vater: Er wollte, dass aus dem Sohn etwas Anständiges wird. Nun ist er Politiker. Alte Fußballkameraden berichten aber auch, dass dem jungen Erdoğan zwar nicht das Talent, jedoch das letzte Quentchen Einsatz gefehlt habe: Bei Kopfbällen soll er sich oft weggeduckt haben, aus Angst um die Frisur. Das wäre allerdings wirklich landesuntypisch, denn von Rausch und Leidenschaft sind Spieler und Fans hier normalerweise bis in die Haarspitzen durchdrungen.

Und Fan ist hier praktisch jeder. Cengiz Çandar zum Beispiel ist ein prominenter Kolumnist. Ein ernst zu nehmender politischer Journalist, kein Sportreporter. Einer, der über die Europäische Union schreibt, über die Kurdenfrage und über Amok laufende Verfassungsgerichte, die die Regierung verbieten wollen. Normalerweise. An jenem Abend aber, da die Nation das Urteil des Verfassungsgerichtes über ihre Regierung erwartete, da hatte Cengiz Çandar einen Gewissenskonflikt auszutragen. »Als Journalist«, hieß es am nächsten Tag in seiner Kolumne, »muss man manchmal einfach Risiken eingehen.« Also entschied sich Çandar schweren Herzens, dass er anders als die halbe Nation nicht fingernagelkauend vor dem Fernsehschirm auf die Urteilsverkündung aus Ankara warten würde, von der das Schicksal des Landes abhing. Denn: »Ich durfte einfach nicht das Fenerbahçe-Match verpassen.« War nämlich Champions League, Vorrunde. Çandar erzählt, wie er auf dem Weg zum Stadion noch bei seinem alten Freund Can Paker vorbeischaute, dem Vorsitzenden von Tesev, des bekanntesten politischen Thinktanks des Landes. Paker lag krank im Bett, und als er Çandar sah, platzte es aus ihm heraus: »Und? Wie sieht's aus?« Çandar traute sich nicht zu sagen, dass er noch keine Ahnung hatte vom Gerichtsurteil aus Ankara, und fragte ausweichend zurück: »Wie sieht was aus?« Darauf Paker: »Na, Alonsos Transfer zu Fenerbahçe natürlich!«

Wie gesagt, Fenerbahçe gewann an jenem Abend. Und die Regierung wurde auch nicht verboten.

»Wenn Sie in einem so krisenverliebten Land leben wie der Türkei«, schrieb die Zeitung »Milliyet«, »dann können Sie sich unmöglich der Magie des Fußballs entziehen. Es ist Medizin für uns politisch Deprimierte.« Das fand auch meine Türkischlehrerin Buket Çevik: »Die Leute sind frustriert zu Hause, sie sind frustriert im Büro, im ganzen Land nichts als Probleme – also stürzen sie sich in den Fußball.« Die Türken versteckten ihre Minderwertigkeitskomplexe unter einem übertriebenen Nationalstolz, hat die Journalistin Suna Erdem beobachtet, das mache die Stadien zu Hexenkesseln. Tatsächlich lautete noch bis vor Kurzem einer der populärsten Schlachtgesänge: *Europa, Europa, höre unsere Stimme / höre den Klang der anmarschierenden türkischen Schritte.* Die Parole ist mittlerweile aus der Mode gekommen, das mag man als ein Indiz dafür sehen, dass die ewig geschundenen Türken mit den zunehmenden internationalen Erfolgen ihrer Fußballer allmählich an Selbstvertrauen gewinnen: »Die Türken kämpfen schon so lange für ihre Aufnahme in die EU – der Fußball ist einer der wenigen Bereiche, wo sie sich von den Europäern mittlerweile als ebenbürtig anerkannt fühlen«, sagt Emre Temiz, ein Istanbuler Investmentbanker. Sein Herz schlägt für den Istanbuler Verein Galatasaray, der im Frühjahr 2000 als erster und bislang einziger türkischer Club den UEFA-Cup gewann. Groß ist das Sehnen nach Anerkennung. Türkische Zeitungen bejubeln nach Siegen ihrer Vereine gerne »das Tor, von dem ganz Europa spricht«. Oder sie titeln: »Fenerbahçe hat Europa erschüttert«. Und nur für den Fall, dass Europa selbst das noch nicht bemerkt hat, legen sie die schwer zu überprüfende Unterzeile nach: »Der Erfolg, der sogar in China widerhallt.«

Ach ja, für eine Nacht, für ein paar Tage dann, über eine Sache wenigstens ist sich dann dieses im ewigen Krieg mit sich selbst liegende Land einig. *Es lebe Fenerbahçe / das Herz des Türken klopft mit dir.* Der Premier: ein Fenerbahçe-Fan seit er zum ersten Mal einen Ball trat. Der dem Premier in inniger Feindschaft verbundene Generalstabschef: Fenerbahçe-Fan mindestens seit Gründung der Republik, nein, länger noch, seit jenen Tagen der europäischen Besatzung Istanbuls (1918–1923), da der Club die Ehre der Türken auf dem Spielfeld wiederherstellte mit einer Serie vernichtender Siege gegen die Teams der britischen und französischen Besatzungssoldaten. Der jüdische Schriftsteller Mario Levi: ein Fenerbahçe-Fan, seit ihn sein Vater mit zu den Spielen schleppte. Der aus dem Südosten stammende Arabesksänger Ibrahim Tatlıses: ein Fenerbahçe-Anhänger, weil kein Club im Rest des Landes mehr bewundert wird. Fenerbahçe hat als einziger der drei großen Istanbuler Vereine seine Heimstatt auf der asiatischen Seite der Stadt. Einst galt er als Club der anatolischen Massen, Herausforderer der feinen Gesellschaft, das Bild hat aber gelitten, seit hier die Militär- und Politprominenz mitklatscht. Kein Club ist reicher, keiner hat bessere Spieler. Und doch hat Fenerbahçe noch nie etwas anderes gewonnen als den türkischen Meistertitel. Ob's am Maskottchen liegt? Galatasaray schickt einen Löwen in die Arena, Beşiktaş einen Adler. Und Fenerbahçe? Einen so stolzen wie furchtlosen Kanarienvogel. Einen gelben.

Rekordmeister und größter Konkurrent ist Galatasaray. Der einzige türkische Club, der je einen europäischen Titel gewann. Galatasaray wird sein versnobtes Image nicht los, es hängt dem Club an seit seiner Gründung 1905 als Sportverein des französischsprachigen Galatasaray-Gymnasiums. Das Gymnasium residiert noch heute in der prachtvollsten Villa, die die Fußgängerzone in Beyoğlu schmückt. Europafreundliche Intellektuelle geben sich gerne als Galatasaray-Anhänger zu erkennen. Außerdem, und das ist dem Club eher peinlich, soll Abdullah Öcalan einmal seine Leidenschaft für Galatasaray gebeichtet haben. Abdullah Öcalan, kurz Apo genannt, ist Gründer und Anführer der Kurdischen Arbeiterpartei PKK und unter brav patriotischen Türken wohl die meistgehasste lebende Persönlichkeit. Es hält sich hartnäckig die Legende, an Tagen, an denen Galatasaray gespielt habe, hätten in den Bergen von Kurdistan die Waffen geschwiegen, weil der große Führer vor dem Fernseher saß. Heute sitzt Apo in Isolationshaft auf der Insel Imralı, und erst kürzlich appellierte der ehemalige Justizminister Hikmet Sami Türk an die jetzige Regierung im Namen der Humanität, ihrem prominenten Gefangenen doch einen Fernseher in die Zelle zu stellen: »Er soll wenigstens Galatasaray-Spiele anschauen dürfen.«

Dritter im Bunde ist Beşiktaş, der älteste Fußballverein Istanbuls. Ein paar junge Männer gründeten den Verein 1903, nachdem sie die Spione des Sultans abgeschüttelt hatten, dem die Fußballbegeisterung der heutigen Staatsführer fremd war. Beşiktaş galt lange als der Verein der Arbeiter und Handwerker. Der Club erarbeitete sich einen Ruf von Sportsgeist und Fairness und hielt sich lange erfolgreich heraus aus der bitteren Feindschaft der beiden anderen Vereine, die zweimal im Jahr das große »interkontinentale Derby« – Europa gegen Asien – austragen.

Der Fußball und die Politik. Zwei Dinge, über die sich ein Türke ohne Ende auslassen kann. Der bekannte Kolumnist und Fernsehmoderator Mehmet Ali Birand macht auf erstaunliche Parallelen aufmerksam: So wie die türkische Nationalmannschaft ihren Elan, mit dem sie sich in jedes Spiel stürzt, einem ewigen Gesetz folgend unweigerlich erst einmal in kopfloser Verwirrung verschleudere, so wie sie immer erst in allerletzter Minute, oft erst in der Nachspielzeit aufwache und das gegnerische Tor entdecke, so wie ihre Spieler oft ausrasteten, wenn etwas schiefläuft, und den Gegner plötzlich treten und boxen, statt ihn im eleganten Slalom zu umdribbeln, so wie das Team nach einer Niederlage der plötzliche und totale Verlust von Motivation und Moral befalle – genau so, glaubt Mehmet Ali Birand, funktionierten auch die Reflexe der Türken in Alltag und Politik. »So sind wir halt.« Ist es zu spät, das zu ändern? »Natürlich nicht.«

Es war einmal eine Zeit, da machten der Fußball und die Politik in diesem Land einen großen Bogen umeinander. Es gab sogar einen Spruch: »Der ist weder links noch rechts – bloß Fußballer.« Der Spruch stammt aus den hoch politisierten Siebzigerjahren und war natürlich von beiden Lagern abfällig gemeint. Die Zeiten sind längst vorbei. Der Premier etwa redet ständig, als kommentiere er ein Fußballspiel. Nach einem Tête-à-tête mit dem amerikanischen Präsidenten trat er vor die Presse und sagte: »Es reicht nicht, den Ball im Mittelfeld hin und her zu schieben. Es ist Zeit, ein Tor zu schießen.« Da ging es um den Kampf gegen den PKK-Terror. Und so wie es der Fußball in die Politik geschafft hat, hat es die Politik auch in den Fußball geschafft. Wenn die türkische Nation sich im Krieg wähnt, und das tut sie noch ziemlich oft, steht der Fußball Gewehr bei Fuß. Hier wird der Nationalismus den Bürgern noch immer ein gutes Stück unverdünnter eingeflößt als im Rest Europas. Mal treten hier die Stürmer der Nationalelf vor die Presse und verkünden, sie widmeten die nächsten Spiele den »Märtyrern«, also den von der PKK getöteten Soldaten an der türkisch-irakischen Grenze. Mal hissen in den Stadien Fans Banner mit der Parole: »Die Märtyrer sind unsterblich, das Land ist unteilbar.« Da war die türkische Armee gerade in den Nordirak einmarschiert. Und wenn die Türkei gegen Griechenland spielt, dann werden Plakate geschwenkt, auf denen die Zahl »1453« zu lesen ist: das Jahr der Eroberung Konstantinopels durch Sultan Mehmet II.

Auch in anderen Ländern findet der Nationalismus seine Heimat in den Stadien. In der Türkei allerdings scheint alles manchmal noch ein Stück extremer. Nach dem Mord an dem armenisch-türkischen Journalisten Hrant Dink im Januar 2007 waren in einer bewegenden Demonstration der Solidarität Hunderttausende Istanbuler auf die Straße gegangen und hatten gerufen: »Wir sind alle Armenier.« Die Antwort darauf erscholl ein paar Tage später in den Fußballstadien, wo die Fans trotzig Plakate trugen: »Wir sind alle Türken.« Ein paar gingen sogar so weit, sich weiße Mützen aufzusetzen – die gleiche, die der Mörder Hrant Dinks getragen hatte. Es gibt aber auch andere Fans. Die von Çarşı zum Beispiel, lange der berühmteste Fanclub des Landes. Çarşı unterstützt Beşiktaş und trägt das mit einem roten Kreis umzirkelte Anarchismus-»A« im Namen.Seine Fans sind stolz darauf, gegen so ziemlich alles zu sein, wenn man ihre Spruchbänder allerdings genau liest, dann sind sie vor allem gegen Faschismus, Rassismus, Klimawandel und größenwahnsinnige Staudammprojekte. Eigentlich sind sie also genau jene Opposition, die in Ankara fehlt. Der Çarşı-Vorstand erklärte den Fanclub 2008 überraschend für aufgelöst, aber es spricht für seine Anhänger, dass viele auch dagegen sind und einfach weitermachen.

Noch einmal zum Nationalismus. Einmal machte Fußballstar Marco Aurelio mit einem TV-Spot von sich reden. Aurelio ist eigentlich Brasilianer, nahm aber nach seinem Transfer zu Fenerbahçe die türkische Staatsbürgerschaft an. Plötzlich hieß er mit Vornamen Mehmet und gab sich auch sonst alle Mühe beim Erlernen des Türkentums. Im Werbespot eines Ölkonzerns sitzt er im Auto, während aus dem Radio die türkische Nationalhymne erklingt. Aurelio singt aus vollem Halse mit. Als er in eine Tankstelle einbiegt, springt erst einmal keiner herbei, um ihm den Tank zu füllen – die Tankwarte stehen alle stramm wegen der Nationalhymne, die aus Aurelios Auto erklingt. Was macht der verblüffte Aurelio? Nimmt ebenfalls Haltung an. Bevor nun einer lacht: Kein Türke würde einen solchen Spot für Satire halten.

An Derbytagen ist die Stadt im Ausnahmezustand. Das ist einerseits erfreulich, weil die Straßen wie leer gefegt sind und der einzige nichtfußballinteressierte Istanbuler (ich) gemütlich in die Stadt und wieder heraus kommt. Andererseits gibt es an solchen Abenden eigentlich gar nichts zu tun in der Stadt, weil alle anderen vor dem Fernseher sitzen. Zudem ist es draußen nicht immer ungefährlich. Die Stimmung in türkischen Stadien begeistert vor allem die britischen Blut- und Sexblätter immer wieder zu Schlagzeilen (»Welcome to the terraces of hell«), dass man meint, sie hätten ihre Kriegsberichterstatter losgeschickt. Fairerweise muss man aber darauf hinweisen, dass die oft beschriebene Gewalt rund ums Stadion hier vor allem Opfer unter den eigenen Leuten fordert. Als die Nationalmannschaft bei der letzten WM sensationell ins Halbfinale einzog, da geriet die Nation außer Rand und Band – die Bilanz der Polizei hernach: sieben Tote, die Autokonvois der jubelnden Fans unter die Räder geraten waren, und vierundzwanzig Unbeteiligte mit Schusswunden. Die Fußballer auf dem Feld dürfen da fast dankbar sein, dass sie, wenn's schlecht läuft, bloß Münzen, Handys, Flaschen und aus ihrer Verankerung gerissene Stadionsitze nachgeworfen bekommen. Weil die Stadt drei Vereine hat, ist sechsmal im Jahr Derbytag. Polizei und Küstenwache haben in besonders emotionalen Jahren auch schon die Bosporusboote mit Galatasaray-Fans auf dem Weg ins Fenerbahçe-Stadion abgefangen und zur Umkehr gezwungen.

Dass der Begriff Torschuss in der Türkei ein zweideutiger ist, wurde schon angedeutet. Erzählt sei von einem Fußballabend während der letzten Europameisterschaft. Schweiz – Türkei. Im Fernsehen: Basel. Wasser auf dem Schweizer Rasen. Der Ball im Schweizer Tor. Wasser in den Augen der Schweizer Fans. Vor dem Fernseher: Sinan und ich in einer Wohnung im Istanbuler Norden. Durch die Wände Schreie: »Tooor!« Plötzlich ein lauter Knall. Sinan horcht auf. Noch ein Knall, lauter nun. Ein Dutzend Schüsse. Dann Stille. »Keine Angst«, sagt Sinan. »Das war nur Schreckschussmunition.« Auf der anderen Seite der Wand wieder fröhlicher Jubel. Lauter als vorhin: Der Nachbar hat jetzt das Fenster auf. Ein richtig lauter Knall. Der Nachbar hat soeben aus dem Fenster geschossen. »Ein Alewit«, sagt Sinan. »Ein ganz lieber Kerl. Deshalb wohl bloß Platzpatronen.« Mehr Schüsse vom Hang gleich nebenan. Sinan lauscht interessiert. »Eine Browning, neun Millimeter, schätz ich.« Scharfe Munition diesmal. Zwei Schüsse nur. Sinan war bei der Armee, zwei Jahre Krieg im Südosten, er kennt sich aus. Eine Salve aus der Ferne. Ich zucke zusammen. Sinan grinst. Wieder nur Platzpatronen. Dann springt auch er auf, aufgeregt: »Das war jetzt ein Gewehr, ein automatisches Gewehr. Scharf…« Er schaut mich mit großen Augen an: »Gibt's doch nicht.« Rufe aus nah und fern sind zu hören. Die Türkei hat gewonnen.

Türkische Fußballregeln. Nr. 1: Wenn die Türken verlieren, geht man als Gegner in Deckung. Nr. 2: Wenn die Türken gewinnen, geht man als Türke in Deckung. In der Türkei wird scharf geschossen: a) im Krieg gegen kurdische Terroristen, b) bei Hochzeiten, c) nach Fußballsiegen. Im Falle von b) und c) sind es Freudenschüsse. Nicht, dass die weniger tödlich wären. Im Gegenteil. Eine Sonntagszeitung rechnete unlängst vor, dass innerhalb von zweieinhalb Jahren dreitausend Türken ihr Leben durch verirrte Kugeln ihr Leben verloren hätten. »Mehr Tote als im gleichen Zeitraum unter den US-Soldaten im Irak«, bemerkte die Zeitung trocken. Die Archive sind voll mit tragischen Berichten über Bräute, die bei ihrer eigenen Hochzeit ums Leben kamen, und von Anwohnern, die von ihren Balkonen geschossen wurden. »Vorsicht vor dem Sommer!«, warnt die waffenkritische Umut-Stiftung: Im Sommer wird geheiratet, im Sommer wird Fußball gespielt, im Sommer wird gestorben. Die Schützen zielen in den Himmel. Aber dort bleiben die Kugeln normalerweise nicht. Einer von sieben Türken besitzt eine Waffe. Neue Mitglieder des Parlamentes bekommen zum Einstand eine Handfeuerwaffe als Geschenk überreicht, die Parlamentarier veranstalten damit Schießwettbewerbe. Jeder zwanzigste Autofahrer, so die Umut-Stiftung, führt eine geladene Waffe im Handschuhfach mit sich (weshalb unser Freund Levent seiner aus Hamburg stammenden Frau regelmäßig in die Parade fährt, wenn die einem anderen Fahrer, der sie an der Kreuzung scharf geschnitten hat, mal wieder entsetzt den Vogel zeigen will: »Bist du WAHNSINNIG?«). Fast flehend der Appell der Stiftung: »Die Türken müssen lernen, wie man Spaß hat und gleichzeitig andere Leute am Leben lässt.«

Das staatliche Religionsamt erließ eine Fatwa, in der es die Freudenschüsse zur Sünde erklärte und die türkischen Männer aufrief, von solch tödlichen Machoritualen zu lassen. Dazu ein Abgeordneter der Regierungspartei: »Das ist unsere Tradition. Wir sind eine Nation von Soldaten. Wir leben in einer unsicheren Weltgegend. Macht bloß unserer Nation nicht die Waffen madig!« Die Opposition ist nicht besser. Der CHP-Hinterbänkler Hasim Oral schaffte es kurz nach meiner Ankunft in Istanbul erstmals groß in die Zeitungen: Er hatte bei einem Fußballspiel seines Vereins Denizlispor einem gegnerischen Spieler eine Wasserflasche ins Kreuz geworfen. Journalisten offenbarte er hinterher seine zerbrechliche Seele: »Ich bin doch auch nur ein Mensch. Meine Gefühle müssen respektiert werden.« Zu Hilfe kam ihm ein zweiter CHP-Parlamentarier, der an Orals zielgenauem Wurf mit der Wasserflasche nur eines auszusetzen hatte: »An seiner Stelle hätte ich eine Pistole benutzt.«

Sinan zuckt mit den Schultern. »Pferd, Weib und Waffe waren immer das Wichtigste für einen Türken.« Sinan selbst hatte in jenem Sommer weder Pferd noch Weib, noch Waffe. Aber den Sieg gegen die Schweiz. In dem Moment war das noch besser.

Ultramarin

U-Boote gibt es auch im Bosporus, und was noch schöner ist: Anders als die Delfine sind sie immer zu sehen. U-Boote dürfen nämlich aus Sicherheitsgründen den Bosporus nicht unter Wasser durchqueren. Und so taucht an manchen Tagen neben der Fähre ein U-Boot-Turm auf, von dem Matrosen winken. Die eindrücklichste Begegnung mit einem U-Boot in den Wassern Istanbuls findet sich in den »Guten Abend!« betitelten Memoiren des amerikanischen Journalisten Raymond Swing.

Raymond Swing also stand eines schönen Frühlingmorgens gut ausgeruht an Deck eines türkischen Frachters, der Nagara. »Was für ein schöner Morgen für U-Boote«, dachte er sich. Und schon tauchte eines auf. Etwa hundert Meter entfernt von seinem Schiff. Ein britisches U-Boot, die E11. Auf dem Turm erschien Kommandant Martin Nasmith, in der Hand ein Megafon. »Wer sind Sie?«, erschallte es von dem U-Boot-Turm. Der Journalist formte seine Hände zu einem Trichter. »Ich bin Swing von der ›Chicago Daily News‹«, rief er, während um ihn herum Panik einsetzte. »Freut mich, Sie kennenzulernen, Mister Swing«, entgegnete aus der Ferne blechern der Kommandant, ein junger, flachsblonder Mann, während er eine Verbeugung andeutete: »Und was ist das für ein Schiff?« Die türkischen Matrosen stürzten zu den Rettungsbooten. »Das Schiff, auf dem ich bin?« – »Ja, und zwar schnell, weil ich …« – »Der türkische Frachter Nagara«, rief Swing. Die ersten Rettungsboote wurden ins Wasser gelassen. »Dann, mein Freund, schauen Sie, dass Sie da runterkommen. Ich muss …«

Es war nun nicht mehr allzu schwer zu erraten, was der Kommandant tun zu müssen glaubte, und so kletterte der Korrespondent der »Chicago Daily News« eilends selbst in ein Rettungsboot. Aus der Ferne durfte er zusehen, wie ein Torpedo den Munitionstransporter Nagara in einen glühenden Feuerball verwandelte. Es war der 24. Mai 1915, und die Nagara sank auf den Boden des Marmarameeres, das jüngste Wrack auf einem der ältesten Schiffsfriedhöfe der Menschheit, gebettet auf persische Segler, phönizische Handelsschiffe, thrakische Fischerkähne, römische Galeeren und einst mit dem gefürchteten »griechischen Feuer« bestückte byzantinische Kriegsschiffe.

Die E11 erreichte auf der Suche nach deutschen Fregatten – Türken und Deutsche waren Alliierte im Ersten Weltkrieg – am folgenden Tag den Istanbuler Hafen und hätte um ein Haar noch den Frachter Stamboul versenkt, bevor das U-Boot schließlich auf der Flucht in den Strudeln des Bosporus die Kontrolle verlor und erst am Meeresgrund unterhalb des Leanderturms wieder zur Ruhe kam, unbeschädigt. Die Stadt wurde für kurze Zeit von Furcht und Schrecken gepackt – es war der erste Angriff eines feindlichen Schiffes auf Konstantinopel seit mehr als hundert Jahren.

Und es erzählt uns einiges über die Türken und ihr Verhältnis zum Wasser, wenn wir in den Geschichtsbüchern nachlesen, wie sie das britische U-Boot nach der Versenkung der Nagara von der Küste wegscheuchten: mit einem Angriff der osmanischen Kavallerie.

Umkleiden

Die Erde ist nicht irgendein Planet. Die Türkei ist nicht irgendeines ihrer Länder. Und Kastamonu ist nicht irgendeine türkische Stadt. Im August 1925 ging Kastamonu, ein Flecken konservativsten Mittelanatoliens, in die Geschichte ein. Der Präsident hatte sich angekündigt, der Befreier selbst, der Retter der Türken. Die Leute waren aufgeregt. Dann kam er. Schritt langsam die Straßen hinunter. Ein stattlicher Mann. Glatt rasiert. In einem weißen Sommeranzug, darunter ein am Kragen offenes Sporthemd. Er grüßte die Menge. Sie antwortete mit: Stille. Claqueure unter den Beamten versuchten verzweifelt, den Massen jene Beifallsstürme abzuringen, auf denen die ihren Helden noch eben nur allzu gern gen Himmel getragen hätten. »Es wollte sich aber nur zaghaftes Klatschen regen«, notierte ein Augenzeuge: »So groß war der Schock.« Der Held der Befreiung nämlich trug die Kleider derer, die man bekämpft hatte. Die Kleider der Ungläubigen.

Das Staunen sollte noch wachsen. Den Höhepunkt seines wohlchoreografierten Auftritts hatte sich der Präsident für zuletzt aufgespart. Das war der Moment, als er nach einer Rede in der nahe gelegenen Hafenstadt Inebolu seinen eleganten Panamahut abnahm und ihn in der ausgestreckten Hand dem Publikum entgegenhielt. »Meine Herren«, sagte er: »Das nennt man einen ›Hut‹.«

Da hatte die Türkei ihre Hutrevolution.

Die Türkei, 1925, das ist ein Land am Boden. Verwüstet vom Krieg. Verwirrt und ohne viel Hoffnung. Bauernland wie seit Jahrhunderten. Die anatolische Erde voller muslimischer Flüchtlinge, die Städte entleert von den vertriebenen Christen, von Griechen und Armeniern, von fast all ihren Geschäftsleuten also, von dem, was sie in Europa »Bürgertum« nennen. Stattdessen wartete da ein neues Gebilde mit einem neuen Namen darauf, geformt zu werden: die Türkei. Die schmächtige, hungrige, geprügelte Waise eines geschlagenen Reiches. Die osmanische Herrlichkeit – vorbei für immer. Immerhin: Sie war am Leben, die Waise.

Der Präsident, das ist der Mann, von dem die Türken von nun an sagen werden, er und kein anderer habe sie gerettet. Vor einer verrotteten Sultansfamilie, die der Aufteilung Anatoliens schon zugestimmt hatte, vor den Geiern Europas, die bereit standen, sich auf den Leichnam des alten Reiches zu stürzen: Italiener, Franzosen, Briten, und die Griechen natürlich, die dann auch einmarschierten. Geboren wurde er als Mustafa, 1881, im damals noch osmanischen Saloniki; ein Lehrer verlieh ihm, angeblich seiner Klugheit wegen, den zweiten Namen: Kemal, der Reife. Mustafa Kemal ragte hervor, als Offizier, Stratege, Diplomat. Er warf die Griechen aus dem Land, er besiegte kurdische Aufständische, er verhinderte die Aufteilung dessen, was den Türken geblieben war. Mustafa Kemal las Französisch, er bewunderte die europäische Kultur. Er hatte eine Vision: die Türkei. Eine neue Nation. Kein Wunder, dass die Waise den großen Patriarchen am Ende adoptierte: Atatürk durfte Mustafa Kemal sich schließlich nennen, »Vater der Türken«.

Die Heimat lag in Ruinen. Und was tat der Vater als Erstes? Er ging daran, seine Schutzbefohlenen neu einzukleiden.

Es ist nämlich so: Als der Asteroid B 612 im Jahre 1909 von einem türkischen Astronomen im Fernrohr gesehen wurde, da hielt der bei einem internationalen Astronomen-Kongress einen großen Vortrag über seine Entdeckung. Aber niemand glaubte ihm. Seines Gewandes wegen. Der Mann trug nämlich, wie die meisten in seiner Heimat, Fes und Pluderhosen. »Die großen Leute sind so«, schreibt der Franzose Antoine de Saint-Exupéry, der die Geschichte aufgeschrieben hat. »Zum Glück für den Ruf des Planeten B 612«, heißt es in seinem »Kleinen Prinzen« weiter, »befahl ein türkischer Diktator seinem Volk bei Todesstrafe, nur noch europäische Kleider zu tragen. Der Astronom wiederholte seinen Vortrag in einem sehr eleganten Anzug. Und diesmal gaben ihm alle recht.«

Der Hut, das ist die Revolution. Der Hut, das ist die Zivilisation. Der Präsident wollte nicht nur eine neue Türkei, er wollte auch neue Türken. Also schneiderte er sich sein Volk zurecht. Das »Gesetz über das Tragen von Hüten« also, Paragraf I: »Die Mitglieder des türkischen Parlaments sowie alle staatlichen und regionalen Beamten und Angestellten müssen einen Hut tragen, wie er auch vom türkischen Volk getragen wird. Die allgemeine Kopfbedeckung des türkischen Volkes ist der Hut. Dem widersprechende Gewohnheiten sind hiermit von Amts wegen verboten.« Das Gesetz trug die Nummer 671 und wurde verabschiedet vom Parlament am 25. November 1925. Heute, fast neun Jahrzehnte später, gilt es noch immer.

Kleider machen Völker, Kleider machen Politik. Das wissen die Herren in Istanbul und Ankara noch heute, wenn sie sich über das Kopftuch in die Haare kriegen. Das wussten auch die Herrscher vor Atatürk. Im Angesicht der Überlegenheit der Europäer wollte schon Sultan Mahmud II. sein Reich hundert Jahre zuvor modernisieren. Also verbot er Turban und Pluderhosen. Mahmuds Beamte mussten von 1828 an europäisches Beinkleid tragen. Und den Fes, den sich der Sultan bei den schlagkräftigen ägyptischen Truppen abgeschaut hatte. Um die enorme Nachfrage zu befriedigen, ließ Mahmud die größte Fabrik Istanbuls bauen: eine Fes-Manufaktur, am Goldenen Horn. Die *Feshane* steht heute noch, während des Fastenmonats Ramadans verwandelt sie sich Jahr für Jahr zum Schauplatz eines Volksfestes mit traditioneller Musik und Schattenspiel. Dem Fes war in der Türkei jedoch nur eine kurze Karriere als Ausweis moderner Gesinnung beschieden – schon Atatürk sah in ihm wieder das Gegenteil: »Der Fes auf unseren Köpfen war ein Symbol für Ignoranz und Fanatismus, ein Hindernis auf dem Weg zu Fortschritt und zeitgenössischer Zivilisiertheit.« Man erzählt sich, dass er selbst einmal, als junger Offizier, auf einer Reise in den Balkan seines Fes wegen verspottet wurde.

Atatürk wollte seinem Volk den Kopf lüften, also riss er ihm den Fes herunter. Und den Turban sowieso: Den hatten auch nach 1828 die geistlichen Würdenträger noch aufbehalten dürfen, er stand also in noch schlimmerem Ruch. Denn hier braute sich eine Kulturrevolution zusammen, deren Ziel offensichtlich war: Die Religion sollte es treffen, den Islam. »Ich habe keine Religion, und manchmal wünsche ich alle Religionen an den Meeresgrund«, zitiert Biograf Andrew Mango Atatürk. Religion und Aberglaube, Freitagsgebet und Wahrsagerei waren für ihn anachronistische Übel, die das Volk in einer finsteren Zeit festhielten und so fast seinen Untergang herbeigeführt hätten. Und was das Kopftuch bei Frauen noch heute ist, das waren der Turban und seine Artgenossen damals bei Männern: Zeichen einfacher Gottgefälligkeit bei den einen, Ausdruck tiefer Frömmigkeit bei den anderen. Schon vor dem Fes-Verbot hatte Atatürk das Kalifat abgeschafft, Scharia-Gerichte aufgelöst und Derwisch-Konvente geschlossen. »Wissenschaftlich« war das neue Zauberwort, ein Befehl zugleich.

Es hat also keiner gelacht, nicht in Istanbul und nicht im tief gläubigen Anatolien, in jenem Moment, da der Präsident auf seinen Panamahut deutete. Es war ein Befehl. Es war bitterernst. Was war überhaupt ein Hut? Da einigte man sich schnell: eine Kopfbedeckung mit einer Krempe, die vor der Sonne schützt und die zudem – aus Sicht der Religionsfeinde ein praktischer Nebeneffekt – bei der Gebetsbeuge Richtung Mekka im Weg ist. Und wie trägt man ihn? Die Zeitungen schrieben eifrig Ratgeberartikel zu dem Thema, diskutierten die Unterschiede zwischen Filz und Loden, Kalabreser und Bowler, Homburg und Zylinder. Am kniffeligsten aber: Wo kriegt man so ein Ding her? Selbst in Istanbul waren die Läden über Nacht ausverkauft. Jener Ort bei Izmir war nicht der einzige, in dem die männliche Bevölkerung sich in ihrer Not federbestückte Damenhüte aufsetzte: die letzten Stücke aus dem Laden eines deportierten Armeniers.

Es gab Proteste. Es kam zu Aufständen. Vor der Stadt Rize legte deshalb ein Panzerkreuzer Anker. In Sinop rebellierten Bürger. Drei Monate Haft drohten dem, der den Fes aufbehielt. Fünfzehn Jahre dem, der Stimmung machte gegen die europäische Mode. In Erzurum marschierten Leute vors Gouverneursamt, um einen Antrag zu stellen auf die Befreiung vom Hut. Vor dem Amt empfing man sie mit Maschinengewehrfeuer. Später, zitiert die liberale Zeitung »Radikal« alte Quellen, habe man in der Stadt dreißig Hutgegner gehängt, darunter eine Frau. An der Galatabrücke in Istanbul patrouillierten Polizisten, hielten jeden an, der keinen Hut trug, beschlagnahmten Fes und Turban. Atatürk rühmte sich hernach, ohne das zu jener Zeit herrschende Ausnahmerecht, das er rebellierender Kurden wegen über das Land verhängt hatte, hätte er den Türken seine Hüte nicht so schnell überstülpen können. Dem Widerstand voran marschierte ein muslimischer Gelehrter namens Atıf Hodscha. Palastgeistlicher bei den Osmanen war er gewesen, ein Querdenker mit scharfer Zunge, ein Patriot zudem, der sich einmal geweigert haben soll, ein Todesurteil des Hofs gegen Mustafa Kemal abzusegnen. Atıf Hodscha schrieb 1924 ein Pamphlet mit dem Titel »Die Imitation der Franken und der Hut«, in dem er gegen die schematische Übernahme alles Europäischen wetterte (»Franken« hießen unter den Osmanen alle Europäer; noch bis in die Siebzigerjahre nannte man die modernen Klos mit Wasserspülung »fränkische Toiletten«). Das Nachäffen europäischer Kleidung war für Atıf Hodscha ein Zeichen geistiger Degenerierung. Er zitierte den Propheten Mohammed: Wer ein anderes Volk imitiere, der mache sich selbst zum Teil dieses Volkes. Kurz nach Erlass des Hutgesetzes wurde Atıf Hodscha verhaftet und zum Tode verurteilt. Zur Hinrichtung schritt er in der Robe der Geistlichen, auf dem Kopf trug er einen Fes und um den Fes einen Turban gewickelt.

Das ganze Land sei nun ein Klassenzimmer, sagte Atatürks Mitstreiter Ismet Inönü einmal. Oberlehrer war Atatürk: »Das türkische Volk wird hart arbeiten müssen, um die Prüfung in dieser Schule zu bestehen.« Hüte und Anzüge waren nur der Anfang. Atatürk ersetzte die Scharia durch das Schweizer Zivilgesetzbuch. Er verbot die arabische Schrift – das letzte starke Band zu Orient und Islam – und führte stattdessen das lateinische Alphabet ein. Er befahl seinen Bürgern, sich Nachnamen zuzulegen. Er verbot die Polygamie und ordnete die Befreiung der Türkinnen – dieser »erhabenen, aufopfernden, göttlichen Frauen von Anatolien« – aus ihrem Dasein zwischen Sklaverei und Segregation an. »Ich diktiere meinem Volk die Demokratie«, sagte der Mann einmal, der seinen Ministern und Abgeordneten noch befahl, sich mit ihren Frauen auf Bällen à la Paris und London zu amüsieren, wo diese dann steif und peinlich berührt die Foxtrottschritte des Präsidenten nachstolperten. Atatürk legte ein Tempo vor, dass selbst seinen Mitarbeitern schwindelig wurde. Für die Abschaffung der arabischen Schrift zugunsten des lateinischen Alphabets veranschlagten sie zwischen fünf und fünfzehn Jahren. Und das tat Atatürk: Auf einem Gartenfest im Istanbuler Sarayburnu-Park hob er mit einem Glas Raki zu einem Toast an und verkündete, die Schulen und Druckereien des Landes hätten nun genau drei Monate Zeit, auf das Alphabet umzustellen.

Die streng Religiösen hassten ihn, weil er den Islam aus dem öffentlichen Leben verbannte; Kurden hassten ihn, weil mit ihm die Zwangsassimilierung ihres Volkes begann. Widerspruch duldete er nicht, Kontrahenten fanden sich auf dem Schafott wieder. Atatürk starb früh, mit siebenundfünfzig Jahren. Das Tempo, die Arbeit, die Trinkgelage, sie forderten ihren Tribut. Er hinterließ ein Land, das bis heute an den Widersprüchen zu kauen hat, die in seinem Wesen, in seiner Politik angelegt waren: eine Nation, so modern und säkular wie keine andere islamische; gleichzeitig ein Land, noch immer durchdrungen vom Geist des Obrigkeitsstaates, geschlagen mit einem Erbe von Unterdrückung und Willkür.

Ihm selbst ist nach seinem Tod etwas widerfahren, von dem man nicht weiß, ob es ihn mehr amüsiert oder verärgert hätte: Sie haben ihn heiliggesprochen. Mustafa Kemal ist in die Hände der Kemalisten gefallen, die seine Worte umgehend in Marmor meißelten. Kein Büro, in dem einen nicht seine Augen von der Wand herab fixieren, kein Amt ohne seine Büste, kein Lirasamt, ohne sein Antlitz, kein Schulbuch, in dem nicht seine Reden festgehalten wären. Museen stellen seine seidenen Schlafanzüge aus, »Vereine zur Bewahrung kemalistischen Gedankenguts« verteidigen schrill das, was sie für sein Erbe halten, jedes Komma und jeden Brosamen, den er einmal hat fallen lassen. Die Ortschaft Damal in der Osttürkei wird jedes Jahr in der zweiten Junihälfte zu einem Pilgerort: Dann nämlich steht die Sonne so, dass der Schatten eines Bergvorsprunges auf den Hang nebenan fällt – und als Scherenschnitt das Profil Atatürks auf den Fels zeichnet. Bis heute gibt es ein eigenes »Gesetz zur Bewahrung des Andenkens Atatürks«, und wenn ein junger Bursche Farbe über eine der unzähligen Atatürk-Statuen im Lande kippt, dann wird er noch im Oktober 2005 zu zweiundzwanzig Jahren Haft verurteilt. »Der aufgeklärte Türke«, so ein Seufzer von Atatürk, »ist in der Tat ein einsamer Mensch in dieser weiten und verlassenen Welt, die er seine Heimat nennt.«

Der Mann ist nun seit mehr als sieben Jahrzehnten tot – aber noch immer hat er die Macht, dieses Land zum Stillstand zu bringen: jedes Jahr am 10. November um genau 9.05 Uhr, wenn selbst der verrückte Verkehr von Istanbul wie von Zauberhand für eine Schweigeminute zum Stehen kommt, wenn die Sirenen der Schiffe auf dem Bosporus dröhnen. Sie erinnern an seinen Tod 1938, sie ehren den Mann, dem sie ihre Republik verdanken und noch viel mehr. Manche meinen, wenn die Türkei sich nun auf den Weg in die Europäische Union macht, dann ist auch das Atatürks Verdienst. Im September 2004 gab es auf Druck der EU in der Türkei eine große Strafrechtsreform. Was mit dem Hutgesetz passierte? Es hat jetzt eine neue Nummer. Zusammen mit dem Gesetz über die Einführung des lateinischen Alphabets finden Sie es im neuen Strafgesetzbuch unter Paragraf 222. Verstöße werden mit einer Haftstrafe zwischen zwei und sechs Monaten bestraft.

Die Erde ist nicht irgendein Planet. Und die Türkei ist nicht irgendeines ihrer Länder.

Vergessen

Istanbul ist nicht nur in die Breite gewachsen; seine Straßen und Plätze, die Fundamente seiner Gebäude liegen heute mancherorts um fünf bis fünfzehn Meter höher über dem Meeresspiegel als zur Zeit der Römer. Dafür haben Kriege, Erdbeben, Brände und Fluten ebenso gesorgt wie die lange Reihe von Stadtherren, die einander fast drei Jahrtausende folgten, die einander verscharrten und aufeinander aufbauten. Schicht auf Schicht auf Schicht. Gegenwart und Vergangenheit lassen sich hier nicht so einfach trennen. Ramme hier irgendwo deinen Spaten in die Erde, und du steckst mittendrin in der Geschichte. Sage hier nur ein unbedachtes Wort, und sie hat dich eingeholt. Der Untergrund der Stadt ist marmoriert von den Zeitläufen und durchzogen von einem Labyrinth von Höhlen, Zisternen und unterirdischen Gängen. Ein Untergrund, der dem Auge des jeweils Neuen unsichtbar sein mag, aber er federt seinen Schritt ab, diktiert ihm bisweilen das Tempo und lässt ihn ab und an auch einbrechen.

Ignorieren lässt sie sich hier nicht, die Vergangenheit, sosehr das manche auch gern täten. Weshalb sie das gerne täten? Weil sie ihnen eine Last ist, ein Albtraum. Deshalb auch hat der brave türkische Staatsbürger schon Halsstarre vom Stur-nach-vorne-Sehen, deshalb auch gilt ihm der Befehl zum Glück. Das Glücklichsein ist in der Türkei nämlich keine Glückssache, es ist von oben angeordnet. *Ne mutlu Türküm diyene* heißt der Spruch, den die Kleinen schon im Kindergarten auswendig lernen: »Glücklich ein jeder, der sich Türke nennt.« Mehr als sein Türkentum braucht ein Türke demnach nicht zu seinem Glück. In der Praxis ist das nicht ganz so einfach. Es stimmt schon, man erlebt oft ein unbekümmertes Istanbul, eines, das die Arbeit und sich selbst nicht allzu ernst nimmt, manchmal gar – wenn die Nationalmannschaft ein europäisches Team besiegt – ein grenzenlos ausgelassenes, in dem der eine Nachbar in den Himmel ballert, der andere mit der Flasche Raki zum Nachbarn stürmt und der Dritte sich lärmenden Autokorsos anschließt, die bis weit nach Mitternacht die Straßen blockieren (Krachen muss es immer: Glück wird hier in Dezibel gemessen). Dann wieder begegnet einem die Stadt mürrisch, leise und unterschwellig aggressiv. Himmelhochjauchzend, zu Tode betrübt.

Letzteres offenbar meist dann, wenn ein Meinungsforscher an die Tür klopft. In praktisch allen internationalen Umfragen landen die Türken bei der Frage nach dem persönlichen Glück ganz hinten. Drittletzter bei einer globalen Studie der Firma GFK, nur Ungarn und Russen fühlten sich noch schlechter. Unglücklichstes von siebenundzwanzig europäischen Ländern, die von der Gruppe Eurofound befragt wurden. Letzter unter allen Mitgliedsländern bei einer Umfrage der OECD nach der Lebenszufriedenheit (gleichzeitig weist dieselbe Studie die Türken interessanterweise als geselligstes aller Völker aus: Ein Drittel ihrer freien Zeit, mehr als alle anderen, verbringen sie mit Freunden und Verwandten). Die türkischen Frauen und Arbeiter tun sich diesen Umfragen zufolge besonders schwer mit dem Glück. Aber auch Alewiten, Kurden, Christen und fromme Muslime hätten Grund zur Klage in diesem Land, meint der islamische Theologe Bilal Sambur: »Die Umfragen sind alarmierend, weil sie zeigen, dass die psychologische und geistige Landkarte unserer Nation zerstört wurde. Wir haben unsere Gesundheit verloren, und mittlerweile ist unser Zustand pathologisch geworden.« Ich habe diesen Ausruf oft gehört, zuletzt von Ergun Özbudun, dem bekanntesten Verfassungsrechtler des Landes. Es war der Abschiedssatz, den er mir vor der Tür seines Hauses hoch über dem Bosporus mitgab. Wir hatten uns lange unterhalten über den Bankrott der türkischen Verfassung, die noch immer jene von den Putschgenerälen 1982 diktierte ist, über das Versagen der türkischen Justiz und über die von der jungen Republik ihren Bürgern anbefohlenen ideologischen Scheuklappen, die jetzt, mehr als acht Jahrzehnte später, ein großer Teil der Türken noch immer trägt. Mehr noch: stolz trägt. »Dieses Land braucht keine Juristen«, seufzte Özbudun nun, »dieses Land braucht einen Psychiater.« Die Leute lachen hier nicht, wenn sie so etwas sagen, es ist ihnen bitterernst.

Berufene führen viele Gründe an, warum es hapert mit dem Seelenfrieden der Türken. Die schreiende soziale Ungleichheit. Der die einfachen Leute zermürbende Überlebenskampf. Eine Geschichte der Gewalt, die zuletzt im Bürgerkrieg zwischen Armee und kurdischer PKK vierzigtausend Menschen das Leben gekostet hat, Gewalt, die auch im Alltag – in den Familien, im Militär, im Fußballstadion – Fuß gefasst hat. Die Diskriminierung von Kurden, Christen, Alewiten, Frauen. Das »katastrophale Sexualleben« (so unser Freund Cem, Besitzer des Musikclubs »Babylon«). Die Unterwerfung des Individuums durch ethnische, religiöse und politische Kollektive (so der Theologe Bilal Sambur). Ein »Mangel an Liebe, Vertrauen und Toleranz« (so Haşim Kılıç, der Oberste Richter am Verfassungsgericht). Auch Kılıç findet: »Unser Land leidet an einer nationalen Psychose.«

Die Türkei beim Psychiater also. Murat Paker ist Psychotherapeut an der Bilgi Universität. Was, Herr Paker, würden Sie sehen, fragte ihn die Zeitung »Zaman«, wenn die Türkei sich bei Ihnen auf die Couch legen würde? »Als Erstes würde sie sagen, dass sie nicht freiwillig hier wäre, dass man sie gezwungen hat. Wenn man sie dann zum Sprechen brächte – was ich bezweifle –, träte wohl das Bild einer harten, zornigen, verwirrten und misstrauischen Türkei zutage – dahinter aber eine zerbrechliche Struktur, verstört über ihre inneren Widersprüche.« Und woher die Verstörtheit? Der Ursprung liege schon ein Jahrhundert zurück: das Trauma, aus dem die Republik entstand. Als die Osmanen ihr Reich verloren und man den Türken um ein Haar auch noch Anatolien genommen hätte. »Es ist ein Trauma, das bis heute nachwirkt. Eine echte Furcht vor Auslöschung«, sagt Paker. Hinzu kommt, dass den Türken Trauer um die erlittenen Verluste nicht gestattet war: Atatürk erfand 1923 ein neues Land und einen neuen Menschen – und kappte die Bande zu allem Osmanischen. Allein der Blick nach vorn war gestattet. Nach der Schriftreform und dem Sprung vom Arabischen zum Lateinischen konnten die Menschen nicht einmal mehr die Briefe ihrer Väter und Großväter lesen.

Und seither ist dies eine Gesellschaft, die sich aufs Vergessen spezialisiert hat, nicht aufs Erinnern. »Vielleicht war es besser, zu vergessen«, sagt Murat Belge, der große Istanbulkenner, linke Intellektuelle und einstige politische Häftling, »nach all dem Schrecken: Krieg, Vertreibung, Armut, Hunger und Tod.« Anders, meint auch der heute in Deutschland lebende Radiologe Alper Öktem, ein Freund und Berater des Grünen-Politikers Cem Özdemir, hätten die Türken wohl nicht überleben können: »Die Alternative zum Vergessen wäre die Schizophrenie gewesen. Sie waren Opfer. Und sie waren gleichzeitig Täter. Zu Hause wurden ganz andere Geschichten erzählt als in der Schule und vom Staat.« Man vergisst also das, was einem angetan wurde, und man vergisst das, was man anderen angetan hat. Oder man vergisst partiell und entschuldigt das, was man anderen angetan hat mit dem, was einem selbst angetan wurde.

Mag die Wirkung auch einst eine heilsame gewesen sein – längst ist die kollektive Amnesie zum chronischen Defekt geworden, mit dem sich die Türkei bei ihrem Marsch Richtung Demokratie und Europa selbst im Weg steht. Das gilt für die kleinen Blitzamnesien, von denen die türkische Öffentlichkeit regelmäßig befallen wird, etwa wenn der Korruptionsskandal eines Ministers oder die historische Reforminitiative der Regierung nach ein paar Tagen so plötzlich aus den Zeitungen verschwinden, wie sie hineingeflattert sind. War da was? Und das gilt erst recht für die großen Tabus, etwa für den Völkermord an den Armeniern 1915/16. »Wir haben eine sehr ungesunde Beziehung zu unserer Geschichte«, sagt Murat Belge. »Im Wesentlichen ist die Geschichtsschreibung eine Sammlung von Lügen.« Es ist die Geschichte einer Nation, die gleich nach ihrer Geburt nur noch Türken kennen wollte. Sie alle, ob Kurden, Georgier, Tscherkessen, Armenier, Lazen oder Zaza wurden in dieselbe Schablone gepresst. Der Literaturdozent und Schriftsteller Murat Belge ist wohl der bekannteste Stadtführer Istanbuls. Als er in den 1980ern mit seinen Führungen durch Istanbuls reiche Vergangenheit begann, sagt er, seien die Leute so interessiert wie überrascht gewesen: »Man hatte sie nie daran erinnert, also hatten die Istanbuler vergessen, dass ihre Stadt einst das Leben so vieler Kulturen und Religionen beheimatete.« Das zwanzigste Jahrhundert hat der Stadt übel mitgespielt. Wenn man die alten Schwarz-Weiß-Fotos von Ara Güler sieht, Bilder aus den 1950ern, Bilder einer in die Knie gezwungenen Stadt, die mit ihrer einstigen Glorie noch im Niedergang die Überlebenden zu verhöhnen scheint, so hat man das Gefühl, dieses Istanbul müsse auch den Zeitgenossen ebenso erschienen sein: schwarz-weiß, aller Farben bar. »Man hat die Stadt für ihre Kosmopolität bestraft«, sagt Murat Belge. Manchmal zeigt er den Gästen seiner Istanbulrundfahrt die Überreste eines Justizgebäude, das in Flammen aufgegangen war: In diesem Land brennen Gerichtsgebäude gerne ab, so verschwinden die Archive.

Das Vergessen klappte also nicht schlecht. Mehr Probleme hatten die Türken damit, das so entstandene Vakuum mit einem neuen Verständnis ihrer selbst aufzufüllen. Sie ringen bis heute damit. Wenn das Gedächtnis einmal gelöscht ist, kann man es füllen mit Märchen und mit Mythen, mit Stolz und mit Leugnung. Und so klammern sie sich an Vaterland und Fahne. Auch das ist etwas, was sie von den Europäern abgeschaut haben, allerdings ist die Türkei der Nachzügler, und so ist der Nationalismus hier noch heute von einer Verve, die im Rest Europas längst erloschen ist. Wenn die Schule beginnt, füllen die Supermärkte ihre Regale mit Heften und Stiften für die Kinder. In unserem »Carrefour« gibt es dann ein ganzes Regal mit Buntstiften – und ein zweites mit ausschließlich roten Stiften: für den Fahnenwald, den es jeden Tag zu zeichnen gilt. »Wir sind die sauberste, reinste und unschuldigste Nation der Erde.« Sagt der Justizminister. Die anderen Nationen aber: wollen alle der Türkei an den Kragen. Was sie hier noch in der Schule lernen: »Die Türkei ist auf drei Seiten von Meeren umgeben und auf vier Seiten von Feinden.« Oder: »Der Türke hat keinen Freund außer dem Türken.« Vielleicht noch den Aserbeidschani, der ist ja im Grunde seines Herzens auch Türke. Obwohl. Bevor US-Präsident Barack Obama die Türkei besuchte, befragte ein Institut die Türken, wer auf der Welt denn der beste Freund der Türken sei. Freund? Ein Freund der Türkei? Zwei Drittel aller Befragten fiel gar keine Antwort ein. Ganze fünf Prozent sagten: Aserbeidschan – Platz eins. Vier Prozent: die USA, Deutschland kam auf knapp über zwei Prozent. Einsam, dieses Volk. Und paranoid. Leidet seit dem Verlust seines Weltreiches an Phantomschmerz.

Der Taxifahrer: »Ah, Deutscher sind Sie.« Pause. »Istanbul ist voller ausländischer Agenten, oder?« Der Staudammgegner: »Sie wissen schon, warum die Regierung den Damm hier baut?« Warum denn? »Na wegen Israel.« Aha. »Der Premier steckt in der Tasche des Mossad. Die Juden wollen uns hier vertreiben.« Der Gewerkschafter, augenzwinkernd: »Kommen sie, wir wissen doch beide, warum die Europäische Union sich für die Kurden einsetzt.« Nämlich? »Na, sie will unser Land spalten.« Wie damals in Sèvres. Am 10. August 1920 wurde in dem Pariser Vorort Sèvres von den Europäern die Aufteilung Anatoliens beschlossen, Armenier und Kurden sollten je einen eigenen Staat bekommen. Der Vertrag von Sèvres wurde nie ratifiziert und verschwand so schnell, wie er entstanden war. In der Türkei aber ist der Vertrag heute, neunzig Jahre später, so lebendig, wie er in Sèvres selbst nie war. Keine Woche, in der nicht ein Parlamentarier oder eine Titelseite den Schandvertrag heraufbeschwört. »Die Sèvres-Paranoia ist der ständig wiederkehrende Albtraum der Türkei«, sagt Psychoanalytiker Murat Paker. Nicht selten kommt es einem so vor, als stecke das Land noch immer fest im Ersten Weltkrieg und seinen Nachwehen. Manchmal ertappt man sich bei einem geheimen Wunsch: Hätte die Türkei doch bloß den Zweiten Weltkrieg mitgemacht – dann wäre sie heute wenigstens dreißig Jahre weiter.

Also: Christliche Missionare unterwandern das Land, die deutschen politischen Stiftungen in Istanbul finanzieren und steuern heimlich die Opposition, die USA lösen mit der geheimen HAARP-Technologie Erdbeben vor Istanbul aus (wenn sie nicht gerade damit beschäftigt sind, die türkischen Luftraum ansteuernden Zugvögel mit der Vogelgrippe zu infizieren), und hohe türkische Politiker – vor allem die fromm islamischen – sind in Wirklichkeit Juden. Solche Wahrheiten finden in der Türkei ein Millionenpublikum und liegen als Bestseller in Istanbuler Buchläden in hohen Stapeln vorne am Eingang. Vier von fünf Türken glauben einer Umfrage zufolge, Europa verfolge vor allem ein Ziel: die Türkei zu spalten, und es ist eines der Mysterien dieses Landes, dass drei derselben fünf so schnell wie möglich dieser EU beitreten wollen. Zuerst reagierte ich amüsiert, auch über den Narzissmus, der sich hinter all dem Konspirationsgeraune versteckt, glaubt der Türke doch an eine Welt, die sich allein um die Türkei dreht, die tagein, tagaus nichts anderes im Sinn hat, als seiner Heimat auf irgendeine Weise an den Kragen zu gehen. Die Phase der Belustigung währte nicht lang, ziemlich schnell war ich genervt. Noch eine Weile später aber begann ich, die Türken zu verstehen: Ich habe noch nie in einem Land gelebt, in dem tatsächlich so viele Verschwörungen geschehen und aufgedeckt werden wie in der Türkei. Allerdings gibt es einen entscheidenden Unterschied zwischen den Verschwörungen und den Verschwörungstheorien: In den Verschwörungstheorien sind die Bösen immer fremde »dunkle Mächte« (*karanlık güçler*): Europa, Israel, die USA. In den echten Verschwörungen der letzten Jahre aber sind es ausnahmslos Türken, die anderen Türken ans Leder wollen. Den Türken Schaden zufügen? Niemand erledigt das so gut wie die Türken selbst. »Selbst wenn sie uns alles Übel an den Hals wünschen würde«, schreibt die Schriftstellerin Elif Shafak: »Es gibt keine ausländische Macht, die unserem kreativen Volk so gekonnt an die Gurgel geht, wie wir selber das tun.«

Woher also die Angst, die Paranoia? Sie werden geschürt. Von jenen, die Schutz und Rettung versprechen. Von jenen, die seit Anbeginn der Republik die Macht verwalten »trotz des Volkes für das Volk«. Von jenen, die sagen, sie würden »die Republik auch vor der Demokratie retten«. Ihre Macht stützt sich seit bald einem Jahrhundert auf dieselben Säulen: auf die Angst vor der Spaltung der Nation (Kurden! Ausländer!) und auf die Angst vor der Islamisierung des Landes (Hilfe, die Anatolier kommen!). Zu den Fahnen rufen sie mit diesem Schlachtruf: *Her Türk asker doğar*, »Jeder Türke ein Soldat«. Ein ängstliches Land, ein polarisiertes Land, in dem der eine den anderen nicht kennt, der eine nicht mit dem anderen spricht, ein jeder aber bereit ist, das Schlimmste vom anderen zu denken. Die Schulen, sie sind noch immer Ort der ideologischen Programmierung. Mit einem Programm aus längst vergangener Zeit. »Die meisten Länder haben ein

Problem mit ungebildeten Leuten«, sagt Murat Belge, der an der liberalen Bilgi Universität unterrichtet: »Unser Problem hier sind die Gebildeten. Wir erleben das jeden Tag an der Universität. Sie kommen zu uns von den Schulen, und als Erstes müssen wir sie entbilden.«

Ein anderes Wort für: ihnen das Gedächtnis zurückgeben. Die politische Debatte im Parlament in Ankara, in den Cafés von Istanbul, im Taxi zum Flughafen ist manchmal zum Haareraufen, aber es gibt Grund zur Hoffnung. Allmählich brechen sie auf, die Fronten, dürfen die Frauen zeigen, dass es nicht aufs Kopftuch ankommt, sondern aufs Hirn darunter, dürfen Kurden wieder Kurdisch sprechen und Armenier über das, was ihnen widerfahren ist. »Das Land steht an der Schwelle zu einer Katharsis«, glaubt Etyen Mahçupyan, Chefredakteur der Istanbuler armenischen Wochenzeitung »Agos« und damit Nachfolger des von türkischen Nationalisten 2007 ermordeten Hrant Dink: »Die Leute fangen an, sich zu erinnern. Sie fangen an zu reden.«

Und so wie für die Türkei dazu die Erinnerung an ihre Minderheiten gehört, so gehört für die Istanbuler dazu die Besinnung aufs osmanische Erbe. Dekadenz und Niedergang – der Republik genügten bis vor Kurzem die beiden Begriffe für das Osmanische Reich, das sie beerbt hatte. Zwei simple Schlagworte für mehr als sechshundert Jahre, für siebenunddreißig Herrscher, die aus einem Bund zentralasiatischer Reiterstämme ein Reich erschufen, das ins Konzert der europäischen Mächte aufgenommen wurde, ein Reich, das sich von Bagdad bis Belgrad erstreckte und das die Europäer lange Zeit nicht nur in Schrecken, sondern auch in Bewunderung versetzte.

Wenn das Erbe nun neu bewertet wird, so ist das nicht bloß ein Gedenken an die kriegerischen Momente wie beim alljährlichen Kostümspektakel mit dem die Türken ihre Eroberung der Stadt im Mai 1453 feiern. Der 1912 geborene Kronprinz Osman Ertuğrul musste sein Leben im New Yorker Exil verbringen, 1992 durfte er erstmals türkischen Boden betreten, und erst 2004 erhielt er einen türkischen Pass. Als er aber im September 2009 starb, da durfte er beigesetzt werden auf dem Friedhof seiner Ahnen bei der Süleymaniye-Moschee, und fünftausend Istanbuler erwiesen ihm die letzte Ehre. Wie so oft bei der Neuentdeckung einer verleumdeten Vergangenheit, wird sie auch in der Türkei von manchen nun verklärt und in den Dienst ihres politischen Streits von heute gestellt. Dennoch: Die Rückbesinnung verrät wachsendes Selbstvertrauen und ein Abflauen der Hysterie. Egal ob Künstler sich wieder mit dem Sufismus schmücken, die Neureichen sich mit kostbaren alten Kalligrafien oder der Bürgermeister sich mit der Tulpe. Sie ist nämlich wieder da, die Tulpe. Wo sie herkommt und wo sie hingehört. Also nach Istanbul, nicht nach Amsterdam. Es waren die Osmanen, die einst die Welt mit der Tulpe bekannt machten. Und es sind die Istanbuler von heute, die die Welt wieder daran erinnern wollen. *Laleli*, einer meiner liebsten Stadtteilnamen in Istanbul, stammt ab vom Wort für Tulpe: *Lale*. Wenn Sie vorhaben, nach Istanbul zu kommen, ist der April nicht die schlechteste Zeit. Dann können Sie die Stadt in einem Tulpenrausch erleben. Seine Gegner sagen, der Bürgermeister spinne und werfe das Geld zum Fenster hinaus: Jeden Herbst lässt er Abermillionen von Tulpenzwiebeln in die Erde der Stadt setzen, die dann im Frühjahr erblühen, für jeden Istanbuler mindestens eine. Den Tulpensultan Ahmet III. (er regierte von 1703 bis 1730) hätte es gefreut. Seinen Hofdichter Nedim auch. »Lass uns lachen, lass uns spielen, lass uns die Freude der Welt bis zur Neige auskosten«, schrieb Nedim einst trunken von Liebe und von Wein und vom nächtlichen Schein der Kerzen, die auf dem Rücken von Schildkröten befestigt gemächlich endlose Reihen von Tulpen entlangzogen.

Nicht die schlechteste Therapie.

Mondblau

Die Chinesen haben den Mond zu einem Küchlein gebacken, die Amerikaner haben ihm eine Fahne eingepflanzt. Und die Istanbuler? Lassen sich treiben in seinem Glanz. Nehmen das Universum als eine in der Mitte aufgeschnittene Frucht und den Mond als ihren Kern. »Lieben wir eigentlich uns, oder lieben wir den Bosporus?«, lässt Ahmet Hamdi Tanpınar seinen Helden Nuran zur Geliebten sagen. Der Sommer hat die beiden zusammengebracht, der Winter wird sie trennen, so war das in Istanbul. *Mehtap*, der Mondenschein, trieb die Menschen aus ihren Häusern und in die Boote, und sie setzten aus zur Mondscheinfahrt. »Eine tiefblaue Welt. Eine dunstige, transparente Bläue, dann ein goldener Regen, der sich in Flecken, in Blättern zerstreute, in Sonnenbächen dahinfloss.« Stilles Schlagen der Ruder, von eleganten *Kayıks* der Klang einer Rohrflöte. Musik und Licht erfüllte die Buchten von Bebek oder Istinye. Aus den bis zum Morgengrauen geöffneten Fenstern der Uferpaläste drangen Verse und Gelächter; manch forschem, zum Fenster hin flüsternden Bootsmann fiel unvermittelt eine Blume ins Boot oder ins Wasser gleich daneben. Die Sonne geht in Europa unter in dieser Stadt, der

Mond aber in Asien auf. Orange glühend an manchem Abend.
»Ich hab's!«, ruft Nuran. »Der ganze Bosporus, das Marmarameer, Istanbul, die Dinge, die wir sehen, und die, die wir nicht sehen, wir sind alle wie eine Frucht um den Kern des Mondes herum.«

Erinnern

Das Leben hat Petros Markaris ein Vaterland vorenthalten. Man mag das für Pech halten. Oder für das Gegenteil. Es ist ihm eine Freiheit der Gedanken zu eigen, die vielen seiner Zeitgenossen und vielen seiner Landsleute abgeht, eine ironische Distanz zu sich selbst und überhaupt zu vielem, was den anderen identitätsstiftend ist: vornweg Nation und Religion. Seine Landsleute? Man nennt Markaris gemeinhin einen Griechen. Er lebt in Athen, die Mutter war Griechin. Der Vater aber war Armenier. Erzogen wurde der junge Petros Markaris in Deutsch, der Sprache, die der Vater, ein Kaufmann, für die Sprache der Zukunft hielt (»Er irrte sich gewaltig«). Und auf der Straße sprach er Türkisch. Also wird zumindest ein Stirnrunzeln ernten, wer Markaris auf den Griechen oder den Armenier festnageln will. Einer aber steckt in ihm, den wurde er nie los: Markaris ist noch heute mit jeder Faser Istanbuler.

Also, Petros Markaris: Krimiautor, Übersetzer von Brecht und Goethe, aber auch von gesundem Menschenverstand ins Griechische. Urenkel eines Bankiers von Sultan Abdülhamid II., Enkel eines stolzen Mannes, der sich lieber vom Bankiersvater enterben ließ, als seine Liebe zum griechischen Dienstmädchen zu verraten. Sohn jener Stadt, die seine Familie einst floh: Istanbul. Und noch heute, mehr als vierzig Jahre nach seinem Weggang, ist dieser Markaris fürs Überleben in Istanbul nicht schlecht ausgerüstet. Er hält die Nase in die Luft, das Organ, mit dem man dieser Stadt oft am besten beikommt. Er weiß, wer den besten Raki ausschenkt (»Imroz«, der Grieche am Fischmarkt, zum Beispiel), er weiß, wie man ihn trinkt (je länger man es mit einer Flasche aushält, umso kultivierter), er weiß, welche Verse man auf dem Weg in den erlesenen Rausch im Freundeskreise rezitiert (»Auf meinem Teller eine Wolke, in meinem Glas der Himmel«). Und er weiß vor allem, wie man hernach den Kater loswird: Ein Teller Kuttelsuppe im Morgengrauen und ein Gläschen *Turşusuyu*, also der essigsaure Saft eingelegter Gurken, wirken Wunder. Bei echten Istanbulern zumindest. Festen Schrittes eilt er durch die Gassen. Vorbei am Essiggurkenladen, vorbei – langsamer nun – an dem kleinen Dessertpalast, der die Passanten mit in Schokolade schwimmenden Profiterol lockt. Und immer die Nase vorne. »Aaah…«: ein *Ciğerci*, ein Lebermetzger. Markaris lässt sich treiben, wie jeden Morgen.

Heimat? Wenn es diesen Ort je gab für Markaris, dann ist er hier. Ich erwähnte bereits, dass die Istanbuler Griechen nie von »Istanbul« sprechen, von »Konstantinopel« oder »Byzanz«. Sie sagen: *Poli*. Die Stadt. Die Eine. Schließlich war sie Fixstern ihres Universums für mehr als eineinhalbtausend Jahre, während deren Athen nur mehr ein vergessenes Provinznest war. Griechen waren sie, nannten sich aber bis zum Ende *Romai*, Römer, schließlich waren sie die Erben des Oströmischen Reiches. Die *Poli* war die Krone dieses Reiches, sie ist bis heute der Sitz des ökumenischen Patriarchen, des Oberhauptes aller orthodoxen Christen. Die Türken? In den Augen mancher Istanbuler Griechen blieben sie auch nach mehr als vier Jahrhunderten Besatzer. »Irgendwann wird Konstantinopel wieder unser sein.« Träumt ein pensionierter Brigadegeneral. Den General hat der Romancier Petros Markaris erfunden, den Traum nicht.

Wenn Markaris selbst einmal gestrig zumute wird, dann hat ihn seine Jugend gepackt, nicht der Patriotismus. Er schlendert durch die Fußgängerzone, durch jenes Viertel, das einst den griechischen Namen Pera trug und das die Türken heute Beyoğlu nennen. Die »Grand Rue de Pera« war einst das Herz europäischen Lebens in Istanbul. Im revolutionären Überschwang der Zwanzigerjahre erhielt der Boulevard den Namen *İstiklal-Caddesi*, Straße der Unabhängigkeit – ein Seitenhieb gegen die europäischen Mächte, die noch wenige Jahre zuvor Istanbul besetzt hatten. Das Straßenschild wurde 1927 ausgewechselt, doch den Geist trieben die neuen Zeiten Pera bis heute nicht aus. »Sehen Sie, das Lokal hier, das hieß damals ›Degustation‹, hier tranken die türkischen Dichter.« Jene, die Wolke und Himmel im Raki besangen, jenem Anisschnaps, den die Griechen Ouzo nennen. Über die türkische Eroberung von 1453 sagt Markaris, Istanbul sei damals großes Glück widerfahren: »Die Stadt wurde von der Hauptstadt von Byzanz zur Hauptstadt der Osmanen, ohne dass Sultan Mehmet sie angetastet hätte. Die Mischkultur, die dann entstand, die ist doch das Schöne.« Und dann wagt er eine Behauptung über die Kraft der Stadt: »Wäre Istanbul Hauptstadt geblieben nach der Republikgründung 1923 – das Schicksal der Türkei wäre anders verlaufen.« Hauptstadt aber wurde Ankara, Istanbul verfiel in einen Dornröschenschlaf, und mit Multikulti war bald Schluss. Die Griechen, noch unter den Osmanen eine Elite, die dem Sultan Ehefrauen, Außenminister und Gouverneure stellte, die die reichsten Bankiers und Händler des Landes hervorbrachte, sollten es bitter zu schmecken bekommen.

Petros Markaris war nicht immer Bestsellerautor. Die Krimis, die kamen erst, als er schon achtundfünfzig Jahre alt war. Freiheit hat er sich stets auch in der Profession erlaubt: sprang hin und her zwischen Ernstem und Populärem, zwischen

Theater, Film und Fernsehen. Übersetzte den »Faust« und das Theater von Franz Xaver Kroetz ins Griechische, machte Furore mit einem Theaterstück gegen die Obristenjunta, schrieb Drehbücher für den großen Filmemacher Theo Angelopoulos. Und eines Tages, so behauptet er, stand da eben Kostas Charitos in seinem Arbeitszimmer: dieser kleinbürgerliche Athener Kommissar, der sich der heimlichen Herrschaft seiner Frau Adriani ebenso fügt wie den ewigen Macken seines Fiat Miafori. Kommissar Charitos machte Markaris zum Kriminalschriftsteller. Weil aber Markaris ein leidenschaftlicher Menschenfreund und Weltverbesserer ist, decken seine Krimis auch die kaputte Seele der Gesellschaft auf, in der sie spielen. Und so veröffentlichte Markaris Buch über Buch, eines aber versagte er sich sein Leben lang: Nie schrieb er einen Roman über Istanbul. Petros Markaris hatte Angst. Vor seinen Erinnerungen. »Ich wollte mich nicht verführen lassen, nicht der Vergangenheit hinterherschlingern«, sagt er. Er musste erst siebzig werden, bevor er sich bereitfand. Dann schrieb er »Die Kinderfrau«, das Istanbuler Abenteuer seines Athener Kommissars. Die greise Maria Chambou – Markaris gab ihr den Namen seines eigenen Kindermädchens – kehrt noch einmal aus Thessaloniki nach Istanbul zurück, um alte Rechnungen zu begleichen. Rechnungen aus jenen Jahren, da die Zeit der Istanbuler Griechen ablief, da die Zeit des kosmopolitischen Istanbuls ablief: Opfer eines schäumenden Nationalismus, der auserkoren war, der neuen Republik Fundament und Zement zu sein. Eine von Europa abgeschaute Ideologie, die den Justizminister Mahmut Esat Bozkurt 1930 dazu trieb, auszurufen, Nichttürken hätten lediglich das Recht, »Diener zu sein, Sklave zu sein«. Entweder also einer erfand sich als Türke neu – oder aber er ging.

Mehr als hunderttausend Griechen lebten noch in den 1950ern in der Stadt, die sie seit Jahrtausenden als die ihre empfanden. Heute sind es gerade einmal zweieinhalbtausend, so genau kennt die Zahl nicht einmal das orthodoxe Patriarchat. *Rum* nennen die Türken sie noch heute: Römer. »Das Istanbuler Griechentum ist tot, wir haben es nur noch nicht zu Grabe getragen«, sagt einer in der »Kinderfrau«. Der erste Schlag kam 1922, als der mit Griechenland vereinbarte Bevölkerungsaustausch das Griechentum in Anatolien auslöschte. Nur Istanbul war von dem Abkommen ausgenommen, die Griechen dort traf es erst drei Jahrzehnte später, im September 1955, als der Geheimdienst ein Pogrom anzettelte und ein türkischer Mob einen Tag und eine Nacht lang Geschäfte verwüstete, Frauen vergewaltigte und einige Christen umbrachte. »Es war gespenstisch«, erinnert sich Markaris, der sich am Tag danach zwischen Scherben und Trümmern einen Weg bahnte. »Und bewundernswert, wie sich auch nach diesem Schlag die Gemeinde wieder aufrappelte.« Ein letztes Mal. Das Genick wurde ihr dann 1964 gebrochen, mit der Zypernkrise. »Mein Vater sagte: ›Alles haben wir überlebt. Das werden wir nicht überleben.‹ Er hatte recht«, sagt Markaris. Die Istanbuler Griechen waren Geiseln im ewigen Streit zwischen der Türkei und Griechenland, das rieb sie auf.

Nun wäre Markaris nicht Markaris, hätte er eine sentimentale Abrechnung mit der Türkenwut geschrieben. Die Kinderfrau Maria hinterlässt eine Spur von Leichen bei ihren Hausbesuchen – aber es ist kein Zufall, dass die Mehrzahl der Leichen keine Türken, sondern Griechen sind: »Ich wollte zeigen, dass die Griechen nicht ganz unschuldig waren«, sagt Markaris. Nicht die an der Regierung in Athen, die 1964 die Zypernkrise provozierten und dabei in Kauf nahmen, dass die Istanbuler Griechen »Kollateralschaden« (Markaris) wurden. Und auch nicht die griechische Gemeinde in Istanbul selbst, die Markaris mit merkbarer Lust als Schlangengrube beschreibt, in der Arroganz, Ignoranz und Intrigen blühten. Eine »stockkonservative, wenn nicht gar reaktionäre Minderheit« nennt er sie: hielten sich für die Gralshüter des byzantinischen Erbes und fanden leider »kein anderes Mittel, ihre alte Herkunft und Größe zu verteidigen, als sich einzumauern«.

Allmählich, glaubt Markaris, merkten die Griechen und die Türken, wie ähnlich sie einander seien. »Leider gilt das vor allem für ihre Mängel.« Die »Balkankrankheit Nationalismus« fällt ihm als Erstes ein. Die Lust an der Konfrontation. Die Hingabe an Hirngespinste: »Die Türken halten sich heute wieder für eine große Macht«, sagt Markaris, »derweil halten sich die Griechen für die Enkel der alten Hellenen.« Gerade ist er vom Galataturm – ein Erbe der Genueser – eine Gasse hinuntergeklettert, nun steht er vor dem österreichischen St.-Georgs-Gymnasium. Hier ging Markaris zur Schule. Eine mitteleuropäische Erziehung. »Vielleicht«, sagt er, »habe ich hier den gesunden Menschenverstand mitgekriegt, der so vielen Türken und Griechen fehlt.«

Petros Markaris verließ die Stadt 1965. Als Besucher aber trieb es ihn schon bald wieder zurück, jedes Jahr für einige Wochen. Seine Schwester machte Markaris Vorwürfe: Zurück zu den Türken? Denen Geld nachwerfen? Er redete ihr viele Jahre zu: »Geh hin. Du wirst eine Woche weinen. Und dann bist du glücklich.« Sie ging. Sie weinte. Sie war glücklich. Mittlerweile kommen sie als Touristen in Scharen zurück: Alte Griechen feiern wie früher das Osterfest auf den Prinzeninseln, ihre Kinder und Enkel buchen die Kapelle des Patriarchats für eine Hochzeit. Und auch in der Türkei hat sich die Ahnung verdichtet, dass der Weggang der Griechen ein schmerzlicher Verlust war. Selbst der Premier rang sich kürzlich zu überraschend selbstkritischen Tönen durch: »Die Vertreibung der Minderheiten war faschistisch.« Punkt. Das hatte sich noch kein türkischer Staatsführer zu sagen getraut. »Erstaunlich«, sagt Markaris, »so etwas noch zu hören.«

Es stimmt nicht, dass Griechen und Türken nur Schwächen verbinden. Ihr Familiensinn, ihre Musik verraten die Jahrhunderte des Zusammenlebens. Und das Essen. Kein Zufall ist es, dass die Kinderfrau Maria ihren Opfern das Gift in einer herrlichen Käsepitta serviert. Das Essen ist Petros Markaris nämlich eine große Lust. Und mögen sich die Speisekarten in griechischen und türkischen Lokalen auch überraschend ähneln, so weiß der Gastwirt in Markaris' Buch schon, warum er die Griechen als Gäste vorzieht: Die nämlich »haben nach einer Stunde alles verputzt und lassen den Wirt in Ruhe«. Den Türken hingegen »muss man stundenlang Teller und kleine Pfännchen« hinterhertragen. Ganz nach des Autors Geschmack. »In Griechenland«, sagt Markaris, »kommt eine Lammkeule und erschlägt dich.« Dagegen hier: »Die vielen kleinen Schälchen. Von allem nur kosten … ach … das ist Kultur.«

Und Trost dazu. Wo draußen die Stadtväter doch Istanbul mit solchem Ingrimm an den Kragen gehen, wie schon die Athener sich an Athen vergangen haben. An den Abenden sitzt Markaris mit türkischen Freunden zusammen. »Die Schlacht um Istanbul habt ihr kläglich verloren«, spottet er dann: »Seit Jahren versucht ihr, Istanbul die Schönheit zu rauben – und ihr schafft es einfach nicht.« Die *Poli*. Die Eine. Die Unbeugsame.

Ausharren

Istanbul war ein Märchen. So hat Mario Levi sein Buch genannt. Betonung auf »war«. Es erzählt von einer Zeit, da »sowieso niemand wusste und keiner sagen konnte, welches die eigentliche Sprache der Stadt war«. Von einer Welt, die mit jedem Tag mehr verloren ging. Oder verloren geht. Man darf ruhig im Präsens sprechen, vorüber ist noch nichts an diesem Ort. Auch und gerade nicht das Gestrige. Es klingt nach, das Märchen.

Der Schriftsteller sagt, er sei ein trauriger Mann und er danke dem Leben für das Glück, so traurig sein zu dürfen, denn könnte er sonst ein Schriftsteller sein? Weil Mario Levi andererseits aber gerne kichert und schwärmerisch von diesem und von jenem erzählt, möchte man schon wissen, was ihm inmitten all seiner Schwermut diese Seufzer der guten Laune verschafft, und da deutet er zum einen auf die sieben Tintenfässlein, die fein aufgereiht auf seinem Schreibtisch darauf warten, dass er ihnen mit seinem Füller Marke Pelikan zu Leibe rückt, dann beschreibt er bis ins Detail die Zubereitung der Lauch-*Köfte*, einer jüdischen Spezialität aus Hackfleisch und Lauch, für die der gekochte Lauch mit Kümmel gewürzt und ausgewrungen wird, bis er ganz trocken ist, und schließlich beugt er sich vor zum Fenster und deutet hinaus auf den gleißenden Bosporus. »Sehen Sie nur«, sagt er.

Istanbul ist eine Stadt der Lücken, hat einer mal gesagt, eine Stadt des Verschwundenen. Mario Levi ist ein Lückenfüller, im besten Sinne. In »Istanbul war ein Märchen« webt der 1957 Geborene einen Teppich, der von einer Zeit erzählt, da man Istanbul noch Konstantinopel nannte und der Stadtteil Beyoğlu noch gut griechisch Pera hieß. Weil dort die Griechen lebten. Und die Armenier. Und die Juden. Als noch Platz war für Völker, die sich selbst nicht Türken nannten. Es ist noch nicht lange her, da kam nach einer Lesung in einem fremden Land ein türkisches Mädchen auf ihn zu, bat ihn auf Englisch um ein Autogramm, und als er sich als Istanbuler zu erkennen gab, da rief sie erschrocken aus: »Sie sind Türke? Das kann nicht sein. Warum heißen Sie Mario Levi? Das ist doch kein türkischer Name!«

Warum also heißt er so? Levi ist ein Sohn Jakobs im Alten Testament, der Vater eines der jüdischen Stämme. Und Mario ist ein spanischer Vorname. Mario Levi heißt so, weil er einer der aus Spanien stammenden Juden ist, ein Sephardim. Einer von jenen, deren Familien seit mehr als fünfhundert Jahren hier leben. Seit jenem Jahr 1492, da Ferdinand und Isabella von Spanien alle Juden in ihrem Reich vor die Wahl stellten: Werdet Christen oder flieht. Fast alle flohen. Die meisten ins noch junge Reich der Osmanen. Sultan Beyazid hatte sie eingeladen, begierig nach ihrem Wissen und ihren Talenten, und bald waren die osmanischen Juden die wohlhabendste Gemeinde der Diaspora. In Saloniki stellten sie bis zum Anfang des neunzehnten Jahrhunderts die Mehrheit der Bürger, den Istanbuler Stadtteil Balat machten sie zu Europas größter jüdischer Siedlung. Noch immer leben zwanzigtausend Sephardim in Istanbul, Hüter einer Sprache, die sie aus ihrer einstigen Heimat mitbrachten. Wer aufpasst, der kann sie heute noch hören: im Sommer auf den Prinzeninseln oder in den

Ufercafés des Bosporus, wo sich rührige alte Damen auf einen Tee und eine Partie Karten treffen und auf einmal vom Türkischen in jenes merkwürdig anrührende Spanisch verfallen, das sie sich aus dem Mittelalter bewahrt haben und das sie hier Ladino nennen. Und doch gibt es heute junge Türken, die von alledem nichts wissen.

Auch deshalb schreibt Mario Levi. »Damit die Geschichten von einem zum andern fließen.« Um die Lücken zu füllen, die sich aufgetan haben in der Erinnerung, aber auch im Antlitz dieser Stadt, die noch voll ist vom Erbe der Verdrängten, von Inschriften auf Häusern, Kirchen und Synagogen, deren Lettern heute schon wie fremde Chiffren anmuten, obwohl sie doch gestern noch hier zu Hause waren, die Juden und die Griechen und die Armenier. Voll von Gräbern ist die Stadt, die in fremden Sprachen Istanbuler Geschichten erzählen, von verfallenen Holzhäusern voller Moder, in denen noch der Geist des alten Istanbul spukt und an die sich bis heute kein Bulldozer wagt. Aus schlechtem Gewissen? Dies ist eine verwundete Stadt.

Mario Levi erzählt von seinem Volk. Und von Nikos, dem Griechen, der mit dem einarmigen Onkel Kirkor auf der Straße *Tavla* spielt, wie sie Backgammon hier nennen. Von der untröstlichen Olga, die wie andere jüdische Flüchtlinge aus Osteuropa das Versprechen gelockt hatte, in den Gassen um den Galataturm in Istanbul könne man »selbst auf der Straße Jiddisch sprechen«. Von den Tagen, da der Lodos, der aufwühlende Wind aus Südwesten, nicht nur Quallen und Tang anschwemmte, sondern auch den Geruch frisch gerührter Schokolade ins Haus wehte, die der Chocolatier von Pera zubereitete. So lange ist es ja noch nicht her, dass Istanbul eine Vielvölkerstadt war. Heute leben gerade noch zweieinhalbtausend Griechen hier. Juden, immerhin, sind es noch zweiundzwanzigtausend.

Manchmal, am Sabbat, rufen Levi Freunde an, wenn sich nicht die nötigen zehn Mann zusammengefunden haben, die für das Gebet vorgeschrieben sind, dann eilt er hinüber in die Synagoge, die nur an diesem einen Tag ihre Türen öffnet, aus Sicherheitsgründen. Levi lebt in Kadıköy, am asiatischen Ufer. Er liebt seine *Mahalle*, seinen Kiez. Hier haben sich kleine und größere Bürger eingerichtet, dem Viertel geht es nicht schlecht. Die Leute seien wärmer und herzlicher als drüben in den schicken europäischen Vierteln, findet Levi. »Vielleicht weil sie keine großen Sehnsüchte haben.« Mit dem einen streitet er auf der Straße über Politik, mit dem anderen über Fußball. Leidenschaftlicher Koch ist er zudem, führt uns zum Markt von Kadıköy, wo einander eng umschlungen haltende Radieschen auf Kohlköpfen tanzen. Seinen Marktgang lässt er gerne ausklingen in einer der beiden Patisserien, die einander seit Jahrzehnten in einer Gasse so gegenüberliegen, als habe der Romancier das geplant: linker Hand der Türke, rechter Hand der Grieche. Der alte osmanische Laden »Ali Muhiddin Haci Bekir« verkauft seit 1777 türkischen Honig und Zuckerwatte, dazu schneiden die Verkäufer den Sesam-Zucker-Kuchen Helva von Riesenlaiben, als sei es Schweizer Käse. Auf der anderen Seite der griechische Konditor »Baylan« mit seinem Sechzigerjahre-Linoleum, wo sie Likörpralinen anbieten und einen Hefezopf, so locker und duftend, dass Levi sich an der Theke einen ganzen geben lässt, ihn mit nach hinten in den Garten nimmt und dort bei einer Tasse Kaffee auseinanderpflückt. Es geht Mario Levi wohl um das: was hätte sein können. Wenn man Istanbul das »schreckliche Erwachen« (Levi) im nationalistischen Taumel der jungen Republik erspart hätte.

Was hätte sein können. Auch den heute über Achtzigjährigen Ishak Alaton trieb dieser Gedanke. Siebzehn war er, als er schwor, »Rache zu nehmen, auf positive Art«. An dem System, das seinen Vater zerstört hatte. Seinen Vater, der Republikgründer Atatürk liebte und der der Familie befahl, zu Hause nur Türkisch zu sprechen. Der Vater, der ein bescheidenes Vermögen gemacht hatte mit dem Import von Textilien. Bis das Jahr 1942 kam. Jenes Jahr, in dem erst einmal die Nationalisten Rache nahmen, an allen, die nicht Türken waren und denen es dennoch gut ging. Es war eine Zeit, die jenen Justizminister hervorbrachte, der den Nichttürken im Land verkündete, sie hätten »einzig das Recht, Sklaven zu sein«. Es war eine Zeit der Widersprüche: Einerseits nahm der Staat jüdische Flüchtlinge aus Nazideutschland auf, andererseits erließ er 1942 eine Vermögenssteuer, die nur ein Ziel hatte: allen nichtmuslimischen Wohlstand zu ruinieren. Wer seine Schulden nicht bezahlen konnte, wurde zu Zwangsarbeit verurteilt. Alatons Vater arbeitete in einem Steinbruch im ostanatolischen Erzurum, gemeinsam mit zweitausend anderen Juden, Griechen und Armeniern. Dreißig erfroren. Der Vater kehrte zurück, ein gebrochener Mann. Der Sohn schwor: »Ich würde berühmt werden und reich. Alle sollten sehen, wie schlecht es war, so viele gute Menschen zu vernichten.«

Ishak Alaton ging nach Schweden, lernte Schweißer und wurde Sozialdemokrat. Er kehrte zurück in die Türkei. Dann gründete mit einem Partner die Firma Alarko. Heute ist er reich. Der bekannteste jüdische Unternehmer der Türkei. Immobilien, Bau, Tourismus. Sozialdemokrat ist er noch immer, und wenn er der jüdischen Gemeinde eines nachträgt, dann dies: »Lange war ihr einziges Ziel, auf keinen Fall bemerkt werden. Mir war das ein Gräuel.« Alaton gründete politische Denkfabriken, warb für die Demokratie. »Die anderen duckten sich. Ich ging zum Fernsehen und rief: ›Ich bin Jude.‹« Einmal, zehn Jahre ist es her, da rief ein Zuschauer live in seiner Talkshow an und wollte wissen, ob Alaton sich überhaupt als Türke fühle. »Meine Familie lebt hier seit fünfhundert Jahren«, entgegnete Alaton. »Und Ihre?«

Vertreibung und Verfolgung wie Griechen oder Armenier mussten die Juden hier nie erleiden. Viele sind nach Israel ausgewandert. Die Zurückgebliebenen gaben sich betont loyal. Die Gemeinde agiert als Lobby für die Türkei bei den einflussreichen Glaubensbrüdern in den USA und in Israel. »Das bringt uns Pluspunkte«, sagt David Ojalvo. Der fünfundzwanzigjährige Ojalvo arbeitet für »Şalom«, das jüdische Gemeindeblatt. Er behauptet: »Wir haben keine politische Meinung. Wir halten uns raus.« Wer die Redaktion im gutbürgerlichen Stadtteil Tesvikiye besucht, muss sich vor einer vergitterten Türe von einer Kamera beäugen lassen. Es hat Anschläge auf Synagogen gegeben, 1986 und 2003, viele Menschen starben. Ojalvo, dessen beste Freunde Muslime sind, gibt dennoch dem Unternehmer Alaton recht, wenn der sagt, Antisemitismus sei unter den einfachen Türken nicht verbreitet, das Problem sei vielmehr die Diskriminierung durch den Apparat. Einerseits, kritisiert Alaton, benutze der Staat seine vermeintliche Großmut gegenüber den Juden als Propagandainstrument im Ausland, andererseits hält er Gemeindeland beschlagnahmt, und es können Angehörige von Minderheiten noch immer nicht aufsteigen in Ministerämter oder hohe Offiziersränge. »Ich will«, sagt Alaton, »dass die Türkei sich entschuldigt.«

Die Zeitung »Şalom« ist heute mehr als sechs Jahrzehnte alt und hat eine Auflage von knapp fünftausend. Die fünfzehn Redakteure bekommen kein Gehalt, David Ojalvo studiert Medizin. Was ihm Sorgen macht: Viele junge Juden interessieren sich nicht mehr für die Gemeinde, wenn sie einmal achtzehn sind. Der Kitt bröckelt. Das Ladino etwa, die Sprache der Ahnen. In frühen Jahren war die Mehrzahl der Artikel in »Şalom« in Ladino geschrieben. Heute ist es noch eine Seite von acht. Ladino stirbt. Keiner wüsste das besser als Karen Gerson Şarhon. Die Linguistin hat ihre Abschlussarbeit über den Niedergang des Ladino geschrieben, sie betreut die Ladinoseite in »Şalom«, sie zuckt mit den Schultern: »Die Zeiten ändern sich.« Als sie jung war, hat sie sich mit Freunden in Theaterstücken lustig gemacht über ihre Ladino sprechenden Eltern. Heute betreut sie das Istanbuler Zentrum für Sephardische Kulturstudien und tritt mit Ladinoliedern auf. Şarhon singt. Şarhon gehört zur letzten Generation, die noch

Ladino spricht. Wer liest ihre Seite noch? »Alle über fünfzig.« Die resolute Şarhon sieht das unsentimental: Man habe die Sprache in den letzten Jahren gut erforscht, sie quasi fürs Museum präpariert, nun möge sie in Frieden ruhen. Schuld trügen ohnehin die Alten, meint Şarhon: »Sie sind immer ins Französische oder später ins Türkische ausgewichen. Ladino war ihnen nicht intellektuell genug. ›Das ist keine Sprache, das ist ein Salat‹, hat meine Mutter immer gesagt.«

Mario Levi sagt, seine Heimat sei keine Stadt und kein Land, seine Heimat sei die türkische Sprache. Am Wochenende geht er ins Fußballstadion, zu Fenerbahçe. Es ist der Lieblingsverein der Generäle. Es war auch der Lieblingsverein von Levis Vater. Im Radio hat er eine Sendung. Am liebsten spricht er über das, was er am liebsten macht: Kochen und Essen. Zuletzt war der *Lüfer* dran, der Blaubarsch. »Was Istanbul angeht«, sagt er mit einem Gackern, »da bin ich Chauvinist: Nirgends schmecken die Fische so gut wie aus dem Bosporus.« Manchmal geht er abends an die Küste und blickt hinüber nach Europa, wo die Abendsonne Paläste und Moscheen erglühen lässt. Natürlich, sagt er, liege da drüben, auf der anderen Seite, der schönere Teil der Stadt. »Aber nur uns hier ist es vergönnt, diese Schönheit abends im Sonnenuntergang zu sehen.«

Diese Stadt, dieses Land, sie verlangen manchmal viel von einem. 2007 brachte eine Bande türkischer Nationalisten Levis Freund, den armenisch-türkischen Journalisten Hrant Dink um, auf offener Straße, mitten in Istanbul. Hrant Dink hatte für Versöhnung zwischen Türken und Armeniern geworben, dabei so manches Tabu gebrochen. Genickschuss. Die Dinge, sagt Mario Levi, sie laufen nicht immer so, wie er sie gerne hätte. »Aber ich bin optimistisch«, sagt er dann. »Ich will optimistisch sein.«

Pause.

»Ich sollte optimistisch sein.«

Bleigrau

Eine Stadt der Winde. Der *Karayel*, bitterkalt, der aus dem Nordwesten, den der Dichter wie eine Sense über die Küste streichen lässt. Der *Poyraz*, der aus dem Nordosten, der im Verein mit der Strömung den Seeleuten aus dem Mittelmeer für Jahrtausende die Passage durch den Bosporus hinauf ins Schwarze Meer verwehrte. Heute ein willkommener Gast, er verschafft den Istanbulern ersehnte Kühlung im drückenden Sommer. Bläst ihnen den Schleier von den Augen, lässt die Kontinente einander näher rücken, mit einem Mal scheinen die nächtlichen Lichter auf der anderen Seite wie mit dem Laser in die Uferhänge graviert, so frisch und klar. Der *Poyraz*. Fischer nennen ihre Boote nach ihm, mancher seinen Sohn.

Lodos heißt kein Boot und kein Mann in dieser Stadt. *Der Sturm. Der Lodos. So heftig. So heiß.* Den Gefangenen Nazım Hikmet hat der *Lodos* in seiner Zelle erwischt, er hat ihm diese Verse abgerungen. Der Türken größter Dichter, dieser Nazım Hikmet, ein Kommunist dazu. *So heftig. So heiß.* Er attackiert aus dem Südwesten, der *Lodos*. Macht die Katzen räudig, dieser Wind, lässt Scheiben bersten und eingesperrte Männer platzen vor Sehnsucht und Geilheit. *In der Luft / der Duft weiblicher Haut / die Hitze praller Eierstöcke.* Er macht das Meer verrückt und die Leute dazu, der *Lodos*. Es heißt, den Kadis, den Richtern der Osmanen, sei es einst untersagt gewesen, bei *Lodos* ein Urteil zu fällen. Er bläst einem den Verstand aus, türmt hoch wie ein Minarett die Gischt an der Küste. Die Schiffe liegen dann still. Viele Menschen auch. Den einen schmerzen Kopf und Glieder, die anderen spüren Schwindel und Übelkeit, manch einer wittert gar den »säuregefüllten Atem sündiger Toten«.

Der *Lodos* aber schwemmt nicht nur Gram und Tang, nicht nur Migräne und tote Quallen ans Ufer. Er bringt auch den Duft der See in die Stadt, legt das Salz des Meeres auf Haut und Lippen. Am Morgen nach einem Sturm, wenn der Tag anbrach und das Wasser klar bis auf den Grund dalag, zogen einst die *Lodos*-Läufer los, spähten mit scharfem Auge nach angespültem Strandgut, das sich verkaufen ließ. Hofften auf das Glück jenes armen Fischers, der, so will es die Legende, einst hier den berühmten *Kaşıkçı*-Diamanten fand, den größten Edelstein in der osmanischen Schatzkammer. Schworen sich, es klüger zu machen als jener Fischer, der seinen Fund gegen drei Holzlöffel tauschte.

Ein launischer Eindringling ist dieser Wind, der Regen und Nebel bringt und Schwermut und Trauer zurücklässt. Die Schiffe nahmen vor dem *Lodos* früher Zuflucht im sicheren Hafen des Goldenen Horns. Und die Menschen? *Das Herz ein großes schwarzes Loch.* Die unvergleichliche Sezen Aksu ruft in ihrem Chanson »Istanbul Istanbul olalı« den Lodos herbei für ein Mädchen, das auf einem Felsen am Bosporus liegend den Verrat ihres Geliebten beweint. *Ich brauch jetzt einen Lodos und ein Ruder.* Den Schmerz zerreißen, ertränken. *Ah! Istanbul hat solche Gram nicht gesehen / Seit es zu Istanbul wurde.*

Fliehen

Zuerst kommen die Störche. Wenn sie sich vom Himmel herablassen, Tausende von ihnen, und wie jedes Jahr für ein paar Tage rasten auf den Inseln, dann ist das ein Zeichen. Es wird wärmer. Ein paar Wochen später beginnen die jungen Frauen aus Bebek und Ortaköy, ihre leichten Kleider am Bosporus spazieren zu tragen. Und irgendwann ist es dann so weit: Das erste Foto von Eda Taşpınar erscheint. Eda Taşpınar ist eine zeitlos Schöne, von der, wie bei den Störchen, keiner so genau weiß, woher sie kommt und wohin sie geht. Jahr für Jahr erscheint sie wie aus dem Nichts auf den Titelseiten, wo sie dann, sich in knappen Bikinis auf Liegestühlen räkelnd, die nächsten Monate verbringt. Sie liegt und sie räkelt. Eda Taşpınar ist kein Model und keine Sängerin, sie ist einfach nur braun gebrannt und da, und der Zweck ihres Daseins ist es, den Istanbulern zu verkünden: Es ist Sommer.

Und dann fällt es auch dem Letzten auf: Die Fischer fahren nicht mehr aus, weil die Schonzeit für die Fische begonnen hat. Die schicken Istanbuler Clubs sind umgezogen an die Ägäis. Die Fernsehkanäle senden ihre Shows nur noch aus Bodrum. Der Klang der Stadt ist ein anderer. Das Knattern der Straßenbagger hat das Kindertoben abgelöst. Denn wenn der Sommer einzieht, zieht Istanbul aus. Drei Monate fast dauern die Schulferien. Drei Monate, in denen die Stadt eine andere ist, mit einem Male leer und entspannt. Monate ohne Stau sind das, ohne Kinder und ohne Frauen. Zurück bleibt eine Männerstadt, denn nicht alle haben drei Monate Urlaub, die meisten Männer müssen weiter arbeiten und Geld verdienen und ihre Geliebten ausführen. Aus Athen kommen die Griechen, füllen die leere Stadt auf der Suche nach ihrem alten Konstantinopel, vom Golf die Araber, auf der Suche nach Shopping-Malls und Raki. Und die Istanbuler, wo sind die hin?

Fliehen ans Wasser. Die einen stürmen die Ägäisflieger nach Bodrum und Marmaris, nicht Antalya, Gott bewahre, viel zu heiß, da muss man schon Russe oder Deutscher sein, um das auszuhalten. Die anderen aber eilen zum Schiffsanleger. Wie seit hundertsechzig Jahren. Warten auf die mächtigen Fähren aus Eisen und Stahl. Drinnen Pyramiden duftender Sesamkringel, Matrosen, die für umgerechnet 25 Cent starken Tee in Tulpengläsern servieren. Pärchen schmusen, einige lesen Zeitung, viele sind eingenickt. Koffer und Säcke voller Proviant türmen sich im Gang, die meisten müssen ohnehin stehen. Eine Fahrt von knapp einer Stunde nur. Das Schiff wird das Stadtgebiet von Istanbul nicht verlassen, aber es ist eine Fahrt in eine andere Zeit, in eine andere Welt.

Kınalıada, Burgazada, Heybeliada, Büyükada. Trauminseln. Albtrauminseln. »Willkommen auf den Inseln der Kerker und der Folter«, wird uns später eine unserer Gastgeberinnen begrüßen. »Willkommen an einem magischen Ort, wo jeder Stein und jedes Haus vor Geschichten platzen.« Die Prinzeninseln. Hundertsechzig Jahre. So lange ist das noch nicht, dass die Menschen freiwillig hierherkommen, dass sie ein kleines Vermögen bezahlen, um hier ein Haus zu besitzen. Byzantinische Prinzen, von der eigenen Mutter geblendet, wurden hierher verbannt, machtgierige Kaiserinnen in Klöstern entsorgt, missliebige Patriarchen in Kellergewölbe gesperrt. Noch die Jungtürken schickten nach ihrer Revolution hier die Straßenhunde Istanbuls ins Exil, und nicht lange danach fand sich hier Leo Trotzki ein und schrieb auf Büyükada, der größten der Inseln, an seiner »Geschichte der russischen Revolution«.

Ein Ort des Exils war das also, aber vielleicht ist es zu früh, um in der Vergangenheitsform zu sprechen. Ein Abend in einem der Fischrestaurants nahe der Anlegestelle. Schriftsteller, Jounalisten, Fernsehleute. Erzählen sich von den Zeiten nach dem Militärputsch 1980, als die Cafés von Istanbul von Spitzeln wimmelten und sie sich zum konspirativen Picknick in den Wäldern der Insel trafen. Der Filmemacher erzählt, wie er nach Deutschland floh. Der Journalist, wie sie ihn im Gefängnis misshandelten. Der Hagere, der beim »Revolutionären Weg« war, vom Hungerstreik im Kerker: »Du bist der Dünnste«, beschlossen seine Genossen, »wenn du stirbst, brechen wir ab.« Er lacht laut. Es ist ein fröhlicher Abend. Raki. Geräucherte Aubergine, gefüllte Weinblätter, marinierter Oktopus. Mehr Raki. Gegrillter Seebarsch, Dorade. Und noch eine Flasche. Alle hier sind heute erfolgreiche Autoren oder Redakteure, haben gute Jobs bei angesehenen Zeitungen und Fernsehsendern. Am Ende des Abends die unschuldige Frage: Glaubt hier am Tisch eigentlich noch jemand an den Sozialismus? Erschrockene Pause. Dann ein kollektiver Aufschrei: »Ich!«, »Natürlich!«, »Was denkst du denn?« Der Alte am Tischende: »Und wenn ich zehnmal geboren werde!« Linke und Liberale auf Sommerfrische, ein kleines Häuflein Unbeirrter in einem zutiefst konservativen und nationalistischen Land – und heute Abend glücklich.

Hier haben die Istanbuler die Sommerfrische gelernt, und hierher fliehen sie noch heute aus ihrer chaotischen, lärmenden Stadt. Die Prinzeninseln sind ein Wunder. Sind Istanbul und doch sein Gegenteil. Mit dem Schnellboot ist man hier in dreißig Minuten. Und schon beim Betreten des Landungssteges verlangsamt sich der Schritt. Um den ersten Schrei am Morgen streiten sich hier Hahn und Möwe. Hier tun die Istanbuler Dinge, die ihnen in der Stadt im Traum nicht einfallen würden. Fahrrad fahren. Mit dem Möwenschrei aufstehen. Durch den Wald streifen und mit jedem Schritt neue Gerüche einsaugen: Oregano, Rosmarin, wilder Wacholder. Es gibt keine Autos auf den Inseln. Kann sich das einer heute überhaupt noch vorstellen: ein Ort ganz ohne Autos? Wenn hier auf der Terrasse unter Zypressen die letzten Gläser Wein getrunken und die Abschiedsworte gesprochen sind, dann sagt die Gastgeberin: »Ich rufe Ihnen eine Kutsche.« Und dann ruft sie eine Kutsche, und bald hört man klappernde Pferdehufe auf dem Asphalt. Im »Hotel Splendid« auf Büyükada hat schon Republikgründer Atatürk Bälle gegeben. Der Direktor zeigt stolz das alte deutsche Silber. Im Kartenzimmer sitzen bejahrte Damen mit krummen Rücken, hochtoupierten Frisuren und wachem Blick bei Tee und Zigarette um den Kartentisch, und es ist, als säßen und schwiegen sie hier schon seit hundert Jahren. »Manchmal schaut nachts der verstorbene Pascha vorbei und inspiziert sein Haus«, flüstert der Direktor und macht eine Kunstpause. »Dann unterhalten wir uns.« Die gedämpften Gespräche, das Traben der Pferde, die Straßenszenen wie in Zeitlupe, die luftigen, heiteren Holzhäuser gehüllt in den Duft von Oleander, Geißblatt, Bougainvillea, Rosen und Jasmin – die Inseln sind ein Freilichtmuseum, ein Echo der Vergangenheit. Und das liegt auch an den Menschen, denn hier und nur hier findet man noch das kosmopolitische Istanbul, das immer auch eine Stadt der Griechen, Juden und Armenier war, bevor der nationalistische Wahn dem ein Ende machte.

Die Inseln führen zwei Leben. Eines im Winter und eines im Sommer. Im Winter leben hier fünfzehntausend Menschen. Im Sommer zehnmal so viele. »Der Sommer überwältigt uns«, sagt Bürgermeister Mustafa Farsakoğlu. Es explodiert die Zahl der Istanbuler, die in ihre Häuser und Wohnungen hier ziehen. »Dazu kommen an manchen Wochenenden hunderttausend Tagesbesucher – unsere Infrastruktur aber ist gerade mal für zehntausend ausgelegt.« Neun Inseln sind es, fünf davon bewohnt. Gerade mal achtundsechzig Beamte arbeiten für alle Inseln, gerade mal fünfzehn Ordnungsbeamte patrouillieren Strände und Straßen. Seine Gemeinde kriege kein Geld von Ankara, sehe keinen Cent von den Touristen und ersticke unter Schulden, fünfmal so hoch wie ihr Budget, resümiert der Bürgermeister. Und gerade als man ihm herzliches Beileid wünschen möchte, da strahlt er und sagt: »Ich habe den schönsten Bürgermeisterposten der ganzen Türkei.«

Die Klage über den Lauf der Zeit haben sie hier lange geübt. »Diejenigen, die die Inseln kennen, wie sie noch vor fünfzehn Jahren waren, werden heute vergeblich die friedliche Stille und Einsamkeit suchen, die sie hier jedes Jahr fanden auf ihrer Flucht vor dem Lärm und dem Tumult der Stadt.« Das schrieb einer 1862. Bis heute ist »*Bozuldu. Çok bozuldu!*« ein Seufzer, der einen hier auf Schritt und Tritt verfolgt: »Alles geht den Bach runter...« Der Buchhändler zum Beispiel: »Früher trugen alle Krawatte, wenn eine Fähre ankam.« Und heute? »Bohrt sogar der Zahnarzt mit der Zigarette im Mundwinkel.« Der Gastwirt: »Früher tummelten sich hundertvierunddreißig Fischarten vor den Küsten. Jetzt sind es keine zwanzig mehr.« Die Museumskuratorin: »Früher haben die Inseln Blumen und Obst in die Stadt geliefert, heute muss die Stadt die Inseln versorgen.« Und so geht das fort: viele alte Häuser abgerissen, öffentliche Strände, die seit Neuestem Eintritt verlangen. Die häufigste Klage aber ist die über die Zuwanderer aus Anatolien, und darin sind die Inseln ein Spiegel der Stadt. Der Sportclubdirektor: »Früher lebten hier Handwerker und Künstler und die feinen griechischen Herren, von denen wir gelernt haben, wie man gute Geschäfte macht, ein guter Mensch ist und ein guter Rakitrinker wird.« Heute hingegen die Anatolier: »Wir versuchen ja, sie zu erziehen: Red nicht so laut. Fluch nicht. Spuck nicht. Aber heute sind wir die Minderheit.«

Am eindrücklichsten singt dieses Lied Ahmet Tanrıverdi, der Wirt und Autor. Er trägt am Schopf einen langen weißen Zopf und im Gesicht die Verachtung für »die aus dem Osten«. *Fıstık Ahmet*, Pistazien-Ahmet, wie sie ihn hier seiner grünen Augen wegen nennen, ist Lokalprominenz, er hat mehrere Büchlein über die Inseln geschrieben. »Früher«, hebt Ahmet also an, »früher waren hier sogar die Pferde edler.« Die Pferde? »Wie waren die gepflegt und gestriegelt damals...« Die Pferde also: »Heute stinken alle, Die Tiere, der Kutscher und die Gäste.« Ahmet Tanrıverdis Vater kam übrigens selbst aus dem Osten. Er traf 1944 auf der Insel ein, fing hier als *Bakkal* an, als Krämer. »Und er trug immer Krawatte.« Ahmet Tanrıverdi sitzt in seinem Restaurant an der Uferpromendade, trägt T-Shirt, kurze Hosen und Schlappen und klopft ab und an einer Richtung Theke vorbeilaufenden Bikinischönheit auf den halbnackten Hintern. Er seufzt, lehnt sich zurück. »Sehen Sie sich die Leute an«, sagt er und deutet auf die vorüberflanierenden Touristen: leicht bekleidete Badende, Familien aus den asiatischen Vororten Istanbuls, tief verschleierte Araberinnen. »Ein Museum der Schande ist das heute hier. Feine Menschen waren das damals, gebildet und kultiviert. Aber man hat sie ja vertrieben, die Griechen.«

Die Griechen. Haben heute noch ihre Klöster auf den Inseln. Sankt Georg auf Büyükada, in dessen Garten auf der Spitze des Berges man bei einem Glas Tee, bei einer Flasche Wein den schönsten Blick auf das Marmarameer und das nach Asien hineinwuchernde Istanbul hat. Haben ihre Kirchen. Die der heiligen Jungfrau Maria etwa, wo jeden Sonntag die Messe gelesen wird. Alte Frauen, die im Vorraum ein paar Kerzen anzünden und die Ikone des heiligen Nikolaus zweimal küssen und dann auf den hohen, harten Bänken Platz nehmen, sich mit chinesischen Fächern etwas Kühlung verschaffend. Alte Männer, die dieselben Liturgien singen, die in dieser Stadt schon seit eineinhalb Jahrtausenden gesungen werden. Der Messdiener, Mikail Paşa, ein arabischer Christ, erst 1978 aus Antiochien hierhergezogen, seither dient er der Kirchengemeinde als Hausmeister, Messdiener und Totengräber in einem. Erst unlängst hat er sich wieder die Sterbebücher angesehen: »Als ich ankam, zählte unsere Gemeinde noch fünfhundert Mitglieder. Seit ich hier bin, habe ich fast dreihundert beerdigt.« Als Mikail Paşa auf die Inseln kam, um hier den Buchladen an der Anlegestelle zu übernehmen, hatte die griechische Volksschule noch fünfzehn Schüler. Heute sind es noch drei.

Die Inseln sind heute wieder stolz auf ihren Völkermix. Auf die Armenier und Syriani von Kınalı, die Juden von Burgaz, die Griechen von Heybeli und Büyükada. Auch Türken pflegen hier eine Minderheitennostalgie. An kaum einem anderen Ort in der Türkei wird man einen kurdischen Wirt finden, der seinen türkischen Vornamen Ismet gegen den griechischen Yorgo eingetauscht hat und obendrein stolz jedem erzählt, der es hören möchte, dass seine Vorfahren höchstwahrscheinlich Armenier und keine Kurden waren. Bezeichnend für die Türkei, dass sich Wirt Yorgo ob seines Vornamens vom – ebenfalls kurdischen – Inselpolizisten vor zwei Jahren erst böse verprügeln lassen musste (»Verräter! Bist du ein Missionar? Ein Spion?«). Bezeichnend für die Inseln, dass der Polizist umgehend strafversetzt wurde. Yorgo hat seiner Taverne selbstredend einen griechischen Namen gegeben (»Barba Rinni«), so wie auch Pistazien-Ahmet sein Lokal auf den alten Namen von Büyükada getauft hat: »Prinkipo«. Und die Uferpromenaden egal welcher Insel werden Tag und Nacht beschallt mit griechischem Rembetiko vom Band. »Ich bin einfach mit der griechischen Geschichte verbunden«, sagt Ahmet Tanrıverdi. »Außerdem«, fügt er hinzu, »lässt sich der Klang griechischer Mythen gut vermarkten bei den Touristen.«

Das kleine Häuflein verbliebener echter Griechen trägt Bitterkeit in sich. Man hat ihr Volk hier weggeprügelt. »Wir haben hier eine Geschichte von mehr als zweitausend Jahren«, sagt der ehemalige Schuldirektor, der seinen Namen nicht verraten möchte. »Und dann haben sie uns auf den Müll geworfen wie einen alten Lumpen.« Inseln der Verbannung. »Es gibt nicht nur das Exil auf der Insel, es gibt auch das Exil von der Insel«, sagt Nadire Mater, eine türkische Schriftstellerin, die seit ein paar Jahren ihre Sommer auf Büyükada verbringt. Sie hält das neuerdings wieder oft zu hörende Gerede vom harmonischen Miteinander der Völker für verlogen: »Die Juden hier, die Armenier, sie sind immer noch misstrauisch und vorsichtig. Und wer könnte es ihnen verdenken? Heute tönen einige Türken wieder, wie sehr sie ihre Griechen lieben – aber die Griechen sind längst weg. Und frag dieselben Leute mal nach den Armeniern: Da verstummen sie. Armenier nämlich leben immer noch viele in unserem Land, in unserer Stadt.« Sie nimmt einen Zug an ihrer Zigarette. »Sieht so aus, als könnten wir unsere Minderheiten erst lieben, nachdem wir sie in die Flucht getrieben haben.« Auch Kezban Hatemi ist Türkin, eine bekannte Rechtsanwältin, die für die Rechte der Minderheiten kämpft. Sie ist Beraterin des Patriarchen Bartholomäus, vertritt die christlich-orthodoxe Gemeinde bei ihren großen Prozessen gegen den türkischen Staat. Hatemi hat sich auf Büyükada eine Villa gekauft, die bis 1929 einem griechischen Kaufmann gehörte. Sie sagt, sie habe peinlichst genau darauf geachtet, dass sie an keines der vielen Häuser geriet, das einem vertriebenen Griechen weggenommen wurde. »Und doch konnten wir die erste Nacht nicht einschlafen, ich und mein Mann. Uns war, als sei da noch der Geist des ersten Besitzers«, erzählt sie. »Irgendwann mitten in der Nacht standen wir auf, wuschen uns und beteten gemeinsam für alle, die vertrieben wurden. Dann schliefen wir erleichtert ein.« Sie schenkt Tee nach. »Wir haben unser Wissen, unsere Kultur und unsere feine Küche mit den Griechen weggeschickt.« Sie blickt über den Garten des herrschaftlichen Hauses. Die Palmen, die Linde, um die sich ihr zweijähriger Enkel kreischend vom Gärtner jagen lässt. »Die Schönheit der Inseln überdeckt das alles. Aber es bleibt eine Traurigkeit, die spüre ich jede Minute.«

Ende August kommen die Störche wieder auf die Inseln. Auch das ein Zeichen. Eda Taşpınar hat ausgeräkelt, verschwindet von den Titelseiten. Kinder werden wieder ruhiger, denn Mütter beginnen, von der Schule zu sprechen. Es geht zurück in die Stadt. Fast schüchtern kehren sie heim, die Istanbuler, tragen noch einige Wochen die Ruhe und die Gelassenheit des Sommers in sich. Die besten politischen Krisen lassen ohnehin noch bis zum Oktober auf sich warten, sie kommen mit den ersten großen Regenfällen. Dann ist auch wieder Zeit für miese Entdeckungen, dann schaffen es die neuesten Umfragen in die Zeitungen, wonach die Türken sich wieder einmal zu den unglücklichsten Völkern der Welt zählen. Vielleicht hätten sie einfach an der Küste, auf den Inseln bleiben sollen. »Wenn im Winter hier Schnee fällt«, sagt Sportclubdirektor Bülent Baviker, und seine Augen leuchten, »dann bleibt der auch dann weiß, wenn er am Boden liegt. Können Sie sich das vorstellen?« Er ist einer vom Häuflein derer, die auch den Winter auf der Insel Heybeli verbringen. Im Jahr sagt er, mache er sich nur zwei oder drei Mal auf den Weg in die dreißig Minuten entfernte Stadt: auf ein Amt, auf eine Beerdigung. »Istanbul? Was soll ich denn dort?«

Trotzen

Eine Leiche im Schilf. Eine im Bosporus. Eine im Belgradwald. Die Kehlen aufgeschlitzt. So beginnt Perihan Mağden einen Roman über die Liebe. »Nein, über den Tod«, sagt Perihan Mağden. Über so verlogene und öde Dinge wie die Liebe schreibe sie nicht mehr. Tut sie natürlich doch. In »Zwei Mädchen«, ihrem Roman über Teenager in Istanbul, schreibt sie über die junge Studentin Behiye, die in Wut, Verzweiflung und Trauer zu ertrinken droht, bis ihr Rettung zuteil wird. Und Schönheit. Und Liebe. Das Skalpell in ihrer Tasche aber hält Behiye stets fest umklammert: Ihr Schutz gegen die Welt. Gegen die Männer. *Wer Macht hat, ist schlecht.*

Perihan Mağden lässt gerne Menschen sterben. Das ist so seit den »Botenkindermorden«, ihrem ersten Roman, in dem es über die Istanbuler heißt: »Diese stumme Zuversicht, man könne alles Böse durch hartnäckiges Schweigen vorüberziehen lassen, habe ich nie verstanden.« Perihan Mağden ist eine zornige Frau. Es ist kein blinder, es ist ein gerechter Zorn. Auf die Macht und ihre Diener. Auf die Politik und die Medien und die, die zu allem nicken. Auf die Gehirnwäscher. Die Vergewaltiger des gesunden Menschenverstandes. Die in diesem Land das Groteske zum Normalen erklären und die Normalen für verrückt. »Soll ich etwa nicht zornig sein an diesem Ort, wo alle so höflich, so milde, so liebenswürdig tun?« Nein, dies ist ein Ort und dies sind Zeiten, da eine zum Himmel schreien muss. Schon um selbst nicht durchzudrehen. Und wenn dabei welche zuhören, wenn sie applaudieren, wenn sie mit faulem Obst werfen – umso besser. Was für ein Ort. Perihan Mağden hat einmal Psychologie studiert, sie nennt Istanbul schizophren: »So schwer zu entziffern, so bitter und so süß, so widerlich und so tröstend.« Eine chaotische, dunkle Stadt, die aus allen Nähten platzt. Manchmal fällt ihr das ein zu Istanbul: klaustrophobisch, laut, bedrückend. Dann wieder das: maskulin, macho, ausfallend. Und doch: »In Istanbul verliebt man sich wie in einen Straßenköter. Ein Blick, ein Blick genügt. Ins Auge.«

Ihre Fans halten Perihan Mağden für die beste, auf jeden Fall aber die aufregendste Schriftstellerin der Türkei. Mağden schreibt nicht nur Romane, lange Jahre schrieb sie auch Kolumnen. Über die Sex Pistols. Über Vergewaltiger. Über die türkischen Verfassungsrichter, die sie mit Nazijuristen vergleicht. Über Istanbuler Rapper. Über Schwule und Lesben. Über die Herren Kolumnistenkollegen (»hirnlose Idioten«). Über schmierige Schlagerstars. Über die türkischen Männer (»Muttersöhnchen«). Über die Armee: »Nein, meine Herren, nicht alle Türken werden als Soldaten geboren.« Perihan Mağden irritiert. Perihan Mağden regt auf. Bewunderer wie Schmäher. Im »Sauren Wörterbuch« sind ihr mehr als drei Dutzend Seiten gewidmet – Schriftstellerinnenrekord. »Egobombe«, schimpft sie einer. »Wäre sie jünger, ich würde ihr einen Antrag machen«, schwärmt ein anderer.

Perihan Mağden schrieb in »Radikal«, der Frühstückslektüre der Istanbuler Intelligenzia. Nicht wenigen Lesern war Perihan Mağden der Grund, die Zeitung zu kaufen. An guten Tagen hatten ihre Kolumnen die gleiche Wirkung wie ein Glas Eiswasser, das einem ins Gesicht gekippt wird: Wacher geht nicht. Perihan Mağden besitzt die Gabe, ihre Eruptionen in kurze, stählerne Sätze zu gießen, die einerseits auf die täglichen Grotesken herabsausen wie ein Fallbeil und andererseits ihre Muttersprache um geschliffene Gemeinheiten und geniale Sprachspielereien bereichern. Mal enthauptet sie die Heuchler, Demagogen und Schmierenkomödianten mit der rhetorischen Guillotine, mal vernichtet sie mit einem beiläufigen Nebensatz. Nicht nur Orhan Pamuk bewundert ihre Intelligenz, ihren Mut, ihren »dämonischen Witz«; Pamuk gestand, er sei »süchtig« nach ihren Kolumnen. Perihan Mağden wird gefürchtet. Geliebt. Und verfolgt.

Gegen Ende ihrer Zeit als Kolumnistin hatte sie ein knappes Dutzend Prozesse am Hals. Beleidigungsklagen, Politisches. Auch Perihan Mağden stand schon wegen des berüchtigten 301 vor Gericht, jenes Paragrafen, der bis zum April 2008 die »Verunglimpfung des Türkentums« unter Strafe stellte. Oder wegen »Entfremdung des Volkes vom Militär«. Weil sie in einem Artikel das Recht auf Kriegsdienstverweigerung einforderte. »Sie zeichnen die Türkei auf dem Weg in die EU als einen Rosengarten ohne Dornen«, sagte der ultranationalistische Anwalt und Kläger Kemal Kerincsiz anlässlich des Verfahrens gegen Mağden. »Wir aber werden daraus einen Garten voller Dornen machen.« Jeder einzelne Verhandlungstag war ein Spießrutenlauf durch einen hasserfüllten nationalistischen Mob. »Sie schreien, sie fluchen, sie schimpfen mich Hure. Noch im Gericht. Und die Polizisten schauen zu«, sagte Perihan Mağden. »Sie wollen einen einschüchtern, mundtot machen.«

Und trotzdem tauchte sie nach Morddrohungen nicht ab wie Orhan Pamuk, flüchtete nicht in blumige Sufimystik wie Elif Shafak. Nachdem Perihan Mağden vom Vorwurf der »Entfremdung des Volkes vom Militär« freigesprochen wurde, ging sie nach Hause, setzte sich hin und schrieb eine neue Kolumne, Titel: »Kriegsdienstverweigerung heute«. Prompt kassierte sie die nächste Klage.

Sternzeichen Jungfrau. Abergläubisch. Obsessiv. Immer ihre Grenzen austestend. »Ein freier Mensch in einem Land der Unfreien«, so beschreibt sie sich selbst.

Perihan Mağden ist aufgewachsen als Tochter einer alleinerziehenden Mutter. Da war kein Patriarch in der Familie. Und mit elf Jahren besuchte sie keine normale türkische Schule, sondern das englischsprachige Robert's College. »So entging ich der Militarisierung und der Gehirnwäsche des türkischen Systems und hatte das hier so seltene Glück, als Individuum groß zu werden.« Nach der Schule reiste sie fast drei Jahre durch Asien, arbeitete in der Werbung, ging nach New York, bevor sie ihren ersten Roman schrieb. »Ich kann sonst nichts. Nicht mal Auto fahren.« Aber schreiben. Und wie. Ihrem Spott entgeht keiner. Nicht die heilige Armee, nicht der Chefredakteur der mächtigen »Hürriyet«, nicht der berühmte Pianist, der wie so viele aus der Istanbuler Elite verkündet, er habe Angst vor der islamischen Regierungspartei, sie treibe die Türkei zurück ins Mittelalter. »Diese sogenannten Säkularen. Die halten sich für die goldenen Richter. Die Herren des Landes seit Anbeginn der Republik. Die schauen auf die Anatolier in der Politik und sagen: ›Wir sind doch die schönen Türken. Wir gehen ins Ballett. Wir hören klassische Musik. Wir sollten regieren. Nicht diese schmierigen Bauern. Wie können sie es wagen!‹ Also suchen sie Schutz bei der Armee und arbeiten gegen die Demokratie.« Perihan Mağden trägt kein Kopftuch. Sie ist eine Linke. Sie ist Feministin. Sie ist Atheistin. Und trotzdem: Als die konservative Regierungspartei AKP wegen angeblicher islamistischer Umtriebe verboten werden sollte, stellte sich Perihan Mağden vor die Partei. »Weil ich Demokratin bin.«

Wie viele Demokraten, Frau Mağden, gibt es denn in der Türkei? Sie lächelt. »Vielleicht zwölf. So viele wie Jünger Jesu. Dann ziehen sie noch Judas, den Verräter, ab. Bleiben elf.« In den »Botenkindermorden«, einem Roman, der bei Raymond Chandler ebenso Anleihen nimmt wie bei Franz Kafka und beim Lebensbornprojekt der Nazis, sagt einer zum Protagonisten: »Sie sind intelligent, misstrauisch und menschenscheu. Ihr Einsiedlertum macht Sie frei.« Perihan Mağden meidet ihre Kollegen, hält sich fern vor allem von der in der Türkei so mächtigen Kaste der Kolumnisten, die die Zeitungen beherrschen, weil hier Meinung zählt, nicht Fakten. »Dieser Brutkasten der Macht. Hocken zusammen und stecken einander an mit ihren Ideen wie mit Krankheiten.« Sie wird auch nicht mehr eingeladen. Perihan Mağden ist eine freundliche, witzige Gesprächspartnerin, aber wenn sie Dummheit oder zur Schau gestellter Macht begegnet, beginnt sie hörbar zu schnauben. Das hat ihr den Ruf eingebracht, ein feuerspeiender Drache zu sein. Selbst bei Fans.

Das Istanbul ihrer Kindheit sei »ein Märchenland« gewesen, sagt Perihan Mağden. Im Sommer jeden Tag zum Schwimmen an den Bosporus. Im Winter Schneemänner im eigenen Garten. Sie lässt ihre »Zwei Mädchen« das Istanbul ihrer Jugend erleben: den Campus der Bosporus-Universität hoch über dem Wasser und der alten Burg von Rumeli Hisari. Die Promenade mit ihren alten Villen und den Cafés, von Arnavutköy, dem Wohnort der Autorin, bis hoch nach Yeniköy, da ist es dann schon nicht mehr weit zum Schwarzen Meer. Ihre Mädchen bestaunen den alten Friedhof neben der Burg, die Inschriften, mit denen sich die Hinterbliebenen von ihren Verstorbenen verabschieden. »Meine Familie liegt dort begraben«, sagt die Autorin. »Als Studenten haben wir uns dort betrunken.« Und wenn das Glück zu groß wird, treibt eine Leiche vorbei. Im Buch.

Perihan Mağden ist hier geboren. Ihre Mutter ist hier geboren. Die Familie der Großmutter diente im Palast. Die eine Hälfte des Clans breitete fünfmal am Tag den Gebetsteppich vor dem Sultan aus, die andere versorgte die Palasttiere. »Meine Eltern ließen sich scheiden. Ich bin geschieden. Ziehe meine Tochter alleine groß. Niemals würdest du einen solchen Lebenslauf in Anatolien finden.« Istanbul, sagt Perihan Mağden, sei eigentlich ein Stadtstaat. Unabhängig. Losgelöst vom Rest des Landes. »Ich bin ein Geschöpf Istanbuls, seines Essens, seiner Straßen, seiner Sprache. Ich bin keine Türkin, ich bin Istanbulerin.«

Perihan Mağden ist selbst alleinerziehende Mutter einer Tochter im Teenageralter. Leicht kann so ein Leben nicht sein. Ihre letzten beiden Bücher waren Bestseller in der Türkei, aber sie lässt sich viel Zeit mit ihren Romanen, da wird man nicht reich.

Istanbul ist die blutige Heldin in allen Büchern von Perihan Mağden. »Endlich durchschnitt die Wintersonne die Dunkelheit, wie ein gezücktes Messer.« Der erste Satz ihres Romans »Zwei Mädchen«, jenes Buches über die Liebe, das sie selbst für eines über den Tod hält. In einem besonders maliziösen Kapitel stolpern zwei Jogger im Wald über eine Leiche. Ein goldenes Istanbuler Paar mit einem Golden Retriever, jung, schön, reich, sicher in der Rolle, die es zu spielen hat. Ein Paar, das sich im morgendlichen Lauf den Leuten um sich herum – Verlierer allesamt – »maßlos überlegen, fit und schön fühlte«. Dann führt sie ihr stolz hechelnder Golden Retriever zu der Leiche – und in wenigen Momenten bricht ihr ganzes Leben zusammen: »Sie weint und übergibt sich: zweieinhalb Jahre Arbeit für die Katz! Für dieses Jahr waren Hochzeit und Baby geplant. Jetzt wird sie nicht einmal mehr seinen Kopf streicheln können. Nicht seine Hand halten.« Eleganter kann man sie nicht vernichten, jene Privilegierten, von denen die Türkei so voll ist, die den anderen mit Verachtung, auch mit Brutalität begegnen. »Vielleicht«, sagt Perihan Mağden, »denke ich mir all die Morde aus, weil ich selbst keine begehen darf.«

Perihan Mağden liebt Beşiktaş, jenen Menschenumschlagplatz, wo die Stadt noch rau ist. Am besten, sagt sie, man geht dort zur Patisserie »Hakan« und setzt sich auf einen der weißen Drahtstühle aus den Sechzigern. Dort, wo im Roman

Behiye die schöne Handan zum ersten Mal sah. Ein Blick nur. So sind sie, die Straßenköter und die Straßenmädchen von Istanbul: *Sie blicken zurück. Sie locken. Sie packen deinen Blick. Du fällst. Sie laufen. Sie laufen weg. Du jagst sie. Verzweifelter. Jäger.*

Jadegrün

Luft, Licht, Sommer, *Yalı*. Heitere und luftige Paläste der Reichen und Edlen. Die osmanischen Prinzen, die griechischen Bankiers, sie flohen schon vor zwei Jahrhunderten vor der drückenden Sommerhitze in ihre Yalı, in ihre Ufervillen. Die Höflinge warteten alljährlich auf das Zeichen des Sultans, dann beluden sie ihre prächtigen *Kayık*, die schlanken Boote, und machten aus dem Umzug ein Fest. Einen Bootsanleger hatte jedes Haus und einen prächtigen Garten den Hügel hoch. Das Holz schützte vor der Sonne und ließ doch die kühle Brise durch, die der *Poyraz* vom Nordosten brachte. Selbst die Fenster waren anders als in den Stadthäusern, erlaubten das Spiel mit dem Licht: stufenlos regulierbare, innen hell gestrichene Fensterklappen, die das vom Wasserspiegel reflektierte Licht einfingen und ins Innere weiterreichten. Die Bootsanleger sind vielerorts der Uferstraße zum Opfer gefallen. Die Gärten gibt es immer noch: Päonien, Oleander, Hortensien, Bougainvillea, Rosen, Lavendel, Khakis und Maulbeeren. Gar nicht einfach zu pflücken, die Maulbeeren: Einer schüttelt den Baum, die anderen halten ein aufgespanntes Leintuch darunter. Im Frühjahr ein betäubender Duft und ein betäubender Anblick, dann, wenn die Explosion der Judasbaumblüten an den Hängen links und rechts den Bosporus dunkelrosa einsäumt. *Yalı* kommt vom griechischen *Gialos*, zu Deutsch »Ufer«. Dort, wo die Uferstraße hinter den *Yalı* verläuft, stehen sie noch heute direkt am Wasser: Der Bosporus kennt keine Ebbe und Flut. Hochwasser braucht hier keiner zu fürchten, wohl aber die Bugwelle der mächtigen Tanker. Ihre Gischt hat schon so manchen Müßiggänger aus seinen Träumen gerissen.

Atmen

Es ist noch gar nicht so lange her, da war Istanbul eine hölzerne Stadt. Bis weit ins zwanzigste Jahrhundert hinein. Die Bewohner dieses Ortes leben seit Menschengedenken im Schatten immer wiederkehrender Katastrophen. Diese Katastrophen formten Istanbul. Die einen – die Erdbeben – sorgten dafür, dass die Istanbuler ihre Stadt aus Holz aufbauten, einem billigen und flexiblen Material, das zudem in den heißen Sommern Kühlung versprach. Die anderen – die Brände – sorgten dafür, dass sie sie alle paar Jahre erneut aufbauen mussten. Auch deshalb sind von den ältesten Häusern kaum welche erhalten.

Die Amcazade-Villa am Bosporus, wahrscheinlich 1699 erbaut, ist das älteste und bekannteste dieser Häuser. Von der Bosporusfähre aus kann man es am asiatischen Ufer sehen, kurz bevor das Schiff die zweite Brücke erreicht. Leider steht nur noch die Empfangshalle, auch ist sie in traurigem Zustand, und doch gibt sie preis, wie nach der Eroberung Istanbuls durch Sultan Mehmet anatolische Bauprinzipien in die Stadt getragen wurden, vor allem die scharfe Trennung der Lebensbereiche von Mann und Frau, denen jeweils eigene

Gebäudetrakte gewidmet waren. Oder die Sadullah-Paşa-Villa in Çengelköy – wie die Amcazade auch ein *Yalı*, eine der prachtvollen Ufervillen. Der Architekt Martin Bachmann vom Deutschen Archäologischen Institut DAI nennt das Haus des Sadullah Paşa aus dem späten achtzehnten Jahrhundert ein »Kronjuwel osmanischer Bauweise«. Man darf dort noch die Eleganz einer Architektur bewundern, die auf ein Leben ohne Möbel ausgerichtet ist: Teppiche und Kissen genügten, das Bettzeug wurde am Morgen in Truhen und Wandschränke verstaut. Deshalb auch Fensterbrüstungen, die viel niedriger sind als bei uns, gebaut für Menschen, die auf dem Boden sitzen. Wieder ein halbes Jahrhundert später dann begannen auch die Osmanen, sich ihre Ideen und ihre Möbel im Westen zu holen. Die Folge: Die einst gedrungenen, der Erde verbundenen Häuser wurden schlanker, begannen, sich in die Höhe zu strecken, die Leute saßen nun auf Stühlen und Sesseln, auch die Fensterbänke lagen höher. Aber noch immer waren die Häuser aus Holz. Und noch immer waren sie so farbenprächtig wie »übergroße Papageienkäfige«, wie es ein früher Reisender empfunden hatte, man lasse sich da nicht täuschen von den dunkel verwitterten Fassaden, die einem heute begegnen.

Schon im neunzehnten Jahrhundert gab es Holzhäuser, die sich verschämt das Aussehen steinerner Bauten gaben; vielleicht ein erstes Anzeichen dafür, dass ihnen nicht mehr viel Zeit beschieden sein sollte. Der Untergang kam schnell. 1923 wurde die Republik gegründet. Istanbul verlor seinen Status als Hauptstadt, der gesamte Hofstaat seine Existenzgrundlage, und viele der prächtigen Stadthäuser und Ufervillen aus Holz verloren ihre Herren, die ihnen bis dahin alle drei bis vier Jahre einen neuen Anstrich und die Reparatur ihrer Dächer gesichert hatten. Den einfachen Holzhäusern in der Altstadt ging es nicht besser. Ein großes Feuer vernichtete 1918 fast jedes Dritte. Die neuen aber wurden mehr und mehr aus Stein errichtet. Das war modern und feuersicher. Dazu kam die

Umwälzung der Bevölkerung: Mit den Griechen wurde eine ganze Volksgruppe in den nächsten Jahrzehnten in die Flucht getrieben. Damit aber ging auch das Handwerk verloren – ein großer Teil des Holzbaus wurde traditionell von griechischen und armenischen Handwerkern geleistet. In den leer stehenden Häusern schließlich siedelten sich vor allem von den Sechzigerjahren an arme Neuankömmlinge aus Anatolien an. Für sie waren diese Häuser keine alten Mitglieder der Familie mehr, die man hegte und pflegte. Dass sich nun mancherorts fünf Dutzend Leute in ein Haus pferchten, in dem ursprünglich zwei Familien gelebt hatten, machte die Liebe nicht größer. Die Häuser verfielen. »Es kam zu einem dramatischen Prozess des Verschwindens der Holzhäuser«, sagt Martin Bachmann.

Bachmann hat im Auftrag des DAI die Holzhäuser jahrelang studiert, er hat ihnen eine Ausstellung und ein Buch (»Istanbuls Holzhäuser«) gewidmet. Man merkt ihm an, dass sich unters akademische Interesse auch Schmerz mischt. Über die Pläne des Bürgermeisters zum Beispiel, Teile der Altstadt abreißen und »im osmanischen Stil« wieder aufbauen zu lassen. Über das Gerücht, die neuen Pächter der Amcazade-Villa – ein Bauunternehmen – hätten genau das Gleiche vor: »Eine Horrorvorstellung«, seufzt Bachmann. »Aber das Verständnis, was es bedeutet, ein Original zu konservieren, ist hier noch nicht so tief eingedrungen«, fügt er diplomatisch hinzu. »Istanbul durchlebt im Moment eine Zeit, vergleichbar mit unseren deutschen Fünfziger- und Sechzigerjahren: Da haben auch wir Deutschen mehr alte Bausubstanz verloren als im Krieg.« In Istanbul stellen sich heute noch Stadtteilbürgermeister zur Wiederwahl mit Plakaten, auf denen eine einzige Zahl groß gedruckt ist: die Millionen von Tonnen Beton, die sie in ihrer letzten Amtszeit über den ihnen anvertrauten Flecken ausgegossen haben.

Mittlerweile erlebt das Holzhaus ein Comeback, allerdings meist als Kopie. »Die Entfremdung ist heutzutage so weit fortgeschritten, dass viele, die in einem ›restaurierten‹ Haus aus Stahlbeton mit Holzverkleidung wohnen, glauben, sich in einem historischen Gebäude zu befinden«, berichtet die Architekturhistorikerin Zeynep Kuban. Wer das Geld hat, renoviert ein echtes. »Es ist ein wunderschönes Gefühl, in Holz zu leben«, sagt Serdar Gülgün, ein Kunsthistoriker und Inneneinrichter, der sich in mühevoller Arbeit den alten Jagdpavillion eines osmanischen Paschas nahe dem asiatischen Ufer zum neuen Zuhause gemacht hat: »Du schläfst gut, du atmest gut. Es ist ein ökologisches Haus. Und außerdem ist es heute ein gutes Investment.« Osmanisches ist wieder schick. Serdar Gülgün hat einigen neuen Reichen eine alte Ufervilla mit Antiquitäten eingerichtet. Es sind die Letzten ihrer Art. »Von den *Yalı* gibt es nur mehr kläglich wenige mit Originalsubstanz. Ein knappes Dutzend vielleicht«, sagt Martin Bachmann.

Eines der schönsten gehört den Deutschen und steht im Bosporusvorort Tarabya. Ein doppelter Glücksfall, dieses Haus, mindestens. Ein Geschenk des Sultans der Osmanen an den deutschen Kaiser Wilhelm II. Und beinahe ein Geschenk des deutschen Bundestages an die Kunst. »Villa Tarabya« haben es einige nun getauft, bislang war es einfach die Sommerresidenz des deutschen Botschafters in der Türkei. Die bleibt es auch. Aber eine Zeit lang sah es so aus, als solle der Botschafter Mitbewohner bekommen: Künstler, sieben an der Zahl, die der deutsche Staat hierherschicken wollte, auf dass sie sich reiben an Istanbul, an der Türkei. Das ist schnell passiert an diesem Ort, der unter Starkstrom steht, wo man den Kopf bloß aus dem Fenster stecken muss, damit das Hirn anfängt zu vibrieren. Ein gefundenes Fressen für Künstler, diese Stadt.

Tarabya liegt in einer Bucht im Norden der Stadt, von hier blickt man auf die Stelle, wo der Bosporus sich dem Schwarzen Meer öffnet. Einst, bevor die osmanische Elite den Bosporus als Sommerflucht entdeckte, war der Ort ein griechisches Fischerdorf. Das türkische Tarabya ist das griechische

Therapeia, so heißt der Ort, seit im fünften Jahrhundert der Patriarch von Konstantinopel den alten heidnischen Namen des Ortes vergessen machen wollte: *Pharmakeus*, Gift. Der Legende nach soll hier Medea dem Argonauten Jason nach dem Leben getrachtet haben, indem sie Gift ins Wasser der Bucht träufelte. Der griechische Held Jason und seine Männer hatten mit ihrem Boot Argo als Erste die schrecklichen Strömungen des Bosporus bezwungen, die Ausfahrt ins Schwarze Meer geschafft und den Griechen so eine neue Welt eröffnet. Jason brachte von der Fahrt das Goldene Vlies und die Königstochter Medea mit zurück in die Heimat.

Heute wohnen hier wohlhabende und stadtmüde Istanbuler, und wenn sie die Uferstraße entlang nach Hause fahren, dann empfängt sie am Ortseingang linker Hand die deutsche Sommerresidenz. Es ist auch für Istanbul ein einzigartiges Haus. Zeugnis der türkisch-deutschen Geschichte. Zeugnis der architektonischen Vergangenheit dieser Stadt. Praktisch das letzte Beispiel dafür wie einst die *Yalı*, die Bosporusresidenzen der osmanischen Prinzen, der griechischen Kaufleute und der armenischen Banker einschließlich ihrer großartigen Gärten, ausgesehen haben: Ein solches Ensemble inklusive des gewaltigen Parks, wie er sich bis hoch hinauf über die Hügel erstreckt, hat sonst nirgendwo überlebt.

Dabei waren die Deutschen anfangs gar nicht so glücklich über die Geste des Sultans Abdülhamid II. Der Sultan wollte mit der Überreichung des Grundstücks seine Freundschaft zum Deutschen Reich unterstreichen, die Deutschen aber hatten eben erst für teures Geld die neue Botschaft im Stadtzentrum errichtet. Nun sahen sie sich mit einem Geschenk konfrontiert, das ihnen weitere Unsummen abverlangen würde – der Sultan erwartete natürlich den Bau einer repräsentativen Residenz. Regierungsbaumeister A. Wegner, der von 1885 an den Bau leitete, versprach zwar eine »sinnbildliche Huldigung« an den Sultan und die osmanische Architektur, aber es blieb beim Holz als einzige Reminiszenz – Holz der klimatischen Vorzüge und der Erdbebengefahr wegen. Was Wegner dann aus französischem Sandstein, ungarischem Fensterglas und Kiefernholz aus den Donauländern schuf, das war eher ein Bau nach internationalem Geschmack: viktorianisches England meets Schweizerhaus, obendrauf Giebel und Erker für heimwehkranke deutsche Diplomaten. Dass der Bau dennoch eine elegante Schlichtheit ausstrahlt, dafür sorgen das Baumaterial Holz und der weiße Anstrich.

Nach Voranmeldung erhält heute jeder Deutsche Einlass, darf den malerischen Hügel hinter der Residenz hochklettern, bis er zu dem von Baumkronen überschatteten Platz gelangt, der den Soldatenfriedhof beherbergt: Deutsche, gefallen an den Dardanellen, in Persien, in Mesopotamien. Waffenbrüder waren sie einst, die Türken und die Deutschen. Die Sultane hatten schon früh die Modernisierung ihrer Armee in die Hände preußischer Offiziere gelegt, der deutsche Kaiser Wilhelm II. dann schwatzte den Osmanen die Lizenz zum Bau der Bagdadbahn ab und verpflichtete sie später als Alliierte im Ersten Weltkrieg. Das war jene Zeit, da deutsche Generäle Teile der osmanischen Armee befehligten, da Berliner Diplomaten die muslimische Welt zum »Dschihad« (gegen die Engländer) aufriefen und da der Istanbuler Geograf Faik Sabri in einem Vortrag durchaus nicht ohne Sympathie befand: »Der Deutsche, etwas schwerfällig, aber robust, ist weder den Künsten zugetan, noch liebt er das Vergnügen.«

Das mit den Künsten wenigstens, das wollten die Deutschen 2010 Lügen strafen. Vorbild war die Villa Massimo in Rom, schon lange Refugium und Labor für deutsche Schriftsteller, Musiker, Filmemacher, bildende Künstler und Architekten. In Berlin sagte es einer der Initiatoren so: »Wir wollen den Bogen schlagen von Westrom zu Ostrom.« Dann aber waren die schon genehmigten Gelder mit einem Mal wieder verschwunden – und nun liegen sie wieder da und warten auf ihr Märchen, der verwunschene Park und das Haus aus einer anderen Zeit.

Heimkehren

Zuhause. Noch mehr als die eigene Wohnung war das für die Istanbuler jahrhundertelang die *Mahalle*, der eigene Kiez. »Jeder kannte eines jeden Vorleben«, erinnert sich der Schriftsteller Yaşar Kemal, »wusste, was er tat, was er aß und trank, wie oft er in der Woche und in der Nacht mit seiner Frau schlief, wer zu welcher Geliebten und wer ins Bordell ging, wer sich in Beyoğlu herumtreibend auf den *Kuruş* genau wie viel verdiente, wer in welcher Spielhölle, bei welchem Schmugglerring arbeitete, welches Mädchen und welche Frau beim Orgasmus spitze Schreie ausstieß und wer dem Mann diesen Gipfel der Lust nur vortäuschte...«

Diese abgeschlossenen Nachbarschaften, eine jede ein Mikrokosmos für sich, gab es schon zu byzantinischen Zeiten. Unter den Osmanen dann hatten Griechen, Armenier und Juden lange ihre eigenen Viertel. Dort konnten sie ungestört am Sabbath oder Sonntag ihren Gottesdienst feiern und hörten doch den Ruf des Muezzin, der zwei Straßen weiter die Gläubigen in die Moschee lud. Es gab aber auch immer schon gemischte Viertel. Für viele Türken war die *Mahalle* bis in die neue Zeit hinein eine Art Dorfgemeinschaft in der Stadt. Kinder konnten überall spielen, machten Generation für Generation ihre ersten Erfahrungen in der *Mahalle*: die ersten Prügel, die ersten geklauten Pflaumen, die erste Bande, der erste Flirt. Hunde lebten in Istanbul immer und überall draußen in den Straßen, und doch unterschied man zwischen den eigenen »*Mahalle*-Hunden« und fremden »Gassenhunden«. Überhaupt waren Fremde nicht gerne gesehen. Die *Mahalle* schottete sich oft durch Sackgassen vom Rest der Stadt ab, freien Zutritt hatten lediglich Trödler, Messerschleifer und die fliegenden Händler mit ihren Melonen, ihrem Eis oder ihren Luftballons.

Abends zwischen fünf und sieben waren die betriebsamsten Stunden. Die Kinder waren von der Schule zurück, die Eltern von der Arbeit, man grüßte einander, lud sich gegenseitig ein: »Nach dem Essen…« Die Jungs passten um diese Zeit höllisch auf, dass kein Erwachsener sie beim Rauchen erwischte. Zu den großen Festen besuchten die Kinder all die Großväter und Großmütter, Tanten und Onkels der *Mahalle* und knieten vor ihnen nieder, um ihnen die Hände zu küssen – eine Geste des Respekts gegenüber Älteren oder Höherstehenden, die man auch heute noch sieht. In der *Mahalle* verbreiteten sich als Erstes die Erlebnisse und Münchhausereien der Ferienrückkehrer aus Deutschland. Die Geschichten von den sauberen Straßen, auf denen nicht einmal eine Kippe herumliegt. Von den modernen Fabriken, in denen man nicht den ganzen Tag Tee trinken darf. Von wundersamen Maschinen, die einem alle Arbeit abnehmen: »Wenn ich's euch sage: Ich drück nur einen Knopf!« Dort bestaunte man die mitgebrachten Kassettenrekorder, dort versammelte man sich ehrfürchtig um den Hauptgewinn eines jeden Gastarbeiterlebens: den gebrauchten Mercedes, gegen den kein Anadol, kein Tofaş (ein Fiatnachbau) und kein türkischer Renault (ein Joint Venture der Armee) bestehen konnte. Die *Mahalle* war eine so wichtige Einheit im Leben der Türken, dass Ministerpräsident Adnan Menderes (er regierte von 1950 bis 1960) einst seine Wahlkämpfe bestritt mit dem Spruch: »Jeder Mahalle ihren Millionär!« – ein Versprechen, das mehr als drei Jahrzehnte später eine Reihe von Koalitionsregierungen auf brillante Weise einlöste: Ihre Politik schickte die türkische Lira in den freien Fall und machte in den Neunzigern noch die Bettler zu Millionären.

Jeder passte auf jeden auf. Im guten wie im schlechten Sinne. Kinder waren auf der Straße sicher. Und wenn der Vater sie oder die Ehefrau brutal verprügelte, dann nahm ihn auch mal einer der Älteren zur Seite und ermahnte ihn. Gleichzeitig konnte es sich kein Mädchen erlauben, allein mit einem Jungen gesehen zu werden, und keine Frau, spät nach Hause zu kommen. Liebesaffären waren eine riskante Sache. Früher gab es in den konservativen Vierteln die Tradition des *Mahalle baskını*, des »Stadtviertelüberfalls«. Da rotteten sich die sittenstrengen Männer des Viertels zusammen und stürmten unter viel Geschrei und gerechter Empörung jene Wohnung und jenes Schlafzimmer, in dem sie unzüchtiges Treiben vermuteten. Noch heute macht die kemalistische Opposition Front gegen eine Aufhebung des Kopftuchverbotes an türkischen Universitäten mit der Angstparole von der *Mahalle baskısı*, vom »Stadtviertledruck« – die türkische Version des deutschen »Gruppenzwang«. Wenn man das Kopftuchverbot freigäbe, so die Argumentation, dann sorge die konservative *Mahalle* im Handumdrehen dafür, dass auch jene Mädchen, die sich nicht bedecken wollen, zum Kopftuch gezwungen würden.

Die klassische *Mahalle* bestand aus den Holz- und Steinhäusern des alten Istanbul. Der Aufstieg des Betons war gleichzeitig ihr Niedergang. Der moderne Istanbuler wohnte nun im *Apartman*. Bei zufälligen Begegnungen auf der Straße kam es schnell zur Frage: »Im wievielten Stock?« Die stolze Antwort: »Im dritten.« So hoch! Die Mahalle begegnete den ersten Appartementgebäuden zwischen ihren alten Häusern mit Unsicherheit und Argwohn: Das waren die Unkontrollierbaren.

Da wusste man nicht, wer da wohnte, auch nicht, wann und wie viele Gäste sie hatten. Zudem hielten sich die neuen Bewohner für etwas Besseres. Ließen vor allem ihre Kinder nicht mit den *Mahalle*-Kindern spielen, hatten Angst vor Schmutz und Schimpfwörtern und schlechten Angewohnheiten. »*Mahalle*-Kind!«, wurde den Zöglingen dieser neuen Mittelklasse zum Schimpfwort, die Antwort ließ nicht lange auf sich warten: »Appartementkind!« Weichei! Wie immer entwickelte die Moderne jedoch ihren eigenen Sog und schluckte nach und nach die eben noch Skeptischen, so lange, bis die alten *Mahalle*-Familien, die es sich leisten konnten, selbst in Appartments eingezogen waren. Und die wunderschönen alten Holzhäuser? Waren plötzlich die Hütten der Armen oder Brennholz in den Händen von Spekulanten und Parkplatzmafia.

Ein paar Beispiele, wo man dem alten Leben nachspüren kann, gibt es noch. Das Romaviertel Sulukule unterhalb der römischen Stadtmauer war so eine *Mahalle* – bevor korrupte Stadtherren darangingen, das Viertel zu »modernisieren« und die Roma ihrer Häuser und Istanbul eines weiteren Kapitels seiner Geschichte zu berauben. Ich würde einem jeden einen Gang nach Sulukule ans Herz legen, könnte ich sicher sein, dass nach Erscheinen dieses Buches überhaupt noch etwas steht von dem Viertel. Wer auf eigenes Risiko geht, wird es trotzdem nicht bereuen: allein der gewaltigen Stadtmauer des Theodosius (401–450) wegen, die die Stadt schon so viele Male hat untergehen sehen und die hier heute wie seit eineinhalb Jahrtausenden ungerührt auf Istanbul hinabblickt, auf diese alten Viertel, auf dieses Sulukule, das sich an sie schmiegt, als sei es heute noch ihre Aufgabe, Schutz zu gewähren.

Bequemer für den Besucher ist ein Spaziergang durch Çukurcuma, jenes Viertel, in dem ein Großteil des Romanes »Museum der Unschuld« von Orhan Pamuk spielt, der Roman, der die unerfüllte Liebe zwischen Kemal und Füsun erzählt. Nicht zu verfehlen ist die Dalgıçgasse, in der Pamuk das im Roman beschriebene Museum tatsächlich baut. Vom schicken Cihangir oder vom Galatasarayplatz in der Fußgängerzone aus steigt man den Berg hinunter, sucht die Çukurcumastraße und findet sich in einer *Mahalle* wieder, die im Moment noch die Balance zwischen Alteingesessenen und Neuistanbul (Galerien und Antiquitätenläden) schafft. Für alle, die die Gelegenheit nicht finden, bin ich schon einmal vorgegangen.

Çukurcuma, unteres Ende. Das Haus der geliebten Füsun. Das künftige Museum. Da steht es. Bretterverschläge vor den Fenstern, frisch verputzt. Enge Gassen, ramponierte Gehsteige, schief getretene Treppenstufen – viel hat sich im Viertel nicht getan, seit Orhan Pamuks Held Kemal hier Abend für Abend durchstapfte auf dem Weg zu seiner Füsun. Feigenbäume in dunklen Ecken, blühender Oleander auf brachliegenden Grundstücken, verwitterte Holzhütten neben mit schmutzigen Kacheln verkleideten Appartementblocks. Von Pamuks Museum aus kann man durch eine Baulücke hindurchsehen auf das Haus der alten Nurhan: ein Holzhaus, so verzogen, als habe es ein Karikaturist da hingesetzt. Auf einem Teppich vor der Tür kleine Mädchen, die sich mit Wasserfarben die Fingernägel lackieren.

Die alte Nurhan. Wir sind beide hier geboren, mein Bruder und ich, vor einem Dreivierteljahrhundert. Unser Vater hat damals das Haus gekauft, für vier Lira. (Der Bruder wirft ein: »Sie trinken doch Kaffee? *Orta*, mittelsüß?«) Wir lieben diese *Mahalle*. Wer hier einmal lebt, der kann nicht mehr weg. Die Nachbarn haben unsere Schlüssel und wir die ihren. Unser Holzhaus hätten wir schon längst abgerissen, aber die Stadt verbietet das. Jedes Jahr muss man renovieren, was das kostet! Aber eigentlich lebt sich in Holz auch am angenehmsten. (Der Bruder: »Am gesündesten.«) Im Winter zieht es manchmal eisig, deshalb haben wir den Holzofen hier angeschafft, mittlerweile haben wir auch Erdgas. Und erdbebensicher ist es. Sollte das große Beben wirklich kommen, dann zieht es uns vielleicht die Nägel raus – zwanzig Zentimeter lange Vierkantnägel! –, die gehen dann aber gleich wieder rein. Wenn ich's Ihnen sage! Viele Italiener, viele Griechen haben hier einst gelebt. Die sind alle weg, nach 1967 sind die Letzten gegangen. (Der Bruder: »Die haben es nicht leicht gehabt.«) Zu siebt leben wir jetzt in dem Haus, die Tochter, der Sohn, die Schwiegertochter und die Enkel. Schön ist das. Nicht einen Tag könnten wir getrennt voneinander leben. (Die Schwiegertochter im Türrahmen dreht sich weg und versucht, ihr Prusten zu verbergen.)

Der Antiquar. Unsere *Mahalle* heißt Çukurcuma, »Freitagsgrube«. Man sagt, die Truppen von Mehmet dem Eroberer hätten bei der Eroberung Konstantinopels hier in der Talsenke ihr Freitagsgebet abgehalten. Eine Senke mag das ja sein, aber schau mal (er deutet auf den Galataturm in der Ferne), was für einen Blick wir hier haben. Hier stelle ich mich manchmal hin mit einem alten Fernglas und schau mir die Touristen auf dem Turm an. Sogar den Rauch ihrer Zigaretten kann ich da sehen. Das tut mir gut, wenn ich mich miserabel fühle. Hier im Viertel wurde schon immer Gerümpel verkauft. Die Trödler und Schrotthändler trafen sich früher hier am Platz vor der Moschee, allein zehn Lastenträger lebten hier, alles Griechen. Mein Onkel hat mich vor dreißig Jahren hierher geholt, aus Erzurum, das liegt weit in Ostanatolien. Als ich ankam, gab es höchstens zehn Trödelläden. Heute sind es mehr als hundert, die mit Antiquitäten handeln. Die Geschäfte gehen nicht gut, seit zwei, drei Jahren sogar katastrophal. Ich verkaufe vor allem Marmorbecken und Skulpturen, sie nennen mich »Steinmetz Halil«. Der Geschmack ist halt heute ein anderer. Mein Laden ist nicht sehr populär. Meine Sachen sind zu billig, glitzern zu wenig. In der Türkei spült jede Wahl neue Reiche nach oben, und jetzt gewinnen halt die, die sich für unsere Dinge nicht interessieren. Mein Sohn ist oft traurig. »Sollen wir den Laden nicht verkaufen?«, fragt er mich. Aber mir gefällt es hier: die engen Gassen, die Ahornbäume da drüben – das ist wie im alten Istanbul.

Der Schreiner. Dieses Haus hat unser Vater 1960 gekauft, als er uns aus Kastamonu nach Istanbul brachte. Ganz oben leben meine Eltern, im ersten Stock ich mit Frau und Tochter, und hier unten haben wir die Schreinerei eingerichtet. Ich habe in der Werkstatt gelebt, seit ich vier Jahre alt bin. Mein Vater hat mir alles beigebracht. Sie haben ihn einen Philosophen genannt, meinen Vater, er hat nur drei, vier Stunden geschlafen jede Nacht und jede freie Minute mit Holz verbracht. Ich bin da nicht anders. Holz ist mein Leben. Manchmal träume ich von den Stücken, wie sie vor hundert Jahren von Pferden aus dem Wald gezogen wurden. Ich verarbeite nur altes Holz, meist hole ich es aus den Wänden alter Häuser. In der ganzen Türkei kennen sie mich. Hier (er deutet auf einen mächtigen, schwarzen Wurzelstock): Das ist vom Teerbaum. Ein Friseur aus Kasımpaşa hat das Stück vor fünfzehn Jahren im Garten eines eingestürzten Istanbuler Hauses gefunden. Vierzig Schreiner hat er besucht, bis er schließlich sagte: »Meister Burak, du kriegst das Holz, du bist seiner würdig.« Riechen Sie mal, der Teer... welch ein Duft... Hier bei uns im Viertel leben vor allem Familien. Keine Intellektuellen. Das ist auch besser so. Wenn von denen einer kommt, dann zieht er die anderen nach. Und dann kommen die Jungen, und alles geht durcheinander, und wir verlieren die Kontrolle. Ein friedliches Viertel ist das – aber am Samstag steigen sie manchmal herab aus den Kneipen von Beyoğlu, die Nachtschwärmer. Deshalb steh ich Wache, jeden Samstag. In der einen Hand ein Schlachtermesser, in der anderen eine Eisenstange. Ich bin der Sicherheitsmann von unserem Ladenbesitzerverein. Aber ich bin der Einzige. Die anderen klopfen mir auf die Schulter: »Toll Burak! Danke Burak!«, aber sie schlafen lieber und mischen sich nicht ein. Hier, Bruder, siehst du die Narbe über meinem Auge? Da habe ich Transvestiten und Schwule verscheucht. Die sind immer hierher in den Hamam gekommen, in das Dampfbad direkt neben unserem Haus, und haben unanständige Sachen gemacht. Jetzt musste der Hamam schließen. Wurde auch Zeit. (*Eine Frau mit Dackel läuft vorüber, der Hund pinkelt einen der Holzklötze vor der Schreinerei an, Schreiner Burak schaut grimmig.*) Allah Allah!

Çukurcuma, Mitte. Über die Moschee, an der die zwei Straßen Çukurcumas spitz zusammenlaufen, wachen drei alte Ahornbäume, einer davon mit gekappter Krone: vom Zusammenstoß mit einem LKW hat er sich nicht wieder erholt. Die Moschee wurde einst auf Wunsch des Scheichülislam, des obersten Rechtsgelehrten aller osmanischen Muslime, gebaut. Sie ist eines der kleineren Werke des berühmten Sinan, jenes armenischen Dorfjungen aus Kayseri, der nach seinem Eintritt in den Dienst des Sultans zum größten aller muslimischen Architekten wurde und die Silhouette von Istanbul schuf. Eine Reihe von Bränden ließen von Sinans Bau nur noch die Grundmauern übrig, das heutige Gebäude ist von 1823. Der kürzlich stillgelegte Hamam gegenüber stammt aus der gleichen Zeit. Die Mutter des Sultans stiftete einst eine Wasserleitung in das Tal, seither ist die Gegend reich an Brunnen und Hamams. Viele der Hamams wurden von Armeniern betrieben.

Der *Muhtar*. Hier direkt vor meinem Stadtteilvorsteher-Büro kommt die Dalgıç-Sackgasse raus, in der Pamuks Museum steht. Seit sie hier in der Gegend die alten Häuser mit den Gärten abgerissen haben, ist das gar keine Sackgasse mehr. Heißt aber immer noch so. Leider hat auch hier mit dem Abriss der Häuser die Betonwüste Einzug gehalten. Viele Häuser sind abgebrannt, andere lassen sie einfach einstürzen, damit sie den Platz neu bebauen können. Der Abriss eines denkmalgeschützten Hauses ist ja nicht erlaubt, also wartet man einfach, bis es von selbst zusammenfällt. Oft haben sich die Armen ihren Teil herausgerissen, als Brennholz. Ja, Istanbul ist schön, jeden Tag geh ich den Hügel hoch und blicke auf den Bosporus, nie werde ich dieses Anblicks müde werden ... Aber früher war's halt noch schöner. Strände hatten wir in der Stadt, zwei Dutzend fast, die Bosporushügel waren noch mit Wäldern bestanden, nicht mit Wohnblocks. Istanbul hätte nie mehr als fünf Millionen Einwohner haben dürfen. Mehr verkraftet die Stadt nicht. Jetzt haben wir das Dreifache. Wie das geht? Es geht. Oder auch nicht. Ich wurde hier vor zweiundfünfzig Jahren geboren, gleich links um die Ecke. Mich haben die Leute schon zum dritten Mal zum *Muhtar* gewählt, zum Stadtteilvorsteher. Ich stelle zum Beispiel Meldebescheinigungen aus und organisiere Brennstoff für die Armen. Als ich vor dreizehn Jahren anfing, hatten wir hier kein Kabelfernsehen, keine Straßenlaternen und kein Erdgas. Mein Wahlslogan beim letzten Mal war: »Alles für die Straßenarbeiten in unserer *Mahalle*!« Dafür hab ich gekämpft. Das Büro hier war früher die Metzgerei meines Vaters. Griechen, Armenier und Juden waren unsere Kunden, als ich noch Kind war. Natürlich fehlen uns die Christen. Früher war es gut. Die Christen haben uns damals Geschenke gekauft zum Zuckerfest, und wir haben ihnen Eier geschenkt zu Ostern. Istanbul war ein tolles Mosaik: Kirchen, Synagogen und Moscheen nebeneinander. Jetzt sind die Christen weg, und arme Anatolier sind in ihre Häuser gezogen. Ich finde, früher waren die Menschen warmherziger. Obwohl ich mich nicht beschweren möchte. Hier im Viertel ist es ja fast wie in alten Zeiten. Sehr familiär. Und diese Ruhe. Nein, Orhan Pamuks Museum stört uns nicht. Ist ja keine Kneipe.

Der Hamambetreiber. Ich bin aus Tokat. Wie viele Hamambetreiber. Hier ist ein richtiges Nest von uns. Das hat sich so ergeben. Seit zwanzig Jahren habe ich den Firuz-Ağa-

Hamam gepachtet, der Besitzer ist ein Armenier, der in den USA lebt und alle drei, vier Jahre mal hier nach dem Rechten schaut. Warum der andere Hamam oben bei der Moschee schließen musste? Keiner weiß das. Na gut, die Besitzer haben ungute Leute hereingelassen, das hat sie den Ruf gekostet. Jetzt wird der Hamam wohl verfallen, wie so viele andere in Istanbul. Von zehn bis fünf ist bei uns Frauenzeit, danach kommen die Männer. Wir haben bis ein Uhr nachts geöffnet. Die Geschäfte gehen nicht gut und nicht schlecht. Nicht mehr wie früher, das ist klar. In den letzten zwei Stunden waren gerade mal drei Leute hier, an manchen Tagen kommt gar keiner. Und dabei muss ich meinen Hamam 365 Tage im Jahr heizen, rund um die Uhr. Es sind ja einige Europäer ins Viertel gezogen, Studenten und so. Gute Leute, patriotischer als die Türken, das dürfen Sie ruhig glauben. Aber dann hat sich hier viel Gesindel aus anderen Vierteln herumgetrieben, von drüben, aus Tarlabaşı und so, hat den Fremden Angst eingejagt, sie verprügelt, sie beklaut. Jetzt trauen die sich nicht mehr vor die Tür. Ein Jammer. Vierhundertfünfzig Jahre ist unser Hamam alt, aber wir bekommen keinen Pfennig Unterstützung vom Staat. Einmal haben wir demonstriert, mehrere Hamambetreiber zusammen, und waren in der Zeitung. Da hat die Regierung gesagt: Ihr schwärzt uns bei den Ausländern an. Mir haben sie daraufhin den Brunnen weggenommen, aus dem der Hamam seit Jahrhunderten sein Wasser bezieht. Seither muss ich fürs Wasser extra bezahlen.

Die Griechin. (Öffnet die Tür.) Nein, wir verkaufen unser Haus nicht! Ach so, reden möchten Sie? Aber Sie werden meinen Namen doch nicht in die Zeitung schreiben, oder? Jetzt werden Sie in der Stadt kaum noch einen Griechen finden. Die sind entweder tot oder nach Griechenland gegangen. Es waren schwere Jahre, die Fünfziger und Sechziger. Die Türken waren damals sehr aggressiv uns gegenüber. Es war keine gute Nachbarschaft, die Griechen versuchten, unter sich zu bleiben. Besucht haben Griechen und Türken einander nie, aber zu den Festen hat man vor der Tür Geschenke ausgetauscht, das stimmt. Ein paar Alte von uns sind heute noch hier, die Jungen aber versuchten, ihr Leben zu retten. Auch ich war ein Jahr in Saloniki, aber da haben mir der Käse nicht geschmeckt und die Eier nicht. So geht es allen Istanbulern. Sie sehnen sich nach dem Wasser hier, nach der Luft, nach dem Bosporus. Und nach dem Essen! Was meinen Sie, was die ganzen Rückkehrer machen, die jedes Jahr für eine Woche oder einen Monat aus Griechenland hierher zurückkommen? Sie essen, sie trinken, sie stopfen sich voll mit Erinnerungen. Aber die Freiheit der Leute in Griechenland, die hat mir schon gefallen. Abends einfach rausgehen können als Frau, egal, was du anhast… (Sie flüstert nun.) Vielleicht haben Sie gesehen, dass im Haus gegenüber Zigeuner wohnen, da ist man vor Belästigung nicht sicher. (Redet wieder in normaler Lautstärke.) Ich wollte zurückkommen, unbedingt – aber sobald ich wieder hier war, erschien mir die Türkei dann wieder schwieriger. Manchmal habe ich noch heute das Gefühl, es erwürgt mich, dieses Viertel. Hier leben heute mehr Machos. Der kleine Ahmet zum Beispiel, ein Halbstarker, der die Leute terrorisiert und erpresst hat. Gott sei Dank haben den seine Leute verheiratet, der ist jetzt weggezogen. Sie haben unserem schönen Konstantinopel aber auch schlimm zugesetzt, die Bauern aus Anatolien, die hier eingefallen sind. Was mich hier hält? Wissen Sie, ich habe vor dreißig Jahren einen Türken geheiratet. Heimlich. Fünfundzwanzig Jahre alt war ich. Meine Familie hat mich vor die Tür gesetzt, bis heute haben sie mir nicht verziehen. Ja, sie leben in Griechenland. Und jetzt kommt Orhan Pamuk und eröffnet neben meinem Haus ein Museum der Liebe. Es wird doch nicht zu laut mit all den Besuchern, oder? Aber die echte Liebe, die unterstütze ich bedingungslos. Wir sind Frauen, die die Liebe erlebt haben. Alle sollen sich verlieben, und alle sollen es offen in die Welt rufen dürfen.

Çukurcuma, oberes Ende. Ein Junge mit einem Teetablett läuft durch die Straße, vorüber an den brachliegenden Grundstücken, Zahnlücken in einem schiefen Gebiss. Er verschwindet in einem der Antiquariate, in dessen Fenster ein mit gläsernen Blüten verzierter Kronleuchter für dreiundvierzigtausend Euro angeboten wird. Die Läden haben sich Schilder auf Osmanisch und auf Griechisch über die Tür gehängt, ein Angestellter steht vor der Tür und ruft: »Zehn Prozent Nachlass, heute zehn Prozent!« Nicht einmal ein Echo antwortet ihm. Von der Fläche eines Lasters herab verkauft ein anderer Junge Tomaten und Gurken; die, die übers verlangte Kilo hinausgehen, schlenzt er mit der Beiläufigkeit eines geübten Akrobaten quer über die Ladefläche zurück in ihren Korb. Vor dem *Bakkal*, dem kleinen Laden im Souterrain, steht ein kleiner Tisch, um den herum Nachbarinnen sitzen und schwatzen, beobachtet von einem auf einen Stromkasten geklebten Atatürk. Das Atatürk-Plakat ruft zum »Volkskampf« auf. Daneben ein altes Holzhaus, halb eingestürzt, das Dach gefährlich eingedrückt. »Angst? Was kann ich schon tun?«, sagt die greise Nachbarin. »Die Stadt sagt, das ist ein denkmalgeschütztes Haus. Anrühren dürfen wir's nicht. Also warten wir einfach, bis das Ding einstürzt. Dann ist das erledigt.« Sie zieht an ihrer Zigarette, blickt skeptisch auf die morsche Hütte. »Es stürzt bloß nicht ein.«

Sehnen

Für Mercan Dede begann alles mit dem Klang der *Ney*, der Rohrflöte. Er war fünf Jahre alt, als sie ihn zum ersten Mal in ihren Bann schlug. »Diese Töne damals, aus dem Autoradio, habe ich nie wieder vergessen.« Es dauerte viele Jahre, bis er den Klang wiederhören sollte, völlig unerwartet, in Istanbul. Mercan Dede, der damals noch den bürgerlichen Namen Arkın Ilıcalı trug, ging am offenen Fenster eines Konservatoriums vorbei. Wieder lauschte er »wie hypnotisiert«. Student war er, Geld hatte er keines, also kaufte er ein simples Wasserrohr aus Plastik. Am nächsten Morgen hatte er seine erste *Ney*. Und weil er mehr über die magische Flöte wissen wollte, begann er zu lesen. Und las Mevlana. Für den alles mit der Klage der *Ney* beginnt.

»Höre die Rohrflöte und lausche ihrer Geschichte.« Das sind die ersten Zeilen von Mevlanas großem Epos »Mathnawi«. Der Dichter singt vom Schmerz, der die *Ney* zerreißt, seit sie aus dem Röhricht geschnitten wurde, von ihrer Sehnsucht, wieder mit ihrem Ursprung vereint zu sein. »Aus Feuer« seien die Töne der *Ney* deshalb, nicht aus Wind. Und Feuer trägt auch die Verse Mevlanas. Geschrieben hat er sie, nachdem sein Freund Schams umgebracht worden war. Sechsundzwanzigtausend Verse an den »ewigen Geliebten«: Gott ist damit gemeint, aber wer sucht, der findet hinter den Zeilen auch den irdischen Geliebten. Sie seien »das Ekstatischste«, was die persische Sprache je hervorgebracht habe, urteilte die große Sufi-Expertin Annemarie Schimmel. Mevlana hieß eigentlich Dschalaladdin. Ein Perser, der sich in Anatolien niedergelassen hatte. Weil seine Heimat die Stadt Konya in der heutigen Türkei war, nannte man ihn später auch *Rumi*, den aus dem »Land der Römer«, also aus Anatolien. *Mevlana* aber heißt nichts anderes als »unser Herr«, so sprachen ihn seine Schüler an, die er im Sufismus unterwies, in der mystischen Suche nach Gott.

Mevlana ist bis heute einer der meistgelesenen Dichter aller Zeiten. Auch im Westen. In den USA sind seine Werke mehr als eine halbe Million Mal verkauft worden; Popstar Madonna hat seine Gedichte gesungen. Nicht schlecht für einen anatolischen Poeten aus dem dreizehnten Jahrhundert. Es ist heute etwas mehr als achthundert Jahre her, dass Mevlana geboren wurde. Und weil er an einem 17. Dezember gestorben ist, treten an diesem Tag noch heute Jahr für Jahr in Konya ihm zu Ehren die Derwische auf, die sich in den Sama versenken, in den meditativen Tanz, der ihr Gebet ist. Denn auch der Orden der tanzenden Derwische geht auf ihn zurück.

Dass in Europa und Amerika auch in Zeiten von al-Qaida ein islamischer Mystiker Anklang findet, hat seine Gründe. Wo die einen Furcht und Tod predigen, lehrt der andere Liebe und Toleranz. Aber auch in der Türkei, wo Mevlana lebte und wo er gestorben ist, findet die Botschaft neue Anhänger. »Wer sich auf diesen Weg begibt, ist allein mit sich selbst«, sagt die Istanbuler Schriftstellerin Elif Shafak. »Der Sufismus lehrt, es gibt so viele Wege zu Gott, wie es Herzen gibt, die für ihn schlagen.« Für Elif Shafak ist Istanbul eine Stadt, die einen leiden lässt. Und einem Kraft gibt. Sie hat da ihre Orte. Die

Grabmäler und Logen der alten Sufimeister, das Grab des heiligen Yahya Efendi im Yıldızpark in Beşiktaş, unweit des Dolmabahçepalastes. Durch die Bäume schimmert unten der Bosporus. Vor allem Frauen pilgern hierher, beten. »Die Essenz der Jahrhunderte ist in diesen Friedhöfen, in den Mausoleen der Heiligen«, glaubt Elif Shafak. »In den kleinen Ecken, an denen du vorbeiläufst, in den Ruinen, in dem Verfall. Überall. Wir Istanbuler atmen die Weisheit dieser Stadt, ihre Energie ein, ohne es überhaupt zu merken.«

Mevlana kümmerte sich nicht um das Trennende: »Komm, wer immer du bist. Ob Gläubiger, Heide, Feueranbeter...« Worte wie diese, aber auch seine ekstatischen Hymnen an die Liebe haben ihn den orthodoxen Muslimen stets verdächtig gemacht. Mercan Dede hingegen sagt, diese Zeilen hätten ihn mit solcher Wucht getroffen, weil sie sich lasen wie für ihn geschrieben. Das hat auch mit seiner Kindheit zu tun. Als der 1966 geborene Mercan Dede Teenager wurde, brachten sich in der Türkei gerade Linke und Rechte gegenseitig um, das Militär putschte einmal mehr die Regierung von der Macht. »Ich bin groß geworden mit Hass und Klassenunterschieden, dazu mit Sexismus und und Homophobie. Und dann kommt da dieser achthundert Jahre alte Mann und sagt: ›Vergesst das alles. Jeder von euch ist einzigartig. Kommt zusammen.‹ phantastisch war das, für jemanden, der vom Rand kam, der fühlte, er passt nicht hinein in dieses Istanbul.«

Dass es so lange dauerte, bis ein Suchender wie Mercan Dede auf den Schatz des Mevlana stieß, hat damit zu tun, dass die Türkei sich lange schwertat mit ihrem eigenen Erbe, dass sie es zu vergessen suchte. Atatürk misstraute der Religion, er machte sie verantwortlich für die Rückständigkeit und die Schwäche der Türken Europa gegenüber. Einer seiner ersten Akte nach Gründung der Republik war es deshalb, sämtliche islamischen Bruderschaften und Konvente per Gesetz schließen zu lassen. Offiziell ist auch der Orden der Mevlevi-Derwische bis heute verboten; ihre heiligen Orte wie Mevlanas

Mausoleum in Konya oder die Derwischloge im Istanbuler Galataviertel sind heute keine Stätten der Religion mehr, sondern staatliche Museen. Und wenn die Derwische tanzen, dann tanzen sie nicht mehr nur im Auftrag des Herrn, sondern auch im Auftrag des Kultur- und Tourismusministeriums, das ihre Gehälter bezahlt.

Mercan Dede ging zum Studium nach Kanada, dort erschien auch 1997 sein erstes Album »Sufi Dreams«, auf dem er die *Ney* mit elektronischen Klängen vereinte. Als er kurz danach in seiner Heimat Türkei zu einem Festival eingeladen wurde, da waren die Organisatoren, die ihn am Istanbuler Atatürk-Flughafen empfingen, baff: »Alle dachten, da kommt jetzt ein achtzigjähriger Greis mit einem langen Bart.« So nämlich sahen die türkischen *Ney*-Spieler aus zu jener Zeit. Stattdessen stand da ein junger Musiker mit Dornen in der Frisur, riesigen Ringen am Ohr und einer zweiten Karriere als Techno-DJ. Mercan Dede hatte die *Ney* in unsere Zeit geholt. »Mevlana hat mich umgehauen. Seine Worte waren so lebendig. Das wollte ich mit meiner Musik übersetzen für meine Zeitgenossen.«

Im gleichen Jahr, in dem Mercan Dede erstmals auftrat, 1997, erschien auch der erste Roman der jungen Schriftstellerin Elif Shafak: »Pinhan«, die Geschichte eines transsexuellen Sufi-Derwisches. Es waren die ersten Anzeichen für einen Trend, der nie so deutlich war wie heute: Der Sufismus erlebt eine Renaissance auch in seiner Heimat Türkei, auch in Istanbul. Dutzende von neuen Büchern werden veröffentlicht. An den alten Heiligengräbern und in den einstigen Logen treffen sich die Menschen wieder. »Vor allem die Frauen«, sagt Elif Shafak. Die 1971 geborene Shafak ist heute neben Perihan Mağden die bekannteste Schriftstellerin des Landes (»Der Bastard von Istanbul«) und sagt vom Sufismus, er sei »einer der Flüsse, die meine Welt speisen«. Frauen auch sind es, die zu Zehntausenden zu Mercan Dedes Konzerten strömen (der Staatspräsident war auch schon da und bat den Musiker hernach zum Tee). Fromm muslimische Mädchen mit Kopftuch sieht man da, aber auch Frauen wie die Istanbuler Finanzmanagerin Ayşe Yıldız, die jedes Jahr nach Konya ans Grab von Mevlana pilgert und gleichzeitig in ihrer Freizeit buddhistische Vipassana-Meditation betreibt. »War Mevlana ein frommer Muslim?«, fragt Yıldız. »Ja, er hat den Islam als Rahmen benutzt. Aber wenn er in Europa gelebt hätte, dann hätte er wohl das Christentum als Referenz genommen. Und er wäre zu den gleichen Antworten gekommen.«

Die einen führt das neue Interesse am Islam zu Mevlana, die anderen ein unbestimmter spiritueller Hunger. Für Mercan Dede ist es mehr als nur der Weg zur persönlichen Erleuchtung. »Ideen, die nicht zur Wirklichkeit werden, sind wertlos«, meint er. »Ich will Dinge verändern.« Politisch meint er das. Große Fortschritte habe die Türkei gemacht in Richtung Demokratie. »Schwulenclubs in Istanbul! Undenkbar noch vor ein paar Jahren.« Ausgemerzt aber sind die alten Übel noch nicht, nicht die Unterdrückung von Frauen, nicht die Ausgrenzung eines jeden, der anders ist. »Wir sollten nicht in diese Falle tappen«, sagt Mercan Dede, »Wir sollten allen, auch unseren kurdischen Mitbürgern mit Liebe und Toleranz begegnen.« Mercan Dede hat vor einigen Jahren auf der Bühne erstmals Frauen den Tanz der Derwische tanzen lassen, und er tritt demonstrativ gemeinsam mit kurdischen Musikern wie der Sängerin Aynur auf.

Mercan Dede sagt über seine Rohrflöte, ihr Klang treffe viele Leute unvorbereitet und ziehe sie so in ihren Bann. Das will er nutzen. »Wir sehen uns einem mächtigen und unglücklicherweise grässlich programmierten System gegenüber. Ich bin wie ein Hacker, der nun Viren schafft, die das Programm lahmlegen. Alles, was du brauchst, ist ein Funken. Eine *Ney*.«

Was hält er denn von den alljährlichen Geburtstags- und Todesfeiern, die der Staat für Mevlana ausrichtet, von Derwischen, die bunt ausgeleuchtet für die Touristen tanzen?

»Wunderbar« sei das, sagt er strahlend. Gar nicht kitschig? »Jedes Falschgeld«, meint Mercan Dede, »ist ein Hinweis darauf, dass es irgendwo echtes Geld gibt. Das bringt die Leute doch erst auf den Gedanken.« Die amtlich bestallten Derwische, wie echt sind die denn? Die Antwort, wie aus der Pistole geschossen: »Wie echt bist du denn?«

Himmelblau

Wie stiehlt man der Istanbuler Nacht ein wenig Leben? Wenn man so wenig Geld hat wie der gewöhnliche Istanbuler? Man geht dorthin, wo es Träume gratis gibt. Ans Bosporusufer. An den Rand der Uferstraße von Tarabya zum Beispiel. Der Tee, der kostet die Leute hier eine Lira, mehr als sonst, dafür ist Adem, der Teekocher, ihr Komplize. »Meine Frau habe ich auch am Bosporus kennengelernt«, sagt Adem. Jetzt hat er seinen Samowar hier aufgebaut. In der Bucht sieht man die Jachten schaukeln. Eine Zwischenwelt, der Bosporus. Er öffnet den Blick. Oder ermöglicht die Flucht. Er ist der Trost, den keiner den Istanbulern nehmen konnte, kein brandschatzender Eroberer, kein sengender Nationalismus, kein betongießender Bürgermeister.

Ein schneeweißer Jeep fährt auf den Parkplatz. Die dunkle Fensterscheibe gleitet herunter. Kunden. Adem läuft hin. Kommt schnell zurück. Gießt zwei Gläser Tee ein. »Gibt's ja nicht.« Er schüttelt den Kopf. »Die fanden meinen Tee teuer.« Läuft wieder zum Auto. Kassiert zwei Lira.

Den Bosporus entlang schlängelt sich auf der europäischen Seite eine Küstenstraße von der Innenstadt bis fast hoch zum

Schwarzen Meer, und daran haben die Stadtherren alle paar Kilometer ein Stück Promenade gepappt. Beton auf Beton, etwas lieblos, andererseits: Wer guckt sich schon auf die Füße, wenn er am Ufer der großartigsten Meeresstraße Europas steht. Man bestaunt die neonstrahlende Brücke, die leuchtenden Minarette auf der anderen Seite, die Fischer in ihren Einmannkähnen. Man kann das im Freien machen, selbst im Winter, in einem der Teegärten am Ufer. Man kann aber auch sein Auto auf einen der Parkplätze am Ufer stellen und sich den Tee ins Auto bringen lassen. Von Adem. Die Parkplätze sind voll des Nachts mit Pärchen, die stundenlang durch die Windschutzscheibe träumen. Oder auch nicht. So genau lässt sich das manchmal nicht ausmachen, wenn der heiße Tee die Scheiben beschlägt.

Adem ist zwanzig. Aus Edirne ursprünglich. Dunkelblond, ewiges Lächeln. »Hier kommen meist Paare in ihren Autos.« Kommen sie zum Schmusen? Adem schaut fragend. *Yiyişmek?* Das Wort hat er noch nie gehört. »Sind es Liebespaare?« – »Klar«, sagt er. »Die parken ganz am Rand und lassen die getönten Scheiben nicht runter.«

Adems Frau stammt aus einem Bosporusdorf, aus Rumeli Kavağı, fast schon am Schwarzen Meer. Sie hätten immer hier gesessen, sagt er, abends. »Aber wir hatten kein Auto.« Und wie ging es weiter? »Dann habe ich sie entführt.« Wie bitte? »Ja, entführt. Ihre Eltern und ihre Brüder haben uns nicht mehr in Ruhe gelassen: Eine Wohnung sollte ich kaufen, Geld verdienen ... Es war zum Verrücktwerden. Da habe ich mein Mädchen einfach genommen und bin abgehauen.« Er schenkt ein Glas Tee ein. »Seit vier Monaten aber haben wir unsere Ruhe. Plötzlich bin ich der gute Schwiegersohn.«

Wie denn das? »Meine Frau ist schwanger. Jetzt bekommen sie ihr erstes Enkelkind. Nun freuen sie sich.«

Ja, manche kämen auch allein. Männer, fast immer. »Das sind die mit Liebeskummer. Die erkenne ich. Trinken Unmengen von Tee und qualmen im Auto. Gute Kunden.«

Blutsaugen

Es gibt in bestimmten Städten bestimmte Dinge, die man gemacht haben muss. Im Hongkonger Traditionshotel »Peninsula« zum Beispiel den Aufzug nehmen hoch in den 28. Stock und dort im verglasten Männerpissoir des »Felix« die Skyline anpinkeln. Am smogverhangenen Nachthimmel Pekings einen Stern entdecken, einmal im Leben wenigstens. Und in Istanbul? Ins »Reina« gehen, Arschlöcher gucken. Noch nie vom Türsteher gedemütigt worden? Noch nie dreihundert Euro für eine Flasche Wodka bezahlt? Noch nie mit einer Jacht an der Tanzfläche angelegt? Lässt sich im »Reina« alles in einem Aufwasch erledigen.

Obwohl: Wer hier mit der Jacht ankommt, der muss die Türsteher noch weniger fürchten als jene, die am Vordereingang mit dem Jaguar oder Maserati vorfahren und dabei ihren Wagen auf der engen Uferstraße stets so gekonnt umständlich manövrieren, dass sie für größtmöglichen Stau, also für größtmögliches Aufsehen sorgen. Wir hätten den Kahn von Fischer Turan nehmen können, der anbot, mit uns für fünfzig Lira den Bosporus hinabzutuckern, entschlossen uns aber fürs schlichte Taxi, so cool waren wir dann doch nicht. Wir kamen problemlos rein, mussten nicht einmal unsere Waffen vorzeigen, wie es das Schild am Eingang verlangte: Wir hatten einen Tisch reserviert in einem der sieben Restaurants des »Reina« und waren früher da als die Türsteher.

Und was für einen Tisch. Am Bosporus. Auf dem Bosporus. Im Bosporus. Sternenbeschienene Terrasse. Schräg über uns die süßsauren Neonlichtspiele, in die die Stadtregierung allabendlich die Bosporusbrücke tunkt, gegenüber, am asiatischen Ufer, hell erleuchtet der Beylerbeyi-Palast. Hoch darüber der Mond, dem da noch nicht anzusehen war, dass er an diesem Abend beinah vom Erdschatten verschluckt werden würde. Das Mondlicht auf dem schwarzen Wasser: eine eigene silbern schimmernde Brücke zwischen den Kontinenten. Was für ein Abend für eine Mondscheinfahrt auf dem Bosporus. Tanzboote gleiten vorüber, mit ihnen Fetzen von Turkpop und Arabesk. Säulen begrenzen die ins Wasser gebaute Plattform des »Reina«, daran hängen geraffte Vorhänge wie im Theater. Bloß, wer blickt hier auf die Bühne? Der Gast, der den Blick von Wasser und Mondschein nicht lösen kann, oder die Vorübergleitenden, die zurückblicken? Vor einigen Jahren rammte an dieser Stelle ein russisches Schiff ein Boot von Studenten der Bosporus-Universität, die ihren Abschluss feiern wollten und dabei ganz nah ans »Reina« steuerten, um einen Blick auf das Treiben dort zu erhaschen. Vier Menschen ertranken.

Was es im »Reina« zu sehen gibt? »Könige und Prinzen«, behauptet der Club selbst vollmundig, »Staatschefs, die hier die Probleme der Welt diskutieren und Geschäftsleute, die Milliardenprojekte unterzeichnen.« Pfff, meint unsere Freundin Dilek, eine Bankerin, die sich auskennt mit Istanbulern, die ihr Geld gerne in der Schweiz angelegt hätten: »Die meisten hier sind Möchtegerne und Nataschas.« Nataschas heißen in der Türkei die jungen Frauen aus Moldawien oder Russland, die Jagd machen auf großzügige Gönner. Mehr noch als die Probleme der Welt werden im »Reina« diskutiert die Lackierung des neuen Ferrari und der Heilungsprozess der letzten Narben am Dekolleté. Uma Thurman tanzte hier und Sting und Boris Becker und Michael Schumacher, und selbst den Besuch eines gewissen Harry Potter vermeldet die Gästeliste. Kurz vor unserem Besuch verhafteten sie den Sicherheitchef des »Reina«, er soll Teil eines mafiös-nationalistischen Netzwerkes gewesen sein. Seine Fingerabdrücke fanden sich auf einem Tresor mit Handgranaten und in seiner Wohnung Dossiers über hohe Politiker.

Kurz vor Mitternacht ziehen die Kellner uns den Tisch unterm Weinglas weg. Jetzt wird getanzt. Beziehungsweise: auf der Stelle gewippt, mit jenem lauernd desinteressierten Blick, dem nichts entgeht, kein potenzielles Beutetier, kein neidisch-verstohlenes Herschauen, in dem sich die eigene Schönheit spiegeln lässt. Im »Reina« treffen sich Männer, die den Finger ausstrecken und sagen: »Ich habe dieselbe Jacht – bloß größer.« Paris-Hilton-Klone, heute mindestens sechs. Aber auch Studenten, die zu Hause schon mal vorgetrunken haben und sich nun an einem Bier festhalten. Gerade spielen sie eine arabisch angehauchte Coverversion von »Hotel California«; die Araber lieben Istanbul.

Ein Raunen, Finger zeigen auf den Mond, von dem nun nur mehr eine schmale Sichel geblieben ist. Mondfinsternis. Dilek sagt, das lasse sie an jene Stunde im August 1999 denken. Als das große Erdbeben kam, in genau jener Nacht, da ein Hof den Mond umwölkte. Ein Zeichen? Nicht für heute. Nicht für diese Leute hier, nicht für diese sich selbst segnende Versammlung von »Gewinnern und Intelligenz« (»Reina«-Eigenwerbung). »Den göttlichen Pfad der glücklichen Türken« nannte eine Kolumne der liberalen Zeitung »Radikal« die Uferstraße am Bosporus sarkastisch: »Hier feiern sich die Istanbuler, die keinen Respekt haben vor den anderen, keinen Respekt vor Regeln und Gesetzen, keinen Respekt vor irgendwas.« Vor zwei Jahren stürzte ein illegaler Aufbau auf dem »Reina« ein, erschlug im Nebenhof einen

Gärtner, seine Frau und seinen Sohn. Wenig später schon lief der Betrieb weiter, als sei nichts geschehen. Mit Blick auf den Bosporus leben und feiern die Reichen, hinter den Hängen hausen die anderen, die des Nachts ihre Kinder vors »Reina« schicken, Papiertaschentücher verkaufen. »Die Türken sind Muslime«, sagt Dilek und zuckt mit den Schultern. »Sie protestieren nicht. Schicksal ist Schicksal.«

Nachts um vier vor der Damentoilette. Louis-XV-Sessel säumen die Wand vor der Tür. Darauf alles, was die Dame so ablegt: Gucci-Täschchen nebst Armani-Männchen. Dilek kommt aus der Toilette. »Da drin ist Transsylvanien«, meldet sie: »Die Vampire machen sich fertig.« Auf den Sesseln ein paar falsche Blondinen mit falschen Augenbrauen, falschen Haarteilen und falschem Busen, die sich kühle Luft zufächeln. Viel Zeit bleibt ihnen nicht mehr, bevor die Sonne aufgeht.

Sattweinen

Klassenkampf. Beginnen wir bei der Musik. Beim Arabesk. Die Liebe unerfüllt, die Freundschaft flüchtig, die Stadt ein ewiger Feind und die Verzweiflung dein einziger Kamerad. Davon singt der Arabesk.

Der »Imparator« zum Beispiel. Manchmal auch »Iborotti«. Bauern wie Präsidenten kürzen seinen Vornamen Ibrahim ab zum kumpelhaften »Ibo«, sein Nachname Tatlıses bedeutet »Süße Stimme«. Den Nachnamen hat er sich zugelegt, nachdem er vor mehr als drei Jahrzehnten entdeckt wurde, angeblich auf einer Baustelle. Das Märchen vom singenden Schlosser. Berühmt gemacht hat ihn das Lied »Schuhe an ihren Füßen«, seither tränkt Ibrahim Tatlıses mit endlosen Variationen der hoffnungslosen Liebe und des Leidens an der Welt die Taschentücher der Nation: *Du hast meine Liebe zum Verfaulen gebracht / Ich schlage und schlage meine Brust / Ich sterbe, ich steheheeerbe.* Wenn du betrunken bist, warnte mein Freund Sinan einmal, hör bloß keine Ibo-Lieder: zu gefährlich.

Noch gefährlicher: der Sänger Müslüm Gürses. »Die niederträchtigste Form des Arabesk« (Sinan). *Als wäre die Welt auf meinen Kopf gestürzt / Als seien auf meinen Körper Kugeln abgefeu-*

ert / Wie im Krieg / Meine Gefühle schwer verletzt / Verletzt, verletzt / All meine Erinnerungen schwer verletzt. So viel Leid. So viel Ekstase. »Lumpenproletariat«, heulte die etablierte Presse.
Klassenkampf.

Arabesk ist ein Bastard, eine Mischung aus orientalischer Verzweiflung und westlichem Schlager. Den Rhythmus von der westlichen Popmusik geklaut, in Ägypten das arabische Kleid drübergestreift und zu guter Letzt in der Türkei Leid und Not des städtischen Proletariats daruntergerührt. Vor fünfzig Jahren gab es anderthalb Millionen Istanbuler, heute sind es zehnmal so viel. Die Musik einer unerfüllten Liebe. Die Musik einer neuen Klasse. Die Musik der neuen Istanbuler. Protestmusik auf seine Art, konkurrenzlos vor allem seit dem Militärputsch von 1971. Als Anatolien nach Istanbul zog und Istanbul explodierte. Als die Linke vernichtet wurde und mit ihr ihre Musik. Den Armen blieb der Klageschrei des Arabesk, von der Lebenslust der alten türkischen Volksmusik, aber auch von ihrer rebellischen Tradition war da nicht mehr viel übrig. Im Arabesk wird mehr geheult als Fäuste geballt. Es ist die Musik der *Gecekondu*, der über Nacht hochgezogenen Armenviertel. »*Dolmuş*-Musik« nannten die alten Istanbuler es verächtlich. Im Staatsradio lief seit Jahrzehnten nur europäische Klassik und türkische Kunstmusik. Die Anatolier, die Bauern, die Armen, sie hörten lieber ägyptisches Radio, sahen ägyptische Filme. Dann, als sie nach Istanbul zogen, Arabesk. Der Ausbruch aus dem Dorf, der Aufbruch in eine neue Welt prägt den Arabesk, aber es ist eine Freiheit, die in den alten Schranken stecken bleibt: Von Ehre, Tradition und alter Männlichkeit singen auch die neuen Lieder. Werte, mit denen sich die Männer die Anonymität und den Überlebenskampf erträglich zu machen suchen.

Baba, Vater des Genres, ist der bereits mehrfach genannte Orhan Gencebay, ein Ausnahmemusiker, der sich mit seinem Talent und seiner Ernsthaftigkeit, mit der er den ewigen Themen Schmerz und Entfremdung nachspürt, Respekt erworben hat wie kein anderer Arabesksänger. An Popularität überragt hat ihn zeitweise nur Ibrahim Tatlıses. Der Türken Schnulzenkönig, der Türken Lieblingskurde. In den Achtzigern, auf dem Zenith seiner Karriere, gab es in der Türkei die zwei Kurden Apo und Ibo: der eine verhasst, der andere vergöttert. Apo (Abdullah Öcalan) führte seine Anhänger von der Kurdischen Arbeiterpartei PKK in Befreiungskampf und Terror, Ibo trat bei Konzerten in Kurdengebieten auf die Bühne und verkündete brav, er sei »Türke kurdischer Abstammung«. So wurde er zum Vorbild – seinen türkischen Fans als Musterkurde; seinen kurdischen Fans als einer der ihren, der es geschafft hatte: Auch ein Kurde konnte reich und berühmt werden, mit den schönsten Frauen des Landes schlafen und vom Staatspräsidenten Turgut Özal und dessen Ehefrau Semra zum Hofsänger bestellt werden. (Berühmte Präsidentensätze. John F. Kennedy vor dem Rathaus Schöneberg in Berlin: »Ich bin ein Berliner.« Michail Gorbatschow in Ostdeutschland: »Wer zu spät kommt, den bestraft das Leben.« Turgut Özal am Steuer seines Autos auf der Bosporusbrücke: »Semra, leg die Ibo-Kassette ein!«) Zu jener Zeit liefen auf den Kanälen des staatlichen Fernsehens nicht selten zwei oder drei Ibo-Shows gleichzeitig. Ibo war salonfähig geworden, der erste Künstler, der sich einen Privatjet leistete. Bald nannte er ein Busunternehmen und eine Fast-Food-Kette sein Eigen, die türkische Pizza (»Tatlıses-Lahmacun«) servierte. Der arme Bauernsohn aus Urfa hatte es geschafft. Wenigstens einer.

Unzählige Filme haben sie gedreht, die Helden des Arabesk, die meisten folgen demselben Strickmuster: Aus der Provinz anreisender Held steigt in Istanbul aus dem Bus mit nichts als seiner *Saz* und seiner Nachtigallenstimme, schlägt sich in eines der Armenviertel durch und nimmt den Kampf auf gegen die sich sträubende Stadt und den Unstern der Liebe. Die Qualität der Filme wurde am Tränenausstoß im Kino gemessen. Einige Szenen wiederholen sich in jedem Werk. Die kurzen Sekunden des Glücks, bei denen die beiden Verliebten im Wald Haschen spielen und einander immer wieder hinter den nächsten Baumstamm enteilen. Die Ohrfeigenszene: Held ohrfeigt Geliebte, weil ihm – natürlich eine gemeine Lüge – hintertragen wurde, sie sei zur Hure geworden. Oder die Wiedersehensszene nach langer Trennung durch böse Dritte: Rufender Mann läuft von links, Frau mit ausgebreiteten Armen von rechts ins Bild, dann setzt die Zeitlupe ein, und sie springen, von herzerweichendem Tremolo unterlegt, aufeinander zu. Das kann, unterbrochen von Rückblenden, Minuten über Minuten dauern, umarmen dürfen sich die beiden erst, wenn der Zuschauer sich sattgeweint hat.

Arabesk hat seine besten Jahre nun hinter sich. Ibrahim Tatlıses geht auch schon auf die sechzig zu. Er hat all die Jahre überlebt, die meisten davon prächtig, aber auch wenn Augenbrauen und Schnauzer so stramm sitzen wie eh und je, so ist doch nicht zu übersehen, dass die Zeit ihren Tribut gefordert hat. Nicht geändert hat sich dies: Noch immer ist die Stadt gespalten, in Alteingesessene und Neuankömmlinge, in Reich und Arm, und noch immer werden die Armen – obwohl längst die Mehrheit – behandelt wie eine vernachlässigbare Minderheit.

Die Kluft zwischen Reich und Arm ist obszön. Die vermögendsten zehn Prozent der Türkei sind siebzehnmal so reich wie die ärmsten zehn Prozent. Das hat die OECD in einem Bericht von 2008 festgestellt. Der Bericht fand nur ein Land weltweit, in dem die Ungleichheit schlimmer war, nämlich Mexiko. Und nirgendwo in der Türkei prallen die Gegensätze so aufeinander wie in Istanbul. Der sattesten Stadt. Der hungrigsten Stadt. Nirgendwo stellen sich so viele Familien in Suppenküchen an, nirgendwo gibt es so viele Kinder (Mädchen meist), die nie in der Schule erscheinen – was sonst nur in den rückständigsten und ärmsten Regionen des Landes geschieht. An den Hängen zum Bosporus und unten am Ufer stehen einige der schönsten und teuersten Häuser Europas, oben, hinterm Hügelkamm, auf der dem Wasser abgewandten Seite, beginnen vielerorts die *Gecekondu*-Siedlungen. Es gibt die Leute, die im »Reina« die dreihundert Euro für die Flasche Wodka bezahlen. Es gibt aber noch mehr Familien, wie jene im Viertel Fikirtepe, die sich in ihrem kahlen Wohnraum zum Festessen im Ramadan auf dem Teppich niederlassen und Kartoffelsuppe und Nudeln mit Tomatensoße verzehren. Nicht einmal für Oliven und Schafskäse reicht das Geld, das der Vater und der ältere Sohn mit nach Hause bringen: Vierhundert Lira, knapp zweihundert Euro, verdient der Sohn als Kellner im Monat. Weniger als die Armutsgrenze, weniger als der offizielle Mindestlohn. Muss man sich wundern, wenn in Istanbul ein Viertel aller Türken leben, laut Polizeistatistik aber die Hälfte aller Verbrechen begangen werden? Keine Angst, Istanbul ist noch immer eine sichere Stadt, vor allem, weil Gewaltverbrechen die Ausnahme sind. Aber Taschendiebstahl ist Alltag, und bei fast jedem unserer Freunde ist schon eingebrochen worden, oft, während sie schliefen. Dass wir bislang verschont blieben, schreiben wir den zwei Soldaten zu, die vor unserem Haus Tag und Nacht Wache stehen, des pensionierten Admirals im ersten Stock wegen.

Dafür, dass die Armut noch immer so groß und staatliche Fürsorge praktisch nicht vorhanden ist, gibt es in Istanbul erstaunlich wenig Bettler und noch weniger Obdachlose. Das liegt vor allem an dem noch immer starken Zusammenhalt der Familie, sie ist das soziale Netz. Auf der anderen Seite hat das Vorleben ungehemmten Reichtums durch eine kleine Schicht einen fatalen Effekt auf die anderen: Ganz Istanbul lebt über seine Verhältnisse. Neues Handy, dickes Auto, Hauptsache, man sieht nach mehr aus. Egal ob Putzfrau, Polizist oder Accountmanager – praktisch alle haben ihre Kreditkarten überzogen, was einem sträflich leicht gemacht wird in der Türkei, alle haben sie Schulden bei Freunden und Verwandten, die sich wiederum bei anderen Freunden und Onkeln Geld borgen. »Meine ganze Belegschaft hat mich schon um

Vorschuss angebettelt«, erzählt ein deutscher Telekom-Manager in Istanbul: »Vom Hausboten bis hoch zu den Leuten, die drei-, viertausend Euro im Monat verdienen. Verrückt ist das.« Nicht ungefährlich zudem: Die Zeitungen berichten fast täglich von Selbstmorden jener, die ihre Kreditkartenschulden nicht begleichen können.

Es stehen sich die Wohlhabenden und die Habenichtse, die Alteingesessenen und die Zuzöglinge gegenüber. Und die einen begegnen den andern mit einer Mischung aus Furcht und Verachtung. Die Haltung hat Tradition. Die Zeitung »Cumhuriyet«, das Zentralorgan der kemalistischen Revolution, druckte einmal diese denkwürdige Schlagzeile: »Das Volk hat die Strände überflutet – die Bürger können nicht baden«. Dort das Volk, hier die Bürger. Die Überschrift ist jetzt mehr als fünfzig Jahre alt, die Mentalität in den Hirnen derer, die sich stolz Bürger nennen, noch frisch. Und so mokieren sie sich über all jene, die ihre Wäsche auf den Balkon hängen. Die ihre Straßenschuhe vor der Wohnungstüre abstellen. Die das Kölnisch Wasser etwas zu dick auftragen. Die kulturellen Codes der Istanbuler. Mit denen nicht immer alle gleich geschickt jonglieren.

Die arme Bahar Feyzan zum Beispiel. Hatte wohl keine Ahnung, in welchen Fettnapf sie da trat. Moderatorin beim Istanbuler Fernsehsender »Kanal 24« eben noch. Über Nacht arbeitslos. Wegen eines Interviews. Wegen einer Antwort. Einer ehrlichen Antwort. Mit was sie denn am meisten zu kämpfen habe bei Live-Sendungen, wollte der Zeitungsreporter wissen. Die Antwort liest sich wie ein langer, lauter Seufzer: »Am schlimmsten«, sagte also Frau Feyzan, »finde ich die Gäste, die Kölnisch Wasser mit Zitronenduft tragen. Ich ertrage das nicht. Ich drifte dann weg vom Thema, von der Sendung. Meine Nasenwurzel beginnt zu schmerzen.« Da war er, der Fettnapf, ach was: das Minenfeld. Fristlose Kündigung. Wegen Kölnisch Wasser.

Nicht immer war das ein so heikler Stoff. Viel begehrt nach

seiner Erfindung durch den italienischen Parfümeur Johann Maria Farina im Köln des Jahres 1709. Die mit Rosenwasser verwöhnten Osmanen fanden schnell Gefallen an dem Destillat von Bergamotte, Limette, Orange und anderem Zitrusgewächs. »Odikolon« (nach »Eau de Cologne«) nannten sie es zuerst; der Parfümeur Ahmet Faruki dann, der 1882 mit der heimischen Produktion begann, gab ihm den Namen »Kolonya« (alttürkisch für Köln). Kolonya wurde schnell Volksparfum und Allheilmittel dazu: Kopfschmerzen? Ein Spritzer auf die Schläfen. Beim Rasieren geschnitten? Kolonya einmassiert. Es gab eigene Kolonyaläden, die verkauften Flakons in Form eines Minaretts oder eines tanzenden Derwisches, die man stolz auf dem Fernsehapparat ausstellte. Bis heute entrinnt man ihm nicht. Im Kebapladen, beim Friseur, im Überlandbus, in privaten Wohnzimmern – wer nicht schnell genug die Hände wegzieht, der bekommt sie in Kolonya gebadet. In ziemlich penetrantem Zeug – die anderen sollen schließlich riechen, dass man sauber ist.

Längst aber gilt Kölnisch Wasser als provinziell. Der in einer Kolonyawolke einhermarschierende Türke entlarvt sich mittlerweile als Landei. Ebenso genügt das Kodewort »Kolonya« heute, einen als ein solches zu diffamieren. Auch das wurde der Moderatorin Bahar Feyzan zum Verhängnis: Sie hatte ganz offensichtlich die Kölnisch-Wasser-Schlacht zwischen zwei prominenten Kolumnisten verschlafen. Oray Egin, Autor der Zeitung »Aksam«, hatte den konservativ-islamischen Starjournalisten Fehmi Koru im Frühjahr diesen Jahres sichtlich aufgebracht, als er ihm den Spitznamen »Kölnisch-Wasser-Koru« verpasste und arglistig nachschob, Fehmi Korus Vater sei »im Kolonya-Geschäft tätig gewesen« – womit er mitten in den türkischen Kulturkampf zwischen aufstrebenden Anatoliern und alter urbaner Elite zielte: In den Köpfen der alten Istanbuler nämlich löst »Kolonya« mittlerweile unweigerlich die Assoziation »anatolischer Bauer oder Neureicher, womöglich noch frommer Muslim« aus. Fehmi Koru jedenfalls – ein guter Bekannter von Premierminister und Staatspräsident – fühlte sich ob der ihm angedichteten Nähe zum Kölnisch Wasser in seiner Ehre gekränkt. Er sorgte umgehend dafür, dass die betreffende Zeitung »Aksam« ein großes Interview mit ihm veröffentlichte, in dessen Zentrum weniger seine Analyse der neuen Kurdenpolitik des Staatspräsidenten stand als vielmehr ein Foto, das Fehmi Koru vor einer großen Flasche teuren Parfums der Marke »Joop« zeigte. Weltmann Koru, so die Botschaft.

Was das alles mit Moderatorin Bahar Feyzan zu tun hat? Ihr Arbeitgeber, Kanal 24, gehört dem konservativen, regierungsfreundlichen Lager an. Wie auch Starkolumnist Fehmi Koru. Jenem Lager also, das generell unter Kolonya-Verdacht steht. »Fehlender Respekt vor der Institution und den Gästen« begründete der Sender die Kündigung. »Ganz ehrlich«, verteidigte sich Feyzan nach dem Rauswurf: »Ich wusste nicht, dass Herr Koru ›Kölnisch-Wasser-Koru‹ genannt wurde«. Ein Tick zu viel Naivität für ein Land, in dem auch die Gerüche politisch sind. Man nennt sie auch die »weißen Türken«, jene urbanen Bürger, denen das Kolonya stinkt, und sie fühlen sich heute zunehmend eingekesselt von den schwarzen Türken, von Männern mit Schnauzbart und Frauen mit eng geschnürtem Kopftuch. Auch deshalb zieht der Mittelstand gern um in eine der vielen *Site* (wird ausgesprochen wie sein französisches Ahnwort *cité*), jene von hohen Mauern umstellten und von privatem Sicherheitsdienst bewachten Villen- und Appartementsiedlungen. Die *Site* ist ihnen die Fluchtburg, das saubere, sichere Istanbul, das sie draußen nicht mehr zu finden glauben.

Die Fronten sind übrigens nicht immer deckungsgleich: Nicht alle Alteingesessenen sind wohlhabend, nicht alle Zugezogenen bleiben arm. Wo die Anatolier, die Dörfler, die Bauernkinder aber die Schranken durchbrechen, wo sie selbst zu Geld kommen und mit Porsche und SUV die Uferstraße entlangfahren, am Steuer vielleicht gar eine junge Frau mit Designer-Kopftuch, da werden Spott und Ablehnung reflexhaft noch größer. »Mit ihren anatolischen *Köfte* (den Hackbällchen) und ihrem *Lahmacun* (der türkischen Pizza) haben sie unser Istanbul überschwemmt«, lamentiert Ara Güler, der alte Fotograf. »Und was ging verloren? Istanbul ging verloren. Wie kann man unter diesen Menschen noch Istanbul finden?« Die Klage hört man oft. Es ist die Klage der Aristokraten, die nicht nur vor dem Pöbelhaften, sondern auch vor der Gier und Kraft der Emporkömmlinge erschaudern.

Natürlich haben die Anatolier das Dorf in die Stadt gebracht. Die Schafherde, die einem ungerührt blökend auf den Straßen des Viertels Tarlabaşı in der Stadtmitte begegnet, als seien dies ihre natürlichsten Weidegründe; das Kamel, das die feiernden Arbeiter auf dem Rollfeld des Atatürk-Flughafens schlachten; überhaupt die sich zum Opferfest alljährlich wiederholenden Bilder von panisch davongaloppierenden Schafen und einem das Schlachtbeil schwingenden hinterdreinlaufenden Schnauzbart – viele Istanbuler schaudert es bei diesem Anblick, für sie sind das die Zeichen einer neuen Eroberung und des Niedergangs ihrer Stadt. Andere sehen das gelassener. »Natürlich leiden wir unter einer miserablen Urbanisierung«, sagt eine befreundete Schriftstellerin, »aber daran sind allein wir selbst schuld: Wir haben diese Leute im Hinterland im Stich gelassen, wir haben jahrzehntelang nichts für sie getan. Also sind sie zu uns gekommen. Jetzt gehört die Stadt ihnen.«

Ihre Geringschätzung und ihre Ängste hat die urbane Mittelschicht in das Bild des *Maganda* gegossen: Der *Maganda* ist die Karikatur des Grobians, mit dem sie nun ihr Heim teilen. Erfunden wurde der *Maganda* von der Satirezeitschrift »Gırgır« in den 1970ern, schnell ging er in den allgemeinen Sprachgebrauch ein. (Ein ganz eigenes Kapitel: die Liebe der Türken zur bösen Satire, insbesondere zur gezeichneten; nicht weniger als drei Wochenmagazine zählte ich am Kiosk, die sich dem gesellschaftspolitischen Comic widmen).

Was also ist ein *Maganda*? Umfrage unter Istanbulern:

»Eine Spezies von Mann, die ihre Evolution noch nicht abgeschlossen hat.«

»Einer, der mit Zigarette zwischen den Lippen schwimmen geht.«

»Einer der dich anrempelt und, statt sich zu entschuldigen, dich anbrüllt, bloß auf deiner Seite zu bleiben, sonst...«

»Einer, der, wenn du ihm den Vogel zeigst, an der Kreuzung sein Auto anhält, aussteigt und mit der Eisenstange in der Hand auf dich zukommt.«

»Das verbreitetste Modell von Mann in unserem Land.«

Der *Maganda* ist unrasiert, ungekämmt, laut, grob, latent gewalttätig. Weil lange als ausgemacht galt, dass man einen solchen Halbstarken schon an seinen weißen Socken erkennt, verbot der Parteichef der ultranationalistischen MHP vor ein paar Jahren seinem Parteinachwuchs (den berüchtigten »Grauen Wölfen«) das Tragen weißer Socken. Jene Parlamentsabgeordnete, die im Parlament die Qualität ihrer mitgebrachten *Çiğ-Köfte* – Hackbällchen auf Urfa-Art aus rohem Fleisch und Grieß – auf traditionelle Art testeten, indem sie sie nach dem Kneten so lange an die Decke warfen, bis eines kleben blieb, enlarvten sich für die Istanbuler Presse selbst als *Maganda*. Arabesk-König Ibrahim Tatlıses galt von Anfang an als einer und machte seinem Ruf alle Ehre, als er vor laufender Kamera seine Freundin verprügelte. Eine andere Geliebte, berichteten die Zeitungen, habe er von befreundeten Gangstern anschießen lassen, nachdem sie ihn verlassen hatte. Als der Sänger auf der Liste der Angeklagten im Prozess gegen die »Sauna-Bande« auftauchte – die Bande hatte Politiker in die Arme von Prostituierten gelockt, um sie dann zu erpressen –, wunderte sich schon keiner mehr. Seinem Geschäft hat all dies bislang nicht geschadet: Ibo ist nach wie vor Abend für Abend im türkischen Fernsehen zu sehen, wo er die jeweils neueste Lackierung seines Schnauzers vorführt.

Sie leben in getrennten Welten, die weißen und die schwarzen Türken. An einer Stelle aber, da hat es ein Schwarzer in die Welt der Weißen geschafft, und nun begegnen sich beide Tag für Tag, von frühmorgens bis spätabends, und müssen miteinander auskommen. Es ist die Figur des *Kapıcı,* des Istanbuler Gegenstücks zur Pariser Concierge und zum deutschen Hausmeister. Wie in Deutschland auch kümmert er sich um Zentralheizung und Treppenhaus und schneidet Hecke und Rasen. Bloß: Der *Kapıcı* ist so viel mehr. Jeden Abend holt er die Mülltüten ab, die die Bewohner vor die Wohnungstüre stellen, und jeden Morgen erledigt er all die Besorgungen, die sie ihm auftragen: Der *Kapıcı* bringt Milch und Brot vom Bäcker frisch auf den Frühstückstisch. Wenn der Golden Retriever der Dame im dritten Stock Auslauf braucht, dann ruft sie den *Kapıcı*, wenn ihr der Nachbar im Stockwerk drüber zu laut Musik hört, ebenfalls, und wenn einmal der Nachtwächter ausfällt, der den Appartementblock bewachen soll, dann erledigt der *Kapıcı* auch diesen Job.

Oft ist die Hausmeisterarbeit die erste Anstellung für einen Zuzögling aus Anatolien. In türkischen Filmen der Siebziger hört man manchmal Bauern träumen: »Ach, könnte ich doch *Kapıcı* werden und leben wie die Herren und Paschas.« Dabei geht es erst einmal ab in den Keller: Das Leben in der Stadt beginnt für den neuen Hausmeister und seine Familie im Souterrain der modernen Appartementhäuser. Es ist immer die kleinste, dunkelste und billigste Wohnung, die für sie reserviert ist. Der Mann dient den Hausbewohnern als Hausmeister, die Frau putzt, und die Söhne gehen dem Vater beim Einkaufen und Müllabholen zur Hand. Sie sind die Dienstboten der Istanbuler Mittelschicht. Und wie allen Dienstboten bleibt ihnen nichts Intimes verborgen. Der *Kapıcı* weiß, wann einer nach Hause kommt, wen er mitbringt und wie lange er schläft. Er kennt die leeren Whiskeyflaschen in der Mülltüte eines jeden Bewohners, und die Damen des Hauses sind ihm auch ungeschminkt und im Morgenrock vertraut. Der Hausmeister wird einem immer unterwürfig begegnen und ein »Mein

Herr« oder »Großer Bruder« entbieten. Gleichzeitig nähren die Arroganz und Verachtung vieler Hausbewohner, die ihn herumbefehligen und nicht selten als Prügelknaben benutzen, bei ihm ein kaum verhohlenes Ressentiment, das wiederum den von ihm vordergründig Hofierten nicht verborgen bleibt. Es ist kein spannungsfreies Verhältnis zwischen den ein oder zwei Dutzend Herren und ihrem einen Knecht. Albtraum so mancher Bürgerfamilie ist es, ihre Tochter könne sich in den Sohn des Hausmeisters verlieben. Dem Hausmeister bleiben für all die Demütigung die kleinen Vergeltungen des Alltags: etwa wenn er den Ball der Nachbarjungen nicht zurückgibt, der im Garten seines Hauses landet. Oder wenn er ihn vor dem Zurückgeben aufschlitzt.

Klassenkampf, die vorletzte. Fazil Say ist der berühmteste Pianist des Landes. Ein Weltstar, ein Weltbürger, ein Weltklasse-Polterer. Arabeskmusik, schrieb er auf seiner Facebook-Seite, sei »eine Bürde auf den Schultern der Aufklärung und der Moderne«. Sie sei »reaktionär«, »verlogen«, »unmoralisch« – die Musik eines faulen, korrupten, in Selbstmitleid versinkenden Menschenschlages. Eine Breitseite auf sein Volk und dessen »Arabesk-Proletentum«: »Ich schäme mich, schäme mich, schäme mich.« Applaus aus den Rängen der Blütenweißen.

Klassenkampf, die letzte. Die Zeitung »Hürriyet« ist das Zentralorgan der weißen Türken. »Hürriyet«-Chefredakteur war Jahrzehntelang der weißeste aller weißen Türken, Ertuğrul Özkök. Aber selbst er wurde manchmal weich. »Oh mein Gott, *Arabesk* …«, seufzte er einmal: »Alles, was ich als Intellektueller eigentlich hassen sollte, ergreift meine Seele, und ich kann nichts dagegen tun. Ist es die Musik, sind es die Texte, der Rhythmus? Ein Gefühl des Verrates an meiner Klasse kommt auf, und ich schließe Frieden mit meiner Vergangenheit, meinen Komplexen, meiner intellektuellen Selbstgefälligkeit, meinen idiotischen Obsessionen … mit allem und jedem.« Frieden ist möglich. Für drei Minuten.

Grillen

Man stellt sich das so vor: Als die türkischen Horden auszogen aus Zentralasien, um neue Weidegründe zu suchen, da schickten sie einen Reiter vor, und wenn der zurückkam mit der Nachricht: »Wir haben einen schönen Platz gefunden: sattes, grünes Gras und in der Mitte ein schattiges Wäldchen, da gab es kein Halten mehr. Hinreiten, Pferd an Ast binden, Matte ausrollen, Beine über Kreuz und: »Aaah!« »Einen Grabstein brauch ich nicht«, schrieb der Dichter Nazım Hikmet in seinem Testament: »Den Schatten eines Baumes nur, irgendwo in Anatolien.« Ein Niemand. Glücklich und frei.

Der Schritt vom Nomadentum zur Sesshaftigkeit war dem Menschen ein schmerzhafter. Die Bibel hat ihn festgehalten im Bild von der Vertreibung aus dem Paradies. Eben noch war Adam ein Jäger und Hirte, ungezwungen durch die Wälder streifend und sich an den Geschenken Gottes labend – da fand er sich auch schon wieder an die staubige Scholle gefesselt, ein Bauer, harkend, jätend, Steine klaubend, das Tagwerk eine Fron, im Schweiße seines Angesichts bis an sein Lebensende. Das Trauma hallt in jedem von uns nach, um wie viel mehr in jenen, die den Schritt erst vor ein paar Hundert Jahren taten. Man mag es den Türken nicht verdenken, wenn sie jede, aber auch jede Gelegenheit nutzen, den Schritt zurück ins Paradies zu tun. Alles, was es dazu braucht, ist ein Fleckchen Grün.

Der Mann allein unterm Baum, auf seinem aufgeknoteten Tuch ein Stück selbst gemachter Käse und ein Kanten Brot: das ikonische Bild des anatolischen Bauern. Gleichzeitig ist dieser Bauer das Elementarteilchen des türkischen Picknicks. Eine Frau allein? Nein. Zwei oder drei Frauen, eine ganze Blase zum Teeklatsch unter Kirschbäumen, das schon. Meist aber nimmt auf dem unterm Himmelszelt ausgebreiteten Teppich die Großfamilie Platz, mindestens. Es gilt: Wenn der Anatolier grün sieht, dann nistet er. Ich hab es schon erwähnt: auch in Istanbul, an den unwahrscheinlichsten Stellen. Egal ob der Randstreifen der Flughafenautobahn oder eine Verkehrsinsel, um die achtspurig der Verkehr braust, kein Fleckchen Rasen ist zu gering, als dass man ihn nicht zu einem Quadratmeter Glückseligkeit machen könnte. Hauptsache Gottes Erde unter einem und der blaue Himmel über einem. Lärm stört nicht, im Gegenteil: Das Tosen der Laster, das Hupen der Autokolonnen, das ist das gewaltige Leben, das einen wohlig in seine Mitte nimmt. So vereinen sich aromatisch Abgaswolken und Kebabduft, man ist allein unter vielen und hängt ungestört und ungezwungen den Träumen von der alten Zeit nach, während man sich gleichzeitig der Zivilisation sicher weiß.

Als es nach Deutschland ging, in den Sechzigern und Siebzigern, da war das ein neuer Aufbruch gen Westen. Mit dem Auto über die E5 setzten sich die Kolonnen in Bewegung. Ausgeplündert von Grenzern und den jugoslawischen Polizisten mit ihren falschen Strafzetteln, in einer Tüte stets ein paar Stangen Marlboro für die uniformierten Straßenräuber. Am Straßenrand der E5 aber die neuen Weidegründe der Türken: ein einziger Picknickstreifen, eine große Rauchwolke von Edirne bis zum Berliner Tiergarten.

Die Zurückgebliebenen derweil: stets auf der Suche nach dem Baum in der Nähe, an dem man das eigene Auto festbinden kann.

In Istanbul gibt es auch solche Orte. Den Belgradwald etwa, hoch oben, kurz vorm Schwarzen Meer. Stadtplan und GPS braucht man hier nicht, zumal samstags und sonntags: zuerst der Rauchsäule nach, dann dem vielstimmigen Konzert der Autoradios, die den Forst vibrieren lassen. »Das Wochenendpicknick, das ist ein wenig wie nach Wien zum Belagern gehen«, sagt Sinan. Wenn die Familie aus dem Osten stammt, dann schleppt sie die halbe Wohnung mit. Teppich, Teekocher, Grill, Kühltaschen voller Fleisch, Obst, Gebäck, Stereoanlage, Hängematte. Wer das genießt? Der Vater vor allem, der gerne dasitzt und melancholisch in die Ferne blickt, und die kleinen Kinder. Die Mütter, die Tanten, die Großmütter, sie schuften die meiste Zeit, und wenn sie mal nichts zu tun haben, dann laufen sie den Kindern nach.

Solch Treiben ist das Glück des Volkes. Der Bürger macht kein Picknick mehr. Er fühlt sich sesshaft, endlich. Ein leises Echo der alten Zeit schwingt allerdings auch in seinen Genen. Wenn er dem Ruf nicht länger widerstehen kann, macht er sich auf zu Orten, die werben mit: »Selber grillen, selber essen«. Gartenlokale in den grünen Vororten Istanbuls. In Tarabya auf der europäischen Seite etwa, oder in Polonezköy drüben in Asien. Das ist Picknick für Reiche. Sie selbst sprechen lieber von *Mangal*, vom Barbecue. Man sitzt draußen im Freien, manchmal unter Bäumen, aber natürlich an Tischen, auf Stühlen. Ein dienstfertiger Kellner eilt heran mit Tellern voller vorgewürztem Fleisch und einem Grill, in dem die Holzkohle schon glüht. Den Garten schmückt ein hölzerner Pavillon, nicht selten isst man von weißen Tischdecken, wenn die Kinder zu sehr herumtoben, ruft man sie zur Ruhe. Wenn man fertig gegrillt und gegessen hat, zückt man die Kreditkarte. Man bezahlt. Einem echten Picknicktürken würde das im Traum nicht einfallen. Ein Picknick ist umsonst. Ein Picknick bedeutet Freiheit. Seit tausend Jahren.

Purpurrot

Porphyrius, so hieß der Wal, der wütende, unbesiegbare Wal, gegen den der byzantinische Feldherr Belisarius kämpfte. Schiffe schlug dieses Ungetüm kurz und klein, den Bosporus machte er monatelang unpassierbar. Tausend Jahre später beobachtete der Reisende Pierre Gilles (1490–1555) in den gleichen Wassern einen Hai, den größten Hai, den er je gesehen hatte. Heute wird man im Bosporus weder Wal noch Hai begegnen. Delfinen schon.

Yunus, das ist im Türkischen der Delfin. *Yunus* ist aber auch Jonas. Der Prophet der Juden, der Christen und der Muslime, der sich für vierzig Tage und Nächte im Bauch eines Wales wiederfand. *Yunus*, der Jonasfisch, der Delfin, ist ein heiliges Tier, das zu töten eine größere Sünde ist als ein Menschenmord.

Es kam die Zeit, da auch in Istanbul der Delfin geschlachtet und die Sünde reich vergolten wurde. »Schreie Tausender Möwen, die in den Himmel schießen und ins blutgetränkte Meer stürzen, blutrote, blutrote Möwen und Delfine, die blutroten Schaum minaretthoch in den Himmel blasen, Schrei der Möwen, Schreie der Delfine, blutrot durcheinander, und das tobende Meer, rollende Wellen färben den Strand mit rotem Blut... Vom blutroten Himmel regnet purpurrot schäumendes Blut, fallen blutschäumende Delfine... Blutrot... Dunkel« (Yaşar Kemal, »Zorn des Meeres«). Meterhohe Feuer flackerten damals an den Stränden des Marmarameers. Delfine wurden zu Tran, Tran wurde zu Blutgeld.

Yunus, das ist auch Yunus Emre (1240–1321), der große Sufidichter, der den Türken diesen Vers hinterließ:

Du, der du sagst: »Die Welt ist mein« –
Die Welt ist nicht dein – he!
Sag nicht »Ist mein« – dann lügst du ja,
Die Welt ist nicht dein – he!

Es kam nach dem großen Schlachten die Zeit, in der die älteren Istanbuler den staunenden Jüngeren erzählten: »Weißt du, es schwammen einmal Delfine im Bosporus.« Vorbei auch diese Zeit. Denn sie sind zurückgekehrt. In kleiner Zahl noch. Aber dem Glücklichen zeigen sie sich, in der Bucht von Tarabya, im Kiel einer Fähre, die Wellen reitend. Delfine.

Beben

»Das Schicksal kriegt uns sowieso. Ich könnte auch morgen von einem Bus überfahren werden.«
                              (Ismail Gül, Kellner)

Es schläft sich gefährlich auf der nordanatolischen Verwerfung. Zuerst die gute Nachricht: Die Türkei wandert nach Westen, so oder so. Mit einer Geschwindigkeit von genau fünfundzwanzig Millimetern im Jahr. Arabien nämlich drückt hoch nach Russland und schiebt nebenbei Anatolien aus dem Weg, also Richtung Europa. Es gibt eine weitere gute Nachricht: »Für uns Geologen«, sagt Celal Şengör, »eröffnet dies eine paradiesische Möglichkeit des Studiums.« Nun die schlechte Nachricht: Für Istanbul bedeutet das die Apokalypse. Sagt auch Celal Şengör. Şengör ist nicht nur einer der wenigen türkischen Wissenschaftler von Weltruf, er ist auch ein Mann mit dem Körper und dem Bass eines Bären. Wenn er das Wort »A-PO-KA-LYP-SE« in den Raum schleudert wie ein den göttlichen Zorn beschwörender Erweckungsprediger, dann klingt das gleich doppelt apokalyptisch.

Die nordanatolische Verwerfung. Eine horizontale Linie von Ostanatolien bis zum Mittelmeer ist das, tausendsechshundert Kilometer lang, entlang deren Anatolien sich nach Westen schiebt. Weil von unten gleichzeitig der afrikanische Kontinent hochdrückt, verläuft diese Reise nicht reibungslos, die Platten verhaken und verspannen sich. Manchmal entlädt sich die Spannung. Dann bebt die Erde. Die Geschichte Istanbuls ist voller verheerender Erdbeben. Die Verwerfung läuft direkt vor der Küste Istanbuls durchs Marmarameer, an keiner Stelle ist sie mehr als zwölf Kilometer vom Ufer entfernt. Celal Şengör bringt eine Karte. Unweit der Prinzeninseln haben Geologen steile Abhänge entdeckt, die größte Rutschung, die es je im Marmarameer gab, ausgelöst von einem Erdbeben vor fünfzehntausend Jahren. »Damals rutschte ein Erdvolumen ab, fünfmal so groß wie alle Prinzeninseln zusammen«, sagt Şengör. »Nicht auszudenken, wenn das noch einmal passierte. Stellen Sie sich die Tsunamis vor.«

»*Es war Gottes Wille*«, sagte Staatspräsident Süleyman Demirel zu Erdbebenopfern 1999. Damals 1999 bebte die anatolische Erde das letzte Mal. Knapp hundert Kilometer von Istanbul entfernt, Epizentrum war der Ort Gölcük am Ufer des Marmarameeres. Siebzehntausend Tote zählte die Regierung damals, andere sagen, es seien bis zu dreißigtausend gewesen. Es war eine der verheerendsten Naturkatastrophen des ausgehenden zwanzigsten Jahrhunderts. Es war das Menetekel für Istanbul. »Ich zeige ihnen etwas.« Celal Şengör zieht eine kleine Karte hervor. Darauf eingezeichnet rot die Verwerfungslinie und, als kleine blaue Punkte, alle Erdbeben seit 1939: Alle paar Jahre rückt die blaue Schlange um einen Punkt nach Westen vor. Jedes Erdbeben, jede Spannungsentladung in einem Abschnitt sorgte wiederum für einen Aufbau neuer Spannung an seinem westlichen Ende. Vorerst letzter Punkt ist Gölcük 1999. Kurz vor Istanbul. »Sehen Sie! Dazu müssen Sie kein Geologe sein. Das ist ein einfacher Intelligenztest. Und unsere Politiker…«, Celal Şengör schnaubt leise, »unsere Politiker bestehen den nicht.« Der nächste Punkt, sagt diese Karte, wird Istanbul sein. Şengör ist nicht der Einzige, der die Hände ringt ob der Untätigkeit der Politik. »Es wird keine Flucht und keine Rettung geben. Schmerz und Tränen werden das ganze Land erfassen«, prophezeite sein Kollege Naci Görür am zehnten Jahrestag des Bebens von Gölcük, um fassungslos hinzuzufügen: »Wir sagen ihnen, dass ein großes Erdbeben kommen wird, wir sagen ihnen, wie viele Menschen sterben werden – und keiner trifft irgendwelche Vorkehrungen.«

Fachlich ist Celal Şengör ein Genie, als einziger Türke wurde er zum Mitglied der American Philosophical Society, Deutsch spricht der Professor mit demselben Furor wie Englisch oder Türkisch. Ein einfacher Charakter aber ist er nicht. Er macht keinen Hehl daraus, dass er den Großteil seiner Landsleute für Idioten hält, den Premier nennt er einen »Ignoramus«, auf die Nachfrage, warum er in seinem Anwesen hoch über dem Bosporus an diesem strahlend schönen Tag die Jalousien heruntergelassen hat und uns im Halbdunkel empfängt, erwidert er trocken: »Damit ich die Regierenden draußen nicht sehen muss.« Şengör ist einer von jenen Verteidigern der alten Republik, die die Religion für die Wurzel allen Übels halten und denen darüber die Demokratie in Verdacht gerät. »Es ist ganz einfach«, sagt er: »Wissenschaftlich zu sein, heißt, von der Erfahrung zu lernen. Wer nicht lernt und stattdessen betet, der ist nicht wissenschaftlich. Die Türken sind kein wissenschaftliches Volk. Punkt.«

> *»Natürlich habe ich Angst. Aber was die Stadt betrifft: Sie haben Istanbul doch ohnehin schon zerstört. Da macht ein Erdbeben auch nichts mehr.«*
>
> (Deniz Koç, Historikerin)

Şengör kann sich mit großer Leidenschaft über den Niedergang des Bildungswesens und den Verfall der Republik des großen Atatürk ereifern. Die einzige Institution im Land, die sein Vertrauen hat, ist die Armee. An einer Stelle während unseres Gespräches klingelt sein Mobiltelefon. Şengör geht ran – und springt noch im selben Moment vom Sofa auf. »Mein Kommandant!«, ruft er ins Telefon und steht während des ganzen fünfminütigen Telefonats stramm. Als er aufgelegt hat, lockert sich seine Haltung, und er nimmt wieder Platz. »In meinem ganzen Leben«, sagt Şengör, »habe ich noch nie sitzend mit einem General oder Admiral gesprochen.«

Celal Şengörs Haus liegt relativ sicher: Die Bosporushänge hinter der zweiten Brücke sind aus solidem Fels. Gefährdet bei einem Beben sind vor allem die auf Sand gebauten Stadtteile am Marmarameer. Aber auch Teile der Innenstadt. Das Zentrum von Istanbul ist erbaut über einem Boden aus stark gefaltetem Sandstein und Kalkstein, durch den sich Gänge von festem Andesit ziehen. Das letzte große Beben erlebte Istanbul 1766. Der Geologe merkt da auf. Mehr als zwei Jahrhunderte Ruhe. Mehr als zwei Jahrhunderte, in denen sich im Untergrund Spannung aufbaut. Das schlimmste Szenario, sagt Celal Şengör, sei ein Beben der Stärke 7,6 über eine Dauer von zwei Minuten. Die Geologen stellen sich das so vor: Erst stürzen die Häuser entlang der Marmaraküste ein, dann türmen sich Tsunamiwellen von bis zu neun Metern Höhe über der Küste auf, und schließlich brechen Feuersbrünste los. Erdbebenerfahrene japanische Wissenschaftler haben für diesen schlimmsten Fall eine Zahl von siebzig- bis neunzigtausend möglichen Toten errechnet, eine halbe Million Familien würde ihr Obdach verlieren, die Kosten für den Wiederaufbau schätzten sie auf vierzig Milliarden Dollar. Den Halbkreis um das Goldene Horn und den Galataturm hält Şengör für besonders gefährdet. Auf einen Zettel kritzelt er den Querschnitt des Topkapıpalastes. »Möglich, dass beim nächsten Beben die Mauer des Palastes ins Meer abrutscht«, sagt er. »Die Schatzkammer läge dann frei für Plünderer.«

»Unsere Nachbarn sagten uns, wir sollten sie nicht länger an die Erdbeben erinnern. Sie wollten das Wort nicht hören und fanden das nicht nett von uns. Kaum einer kam zu unseren Erste-Hilfe-Klassen.«
(Necla Başar, Nachbarschaftsaktivistin im Stadtteil Gayrettepe)

Istanbul ist nicht die einzige erdbebengefährdete Metropole der Welt – aber sie ist die einzige, in der mindestens zwei Drittel aller Gebäude illegal und nicht erdbebensicher erbaut wurden. Hier stürzen auch ohne Beben alle paar Monate Häuser ein. Und es ist die einzige, in der Politiker wie Bürger die düsteren Prophezeiungen achselzuckend und als scheinbar unvermeidlich in Kauf nehmen. »Wir leben die Chronik einer angekündigten Katastrophe«, schließt Celal Şengör düster.

Unser Sohn Leander hat einen Erdbeben-Rucksack im Kindergarten deponiert. In unserem Bad stehen große Flaschen voller Wasser, die Notfallration für die Tage nach dem Erdbeben. Die Botschaften verschicken alljährlich an die Bürger ihrer Länder mehrseitige Merkblätter für den Tag des Bebens. Es gibt Paare, die seit Jahren keine Einladung zum Dinner auf der asiatischen Seite annehmen, weil sie Angst haben, im Falle eines Bebens von ihrem zu Hause auf der europäischen Seite zurückgelassenen Kind abgeschnitten zu sein. Die Brücken, sofern sie noch stehen, wären in dem ausbrechenden Chaos blockiert, die Bosporusboote hoffnungslos überfüllt. Und doch begegnen die Istanbuler der drohenden Katastrophe von Bürgerseite vor allem mit Verdrängung und Gleichmut und von Politikerseite mit sträflicher Lethargie. Viele vertreiben den Schatten, unter dem sie leben, indem sie die Augen schließen. Zehn Jahre nach dem Beben von Gölcük war von den Schulen Istanbuls gerade mal jede vierte erdbebensicher aufgerüstet, von den Krankenhäusern nicht einmal jedes zwanzigste. Als die Türkei ihren letzten Sieben-Jahres-Entwicklungsplan aufstellte, in dem die großen Herausforderungen für das Land bis 2013 aufgeschlüsselt werden, da tauchte das Wort Erdbeben darin gar nicht auf. Immerhin: Die Orte für die notwendigen Massengräber hat die Stadt Istanbul schon ausweisen lassen.

» Von den großen Metropolen der Welt weisen im Moment neben Istanbul nur San Francisco und Tokio eine Erdbebenwahrscheinlichkeit von zwei Prozent im Jahr auf. Aber wir sprechen hier nur über Wahrscheinlichkeiten. Das Beben kann noch fünfzig Jahre auf sich warten lassen. Oder es kann in zehn Sekunden kommen. «
(Mustafa Erdik, Direktor des Kandilli Erdbeben-Forschungsinstitutes an der Bosporus-Universität)

Lapislazuli

Sonntagsfrühstück am Bosporus. Sonne, Frühlingsgemurmel. Mit einem Mal wehen Technobeats herüber. Eine Jacht schaukelt heran. Obendrauf, lässig überm Steuer, ein Junge: Sonnenbrille, gestutzter Bart, Zigarette im Mundwinkel. Das Gestampfe wird lauter. Die Jacht eher billig. Vorstadtjugend kommt einem in den Sinn, die den Flaneuren der Innenstadt-Boulevards den getunten Opel vorführt. Der Bosporus-Stenz setzt an zu einem Schlenker, aufs Ufer zu. Im Café heben sich die Köpfe. Mit einem Mal gibt die Jacht den Blick frei auf ihr Unterdeck – und dort auf drei Kumpels, die zucken, tanzen, zu den nun dröhnend lauten Beats grotesk die Arme verdrehen. Im Café weiten sich die Augen. In völliger Verkennung der Lage dreht der Steuermann bei zum finalen Schaulauf. Mit einem Mal bricht es aus: erst Kichern, dann Prusten, schallendes Gelächter im ganzen Café, die Frauen am lautesten. Zeigen mit dem Finger auf die Zappelnden, halten sich den Bauch. An Bord tanzen sie tapfer weiter, mit geschlossenen Augen, damit man ihr Entsetzen nicht sieht. In Zeitlupe schwebt das Boot vorüber.

Schneiden & Legen

Es ist zu berichten von Istanbuler Typen:

Die Bauchtänzerin. In den alten Schwarz-Weiß-Filmen ist es immer eine arme Heldin in bitterer Not, die von bösen Schurken zum Bauchtanz gezwungen wird. Am Ende des Films ist sie meist züchtig verheiratet. Oder sie bringt sich um. Oder sie wird erschossen und anständig beweint. Die Istanbuler sprechen lieber von *Oryental dans* als von *Göbek dansı* (Bauchtanz). Als distanzierten sie sich ein wenig von einem Brauch, der von weit hinten aus dem Morgenlande kommt. Tut er ja auch: Bauchtanz stammt aus Ägypten, dort ist er hohe Kunst. In der Türkei wurde der Tanz erst in den Zwanzigerjahren populär und hatte lange etwas Anrüchiges. Immer wieder mal wird der Bauchtanz aus der streng konservativen Ecke angegriffen: Unzüchtig sei er und untürkisch dazu. Die lebenslustigen Istanbuler schert das nicht. Sie haben den Bauchtanz längst eingemeindet. Ihm einen türkischen Stil verpasst. Die Popmusikerin Sertab Erener holte 2003 bauchfrei und mit orientalischen Zuckungen den ersten Platz beim Eurovision Song Contest. Und alle waren stolz.

Der Tourist. Daran zu erkennen, dass er in der Altstadt wohnt, Apfeltee verlangt und Stadtpläne konsultiert, drei Dinge, die einem Istanbuler nicht einfallen würden. Auf den deutschen Touristen gibt es in der Türkei zwei Blicke, den professionellen und den freundlichen. Unter Reiseleitern, Hoteliers und Ladeninhabern im Süden gilt er als Billigheimer. Die Deutschen kommen ins Land, weil's hier den Strand für 199 Euro inklusive Begrüßungscocktail gibt, sie schmieren sich morgens ihre Wurstbrote für den Tag und abends »trinken sie, bis die Nase rot ist« (so die Zeitung »Takvim«). Sie beschweren sich ständig, aber immerhin verpassen sie nie den Bus. Der deutsche Tourist in Istanbul schneidet etwas besser ab, schließlich wird ihm sowohl ein Interesse für Kultur wie auch fürs Geldausgeben unterstellt. Beim gemeinen Volk genießt der Deutsche überhaupt erstaunliche Sympathie. Das liegt auch daran, dass jeder Türke Familie in Deutschland hat, sodass der Deutsche großzügig zur erweiterten Verwandschaft gezählt wird. In einer Umfrage nach den beliebtesten Ausländern landeten die Deutschen kürzlich auf Platz zwei, hinter den Japanern. Ganz ohne eigenes Zutun.

Der Taxifahrer. Unterwegs nach Hause. »Hamsenochneminute?«, nuschelt der Fahrer. »Dauertnichlang.« Dann biegt er in die kleine Gasse ein, wo Ismail, der Barbier, seinen Laden hat. Wir halten vor der Tür, die an diesem heißen Tag weit geöffnet ist. Der Fahrer kurbelt das Fenster runter. »He Meister!«, ruft er in den Laden rein. »Hol ma' den Apparat un' komm!« Der Friseur bedeutet ihm von drinnen auszusteigen. »Jetz' bring schon den Apparat, hopp.« Der Fahrer wird ungeduldig. Drin gibt der Friseur dem Lehrjungen ein Zeichen. Der Junge schnappt sich einen schlanken Rasierapparat und kommt angerannt. Mein Fahrer schiebt den Kopf durchs Autofenster. Er bläht die Nüstern und reckt dem Lehrling seine Nase entgegen, die dieser dann konzentriert ausrasiert. Drive-in-Nasenhaar-Entfernung. Der Fahrer schnaubt zufrieden und drückt dem Jungen ein paar Münzen in die Hand. Er dreht sich zu mir: »Ging doch zackzack, oder?«

Die Taxifahrerin. Heißt Şirin, ist zweiundvierzig Jahre alt. »Das hast du noch nie gesehen, eine Frau, die in Istanbul Taxi fährt, oder? Ich hab auch noch keine andere gesehen. Dabei fahre ich jetzt schon seit neun Jahren. Tagsüber arbeite ich in einer Versicherung, wenn ich um fünf Feierabend habe, steige ich ins Taxi bis zwei Uhr morgens. Was soll ich auch machen? Achthundertfünfzig Lira verdiene ich bei der Versicherung, davon gehen allein sechshundertfünfzig für die Miete weg. Mein Mann ist krank und kann nicht arbeiten, um die bettlägrige Schwiegermutter muss ich mich kümmern, und meine drei Kinder brauchen Brot und Schulgeld. Meine schönsten Stunden sind die, die ich mit den Kindern verbringen darf, ein gemeinsames Frühstück zum Beispiel, aber das geht nur selten. Das Fahren macht mir schon Spaß, ich habe Autofahren immer geliebt und schon seit 1997 den Führerschein. Mein Bruder war zuerst sehr gegen das Taxifahren. ›Denk an die Ehre der Familie! Eine Frau tut so etwas nicht‹, hat er gesagt. Du musst wissen, wir kommen aus dem Osten. Dann bin ich am Anfang halt heimlich gefahren. Jetzt sind sie alle stolz auf mich. Anfangs bin ich immer rot geworden, es kam mir so vor, als ob mich auf der Straße alle komisch oder böse anschauten. Es gab auch schon Leute, die die Türe aufreißen, mich verblüfft anschauen und die Türe sofort wieder zuschlagen. Aber das ist die Ausnahme. Es gibt auch Damen, die sich freuen: ›Wie schön, eine Frau. Sie fluchen wenigstens nicht.‹ Meine Kollegen am Taxistand passen gut auf mich auf, wenn ich einmal nicht rechtzeitig zurück bin, dann telefonieren sie mir hinterher. Einer meiner Stammkunden, ein Jurist, sagt mir immer: ›Wir sollten dich zur Mutter des Jahres wählen.‹ Ehrlich, wenn Sie mal eine versteckte Kamera bei mir im Taxi anbrächten, könnten Sie es selber hören. Er sagt: ›Die arbeitet, die kämpft wie ein Mann.‹«

Der Friseur. Taucht in zwei Varianten auf. Es gibt den *Berber* und es gibt den *Kuaför*, und die beiden sind nicht miteinander zu verwechseln. In meiner ersten Woche in Istanbul brauchte ich dringend einen Haarschnitt. Ich sah einen *Kuaför* direkt bei der Schiffsanlegestelle, ging hinein, deutete auf meinen Kopf und erntete nur verständnislose Blicke. Ich machte schnipp-schnapp mit meinen Fingern. Kopfschütteln. Irritiert blickte ich mich um: Doch, da lagen Scheren und ein Föhn. Friseure, eindeutig. Schließlich erbarmte sich einer von ihnen, komplimentierte mich freundlich hinaus und deutete schräg gegenüber auf die andere Straßenseite. Da stand eine Moschee. Die Moschee? Ich wedelte mit den Händen: Nein, nicht beten, Haare schneiden! Jetzt packte mich der Friseur am Arm, schleppte mich auf die andere Straßenseite, hin zur Moschee, wo wir eine Treppe in den Keller hinabstiegen. Er ließ erst los, als wir vor einem kleinen Laden standen. *Berber* stand auf dem Schild. Barbier. Und so lernte ich meine erste Lektion: Der *Kuaför* schneidet nur Frauen, für Männer ist der Barbier da.

Der erste Besuch beim Barbier ist für türkische Jungen etwas Besonderes, meist bringt der Vater ihn kurz vor der Beschneidung hin: Der Barbier legt dann ein Brett über die Armlehnen des Friseurstuhles, und der kleine Prinz nimmt Platz. Von diesem Moment an wird er dem Jungen der engste Begleiter durch den Rest seines Lebens sein. So oft wie den Barbier sehen viele Türken ihre Eltern nicht, so offen wie mit ihm sprechen viele nicht mit der eigenen Ehefrau. Der Barbier kümmert sich um Haar und Bart. Viele Türken rasieren sich nicht selbst, sie lassen sich rasieren, manche schauen täglich vorbei, und sei es nur, um sich die Nackenhaare abschaben zu lassen. Die perfekt rasierte Wange ist jene, auf der »die Fliege ausrutscht« (*Sinek kaydı*). Noch mehr Mühe gibt sich der Barbier bei der »Bräutigamsrasur«. Die kostet zwar das Vielfache, beinhaltet aber Kopf- und Gesichtsmassage, die doppelte Zeit unterm Rasierschaum und fachmännisches Schönreden. In der Armee ist der Barbier privilegiert: Soldaten, die im Bürgerkrieg mitkämpften, berichten, wie vor möglichen Gefechten die Friseure unter den Gefreiten identifiziert und vom Kampf freigestellt wurden. Der Istanbuler Barbier redet ebenso gern wie seine Artgenossen in Deutschland, was dem Türkischen die Redewendung »Verschon mich mit der Rasur!« – sprich: mit dem Gequassel – eingebracht hat. Doch arbeitet er um einiges gründlicher: Mein Friseur Ismail beendet jeden Haarschnitt mit dem sorgfältigen Stutzen der Augenbrauen und der Rasur von Ohren- und Nasenbehaarung. Traditionellere Barbiere benutzen dazu auch gern ein langes Stäbchen mit Wattebäuschen an beiden Enden, welches sie in eine lilafarbene Tinktur tunken und mit einer Stichflamme entzünden. Mit diesem Taschenflammenwerfer gehen sie sodann auf Ohr und Nase des Kunden los, Haare absengen.

Der Schnurrbart. Herrschte Jahrhunderte über die türkische Oberlippe. Steht auf den ersten Blick noch gut im Saft, führt in Wahrheit Rückzugsgefechte. Einer der mächtigsten Schnurrbärte der Geschichte spross unter der Nase von Sultan Selim I. Dieser Selim – Beiname »der Gestrenge« – hatte sich eines jener Prachtexemplare herangezogen, von dem die Türken ehrfürchtig zu sagen pflegten, man könne problemlos »an beide Enden eine Leiche hängen«, was besagtem Selim durchaus zuzutrauen gewesen wäre. Noch bis vor Kurzem war der Schnurrbart Ausweis der politischen Gesinnung: An der Bürste erkannte man den frommen Sunniten, am Oberlippenflaum den Linken, am Friedrich-Nietzsche-Busch den Alewiten und am Modell Dschingis Khan den Faschisten. Für die Putschgeneräle von 1980 hieß das: Schnurrbärte flogen alle miteinander von der Uni, besonders verdächtige in den Folterkeller des zweiten politischen Dezernats in Gayrettepe. In den Neunzigerjahren dann führte Tansu Çiller, die erste Frau als Regierungschefin, einen weiteren vernichtenden Schlag: Sie befahl allen Abgeordneten ihrer Partei die

Glattrasur. Hie und da leistet der Schnurrbart noch heroische Gegenwehr. Unlängst befahl die Istanbuler Busfirma Metro Turizm, eine der größten Busfirmen des Landes, ihren Angestellten, die Schnauzer abzurasieren. »Wir versuchen so, den EU-Normen zu entsprechen«, begründete dies Metro-Chef Sinan Solak. Bartlos nach Europa? Nicht mit Nihat Sungur, fünfzig Jahre alt, Busfahrer bei Metro. »Ich schneide mir eher den Kopf ab als meinen Schnurrbart«, sagte Sungur Reportern und kündigte. Es stimmt schon: Wer modern sein will, trägt keinen Schnauzer mehr in der Türkei. Eines der letzten Reservate sind ausgerechnet Parlament und Kabinett in Ankara. Hier gedeiht jedoch fast ausnahmslos die Bürste islamischen Zuschnitts, an welcher sich auch beim besten Willen weder links noch rechts eine Leiche befestigen ließe.

Der Schuhputzer. Vollbringt jeden Tag eine gute Tat. Und das geht so:

Ausländer (A) läuft durch die Fußgängerzone. Vor ihm ein Schuhputzer (S), unterm Arm sein prächtiger, nietenbeschlagener Holzkasten mit den Messingaufsätzen und eine feine Bürste. S lässt die Bürste fallen. A sieht das, ruft: »Hallo!«, denkt: »Der arme Mann, seine Existenz!« und läuft hinter ihm her. S fällt aus allen Wolken, bedankt sich überschwänglich und besteht darauf, dem Finder zum Dank die Schuhe zu putzen. A lehnt ab: »Aber nicht doch.«

»Ich bitte Sie!«

»Nicht nötig, danke!«

»Nun kommen Sie schon.«

»Nein, wirklich nicht.«

»Es wäre mir eine Ehre ...«

S beginnt mit dem Putzen und fängt an, seine Geschichte zu erzählen: von der Mutter, die mit Asthma zu Hause liegt, von dem Haus, das ihm letzten Monat von der Stadtverwaltung abgerissen wurde, von der Strafe, die ihm der Polizist eben für illegales Schuheputzen abgeknöpft hat, von seinem

Kind, das dringend Bluttransfusionen braucht. Er wischt ein letztes Mal über die nun blitzblanken Schuhe und blickt von ganz weit unten A dankbar an. »Mein Herr, wenn Sie mir die Bürste nicht aufgehoben hätten …«

A tastet ergriffen nach der Geldbörse. Drückt dem guten Mann zwanzig Lira in die Hand. Geht beschwingt von dannen.

Der *Bakkal*. Das türkische Gegenstück zu Tante Emma. Also der Mann hinterm Tresen des Onkel-Ali-Ladens. Verkauft von Klopapier über Eier und Brot bis zur »*Fanatik*« (der türkischen »Sport-Bild«) alles, was sich auf drei Quadratmetern unter die Decke stapeln lässt. Bei uns im Ort gibt es den des rechtsradikalen Griesgram, der seine Zeit damit verbringt, auf Kurden und Griechen zu schimpfen. Bei ihm kaufe ich ab und zu meine Zeitungen. Ich kann aber auch zwei Läden weiter gehen zu dem alten Herrn mit dem wippenden Schnauzer, der mir beim ersten Mal – ohne mich zu kennen – das Eis für meinen Sohn zusteckte mit den Worten: »Bezahlen Sie einfach, wenn Sie das nächste Mal vorbeikommen.« Bis heute ist das einer seiner Wettbewerbsvorteile gegen *Süper*-, *Hyper*- und *Mega-Market*, die ihm die Kunden stehlen: Beim *Bakkal* kann man anschreiben lassen. (Wie auch beim Bäcker, beim Obsthändler und beim *Tekel*, beim Schnapsladen). Außerdem kann man bei ihm vor dem Laden sitzen und bei einem Glas Tee über den Premier lästern. Früher war er einer der wichtigsten Männer der *Mahalle*, auch, weil er über die Schulden Aller Bescheid wusste. Die goldene Zeit des *Bakkal* ist vorbei. Manche erklären ihre drei Quadratmeter deshalb per Neonschild kurzerhand selbst zum *Süper Market*, andere setzen auf Service: Auch in manchen Innenstadtvierteln sieht man heute noch die Körbe, die die Hausfrauen aus dem dritten oder vierten Stock herunterlassen, während unten der Bakkal steht, das bestellte Waschpulver, Gemüse und Brot hineinlegt und dafür die Münzen herausklaubt.

Der *Simitci*. Der Sesamkringel *Simit* ist für Istanbul das, was die Breze für Bayern ist, und der *Simit*-Verkäufer ist das Istanbuler Pendant zum amerikanischen Tellerwäscher: »Vom *Simitci* zum gemachten Mann«, das ist der türkische Traum, und ich habe mehr als einen getroffen, der ihn wahr gemacht hat, für mich am eindrücklichsten Hasan Saltık, der als junger Kurde vor dem Bürgerkrieg nach Istanbul floh und den Fährpassagieren seine *Simit* verkaufte, bevor er »Kalan Müzik« gründete, heute eines der interessantesten Plattenlabel der Türkei. Den *Simit* gibt es in Istanbul nicht in der Bäckerei, es gibt ihn beim *Simit*-Verkäufer. Früher hatten die einen langen Stock, auf den sie die *Simit* aufsteckten, darüber hängten sie ein Tuch, denn *Simit*-Kringel ißt man am besten warm. Heute findet man sie mit kleinen glasverkleideten Wägelchen an Straßenecken und Fähranlegern. Manche verkaufen zum Kringel ein Päckchen Streichkäse, andere schenken aus einer Thermoskanne Tee aus. *Simit* und Tee sind das einfachste türkische Frühstück. Wenn der *Simit* frisch und knusprig ist, kann es kein schlechter Tag mehr werden. Ein Zufall wird es nicht sein, dass der Rettungsring auf Türkisch *Can simidi* heißt: »Lebenssimit«.

Der *Usta*. Der Meister. Meint aus dem Munde von Istanbuler Altlinken auch schon mal Marx oder Lenin. Ansonsten: der Handwerksmeister. Ist schnell und diensteifrig, klingelt oft schon zehn Minuten nach dem Anruf an der Tür. Serviceparadies Türkei. Es hapert, wie beim real existierenden Sozialismus, eher am Abschluss. Der *Usta* kommt gern ohne Werkzeug (»Haben Sie mal eine Leiter?«), aber zur Not sägt ja auch das Küchenmesser. Wo man ein langes weißes Kabel bestellt hat, tut es ihm auch ein kurzes schwarzes: »Brennt doch!« *Daha ne istiyorsun?* Mein Nachbar, ein Türke, renovierte neulich seine Wohnung. Als der *Usta* kam, der die Aluminiumverkleidung der Fenster anschrauben sollte, waren dem Nachbarn drei Dinge wichtig: Er wollte erstens lange Schrauben, zweitens Kunststoffplättchen zwischen Schraube und Paneel und drittens um Himmels willen keine Kratzer auf dem Aluminium. »Hab ich ihm mehrfach gesagt. Und bevor ich zur Arbeit bin, hab ich's ihm auch noch aufgeschrieben.« Als er von der Arbeit wiederkam, hatte der *Usta* kurze Schrauben ohne Plättchen verarbeitet und dabei mit dem Schraubenzieher das Aluminium tätowiert. Einem anderen Freund montierte der Tischler eine Tür, die drei Zentimeter zu kurz war. Nach viel Geschrei und Hin und Her entdeckte der Freund, dass das Metermaß des Mannes einen halben Zentimeter zu kurz war auf den Meter. Schnell, billig und »das hält schon« ist vielen *Usta* gut genug. Irgendein *Abi* wird sich immer finden, der das eigene Werk im Notfall korrigiert. Doch, es gibt schon Meister, die nehmen ihren Beruf so ernst, dass sie auch in hohem Alter mit Bandscheibenvorfall und einem lahmen Bein auf ein Hausdach steigen und dort eine Stunde lang herumkriechen, um das Leck zu finden, durch das es in die Wohnung regnet. So einen schickte mir meine Vermieterin, nachdem ich ihr mitgeteilt hatte, es tropfe uns ins Treppenhaus. Die Vermieterin kam dann selbst zur Inspektion, wir standen beide auf der Dachterrasse und beobachteten Meister Mehmet wie er langsam über die Dachziegel kroch. Sie warf mir einen vorwurfsvollen Blick zu. »Der arme Mann, er ist alt und hinkt«, sagte sie. »Jetzt muss er aufs Dach. Wegen Ihnen.«

Der Beschneider. Nach dem Vater der wichtigste und meistgefürchtete Mann für kleine türkische Jungen. Wie jeder Jude muss auch jeder junge Muslim unters Messer. Angeblich kam der Prophet Mohammed ohne Vorhaut auf die Welt, und so schreibt die Sunna, die Überlieferung der Worte und Taten Mohammeds, die Beschneidung vor. Und weil Sunna auf Türkisch *Sünnet* heißt, ist das in der Türkei bis heute das Wort für Beschneidung. Heute gehen fast alle jungen Türken verkleidet als Prinzen durch ihren großen Tag, an der Kappe eine schwingende Feder, in der Hand ein Zepter aus Plastik, in den Augen nackte Furcht. Beschneider gibt es dreierlei. Es gibt den Arzt, der im Krankenhaus beschneidet, aber das ist vielen Istanbulern zu unfeierlich. Für sie gibt es Kemal Özkan. Der hat es nach mehr als hunderttausend Beschneidungen zum Ehrentitel »Sultan der Beschneider« gebracht und besitzt einen »Beschneidungspalast« im gutbürgerlichen Stadtviertel Levent. Dort lässt er die Kinder von einem halben Dutzend Familien gleichzeitig mit der Eisenbahn durch den Saal fahren, von einem Clown bespielen und abwechselnd von einem Imam und einem Schlagersänger beschallen, bevor er sie auf einen goldenen Sessel in der Mitte der Bühne setzt, ihnen mit einem Ruck die Hose herunterzieht und vor den Augen aller Anwesenden mit Betäubungsspritze und Brennnadel dem guten Stück zu Leibe rückt. Und schließlich gibt es Mahmut, einen uralten, hageren Kurden mit dem sonnenverbrannten, faltigen Gesicht eines Mannes, der Jahrzehnte auf dem Feld geackert hat. Mahmut zieht heute in einem abgetragenen Anzug mit einem Wägelchen über die Bosporuspromenade bei uns und verkauft gekochte Maiskolben. Schon kurz nach unserer Ankunft begrüßte Mahmut uns mit Handschlag und einem Lächeln, wenn wir zum Abendspaziergang erschienen. Eines Tages, als meine Frau allein mit Leander unterwegs war, fragte er sie, ob unser Sohn eigentlich beschnitten sei. Nein, sagte meine Frau, das sei in unserem Land und unserer Religion nicht üblich. Mahmut schaute erstaunt und erging sich dann in einer langen Rede, wie unhygienisch das sei und ob wir unsere Religion vielleicht für etwas Besseres hielten, bevor er schließlich endete: »Also, ich hab da Erfahrung und das richtige Werkzeug. Gebt mir einfach etwas Geld, dann komm ich zu euch nach Hause und mach das.« Ich gestehe, wir machen jetzt immer einen Bogen um Mahmut.

Kinderkriegen

Unser Sohn. Wir beherbergen einen muslimischen Schläfer. Das wissen wir noch nicht so lange. Seit letztem Jahr erst. Da fielen uns zufällig seine Dokumente in die Hand, und wir haben sie uns noch mal genauer angesehen. Er weiß noch nicht, dass wir es wissen. Er tut so unschuldig. Und wir, wir lassen uns nix anmerken, behandeln ihn so zuvorkommend wie immer. Wie's dazu kam? Das ist schnell erzählt. Neulich haben wir mal das getan, was unsere Regierung von uns verlangt: Wir haben ein Kind bekommen. Dass die Herren Finanz- und Sozialminister trotzdem weiter mit griesgrämigen Gesichtern durch Berlin schleichen, liegt wohl daran, dass wir nicht in unserer Heimat Deutschland niederkamen, sondern in der Türkei. Wo die Leute Kinder lieben. Noch mehr lieben sie nur noch ihre Autos, weshalb Fußgänger außerhalb geschlossener Räume nichts zu suchen haben, solche mit Kinderwagen schon gar nicht: Wo es Gehsteige gibt, sind sie so beschaffen, dass man sie ohne ein Diplom im Seiltanz besser nicht erklimmt. Aber das ist wieder eine andere Geschichte. Wir haben also einen Sohn bekommen. In einem sehr modernen Krankenhaus in Istanbul. Den wehengeplagten Müttern legen sie dort aufs Kopfkissen einen Willkommensgruß und ein Blatt, auf dem »im Lichte jüngster Ereignisse« dies zu lesen ist: »Blumengeschenke sind verboten. Sie sind ein potenzielles Versteck für Sprengsätze.« Ebenso verboten sind Luftballons. Und zwar deshalb: »Leider sind solche Ballons oft mit Acetylengas gefüllt. Wenn sie gesprengt werden, brennen sie.« Es ist schon merkwürdig: Da liest man Woche für Woche von Terrorakten im Südosten des Landes, von Bombenanschlägen gar in Vororten der Stadt, in der man lebt, und hat sich ganz schnell daran gewöhnt. Und mit einem Mal ist alles ganz nah. Weil die Krankenhausdirektion explodierende Blumenstöcke auf der Geburtsstation nicht ausschließen mag. Ich habe dann auch brav davon abgesehen, Fliedergebinde oder Maiglöckchentröge ans Bett der erschöpften Mutter zu schleppen. Aber als ich mein junges Vaterglück am frühlingsglitzernden Bosporus spazieren trug und dabei an einem blühenden Kirschbaum vorbeilief, da konnte ich nicht widerstehen: Ich schnitt einen Zweig ab. Ehrlich, er sah so harmlos aus. Der Kerl an der Sicherheitsschleuse fand das nicht. Er fuchtelte mit seinem Walkie-Talkie herum und deutete auf mein Zweiglein. »Geht nicht.« Ich schaute flehend. »GEHT NICHT!« Aber wieso? Jetzt deutete er auf meine Nase: »Terrorist activity!« Erschreckt ließ ich mein Zweiglein fallen. Dann besann ich mich. Ich knipste zwei mikroskopisch kleine Kirschblüten ab. Schaute ihn an. Hielt sie ihm hin. »Vielleicht die?« Er grummelte. Dann eine unwirsche Handbewegung, ein Flüstern: »Aber erzählen Sie es bloß niemandem...« So kam meine Frau zu ihren Kirschblüten. Und so kamen wir zu unserem merkwürdigen Gast: Eine Woche nachdem wir unseren Sohn nach Hause getragen hatten, ging ich zur Gemeinde, um ihn anzumelden. Der Beamte war sehr nett und gab mir viele Formulare mit vielen Anhängen auf den Weg, die ich dann in andere Stockwerke tragen musste, wo sie wiederum von sehr netten Beamtinnen sehr oft und jeweils sehr gekonnt abgestempelt wurden. Einmal fragte einer, ob der Kleine schon einen deutschen Pass hätte. Nein, hat er nicht. Zufrieden ging ich nach Hause. Mein Sohn hatte seine Geburtsurkunde. Wie gesagt, vor ein paar Tagen erst schauten wir uns die Urkunde genau an. Und staunten nicht schlecht. Im Feld »Staatsangehörigkeit« steht da: »Vaterlandsloses Kind«. Und im Feld Religion: »Islam«. Und jetzt liegt er da, unser vaterlandsloser Schläfer, gurgelt friedlich vor sich hin, und wir fragen uns, ob wir wirklich alles über ihn wissen.

Der Beamte. Als die Türken Byzanz den Garaus machten, da hatten sie sich in ein paar Schöpfungen der Griechen schon so unsterblich verliebt, dass sie sie sich ganz schnell aneigneten: Der direkt an den Himmel geknüpften Kuppel der Hagia Sophia eiferten sie in den Domen ihrer Moscheen nach. Dem *Ouzo* klebten sie das Etikett Raki auf. Aber keiner Sache bemächtigten sie sich mit größerer Leidenschaft als der byzantinischen Bürokratie, welcher der osmanische Genius immer neue Verästelungen und Labyrinthe hinzufügte. Die erste türkische Melodie, die um die Welt ging, war das Lied »*Katibim*« (»Mein Sekretär«), Spieluhren überall in Europa spielten dieses alte Kunstlied. Der *Katip*, der Schreiber und Sekretär, mit seinem dunkelroten Fes und seinem gestärktem Hemd unter langem Beamtenrock war den Osmanen das erste Symbol des modernen Staates. Die Republik machte daraus den *Devlet memuru*, den Vollzugsbeamten europäischen Typs, und der ging sogleich daran, sich das Volk untertan zu machen. Zu den letzten Aufnahmeprüfungen für den Staatsdienst bewarben sich 1,8 Millionen Türken. Fünfzigtausend wurden genommen. Die Türken sagen, ein Beamter sei genau zweimal glücklich: an dem Tag, da er eingestellt wird, und an dem Tag, da er pensioniert wird. Dazwischen gibt's nicht viel zu lachen. Nicht vor und nicht hinter dem Schalter.

Der Beamte und unser Sohn. Zwei Tage Fron, und ein Wort wirft uns aus der Bahn. Missmutig schniefend blätterte der Beamte unseren Berg an Papieren durch, dann hellte sich sein Gesicht auf. »Ha, Sie brauchen noch eine *Muvafakatname*«, verkündete er mit einem Strahlen, als habe er ein Goldkorn in einer Schaufel voller Schlamm entdeckt. Eine was?, dachte ich. »Eine was?«, rutschte es meinem Freund und Helfer Sinan raus. »Na, eine *Muvafakatname*«, wiederholte der Beamte, dessen Stimmlage geschickt oszillierte zwischen hoheitsvoll und genervt. »Notariell beglaubigt. Ohne *Muvafakatname* keine Aufenthaltsgenehmigung für Ihren Sohn. Tut mir leid.« Bei dem Satz wandte er uns schon wieder den Rücken zu. Sinan schaute noch immer perplex. »Das Wort habe ich noch nie gehört«, flüsterte er. Sinan hat unter anderem Luft- und Raumfahrttechnik, Medizin und Soziologie studiert, und auch wenn er in keinem der Fächer einen Abschluss hat, so hat er sich doch einen Wortschatz weit über dem türkischen Durchschnitt bewahrt.

Eine *Muvafakatname*. Ich schwankte irgendwo zwischen blindem Zorn und tiefer Verzweiflung. So nah vor dem Ziel. Alles umsonst? Zwei Tage Schlangestehen, Ellbogendrücken, »Hier, Hier!« rufen. Morgens um acht Pässe abgeben, eine halbe Stunde später – die Ausländerpolizei öffnet ihre Tore – Hunderte von Konkurrenten beim panischen Wettlauf ausstechen, dann Nummern ziehen, dann Formular eins ausfüllen, bei Schalter Nummer zwei das eigene Leben vorlegen, das wir über Wochen in Papierform zusammengetragen haben, bei Schalter Nummer drei den ersten von vielen Stempeln abholen, welcher bei Schalter Nummer vier abgezeichnet wird, was wiederum Beamter Nummer fünf kritisch begutachtet, während die Beamten sechs bis elf um ihn herum Tee trinken. Aber das sind die Höhepunkte. Eigentlich steht man nur Schlange. Vom Morgentee bis zum Nachtruf des Muezzin. Hier bricht eine Moldawierin in Tränen aus, die seit acht Jahren vergebens Türkin werden möchte, dort hallen die Flüche deutscher Studienanfänger durch die Gänge, die sich leichtsinnigerweise um ein Visum fürs Erlernen der türkischen

Sprache bewerben, wo doch die Bürokratie sich das genau andersherum gedacht hat: Ohne abgeschlossenes Türkischstudium scheitern die meisten schon an Schalter eins.

Und wir: Zurück auf Start. Wieder raus aus der trutzigen Burg, quer durch die Stadt, dann rein in einen Hinterhof. In eine andere Welt. Mitten in Beyoğlu, ein paar Schritte nur von der Fußgängerzone. Als habe einer im Jahr nach Gründung der Republik die Zeit angehalten. Verwunschen dieser Hof. Schattige Bäume, kletternder Wein, Topfpflanzen in Joghurteimern, nackte Ziegel, eine Gruppe von Katzen, die sich im Sonnenlicht räkeln. »Geschäftsbereich. Bitte leise!«, steht auf einem Schild, »Notar« auf einem anderen. Der Raum: Eisensäulen, beige lackiert. Spinnennetzgleiche Risse in den eingetretenen Mulden im Marmor, der Boden an manchen Stellen abgedeckt mit Noppengummi. Emsiges Summen und Rascheln unter Neonröhren. Über den Raschlern thront, stattlich und verblichen, der gerahmte Atatürk. An der Wand Stapel, übermannshoch: links Kladden, klein, dick und verschnürt; rechts Kladden, groß wie fürs Jüngste Gericht. Auf einer Holzbank Publikum, zwei Frauen, ein altes Männlein, in sich versunken. Ein blechernes Kalenderschild, daran drei Fächer: Tag, Monat, Jahr zum Einstecken auf vergilbten Pappen. Das Datum stimmt. Ein buckliger Bürodiener mit flinken Fingern macht Fotokopien. In einem Glaskasten in der Ecke, abgetrennt von der feierlichen Betriebsamkeit im Raum, der Notar persönlich: Die Brille zwischen Augen und Nase gekniffen, halb hinter Gesetzeswälzern verschwindend, unterstreicht er eifrig mit spitzem Bleistift. »Sie wünschen?« Die Dame hinter dem Schalter lächelt uns an. Ach so, eine *Muvafakatname*. Wir wünschen, sie tippt. Ein alter bärtiger Mann bringt uns Tee. Die Dame winkt. Sinan übersetzt: »Mit deiner Unterschrift bestätigst du, dass du jetzt für deinen Sohn *muvafakatierst*.« Mach ich.

Wir haben jetzt unsere *Muvafakatname*. Aber wir wissen noch immer nicht, was das ist. Sinan hat in einem dicken osmanischen Wörterbuch und im Internet nachgeschaut, richtig schlau ist er auch da nicht geworden. Dafür hat er dieses schöne türkische Wort gefunden: *muvafakatlandiriveremeyeceklerimizdenmişcesine*. Übersetzt heißt das: »Als ob er einer wäre, den wir nicht mit einer *Muvafakatname* ausstatten könnten«. Eben. Wäre ja noch schöner.

Nachtblau

Wenn es der Morgen gut mit einem meint, schickt er einem die Möwen vors Fenster. Weckt einen mit einem Lachen. An manchen Küsten dieser Erde geraten Möwen ja schmal und elegant. In Istanbul könnten sie auch als Albatrosse durchgehen, so fett und geschwätzig hängen sie hier im Himmel. Können den Mund nicht halten, echte Istanbuler halt. Verfolgen die Fähre mit großem Geschrei und warten darauf, dass man ihnen den Schnabel stopft mit einem Stück *Simit*. Die Fischer warfen ihnen einst nach dem Einlauf in den Hafen ihren Anteil zu, taten sie es einmal nicht, sie blieben auf ihrem Fang sitzen oder handelten sich bei der nächsten Ausfahrt einen Motorschaden ein. Wenn es der Abend gut mit einem meint, verschlägt er einen in die Altstadt und schenkt einem den ersten Traum schon vor dem Einschlafen: eine Wolke von Möwen um das beleuchtete Minarett der Blauen Moschee. Möwen, die jetzt, wo Fischmarkt und Fähren ruhen, hier ihre Kreise ziehen, hier und auch drüben, um den Galataturm, den Faltern und Motten hinterher, ein endloses Kreisen weißer Schwingen vor schwarzem Tuch, ein Strudel, der einen hochzieht in den klaren nachtblauen Himmel.

Bellen & Beißen

Den Möwen gehört er nicht allein, der Himmel über Istanbul. Im Winter halten die Wildgänse Einzug, im April die Schwalben, im Mai und im August lassen sich auf den Prinzeninseln Schwärme von Störchen nieder, sie alle Nomaden auf der Durchreise. Seit einiger Zeit haben sich seltsame Vögel dazugesellt: Grüne Papageien, auch aus den Bäumen vor unserer Terrasse sehe ich manchmal einen auffliegen, es muss mittlerweile Hunderte von ihnen in Istanbul geben, im Yıldızpark habe eine Kolonie ihre Heimat, sagt der Fotograf Arif Aşçı, der die Papageien schon seit Jahren beobachtet. »Zweifellos verdanken wir ihre Anwesenheit dem Klimawandel«, meint er. »Ein wenig kommt mir das vor wie der Einfall der Russen in den Stadtteil Laleli nach dem Kollaps der Sowjetunion. Die Stadt wandelt sich, heißt neue Immigranten willkommen.«

War schon vielen Heimat, dieser Ort, unterwarf sich schon vielen Herren. Die Griechen, die Römer, die Türken: prahlten mit der Gründung, mit der Eroberung, mit dem Besitz dieser Stadt. Derweil die Istanbuler Katzen: lassen sich nichts anmerken, hüten aber ein Geheimnis. Istanbul gehört ihnen. Weise Herrscher sind das, die die anderen hier lebenden Arten dulden, listige Herrscher, die sich eine von ihnen – den Menschen – untertan gemacht hat. Tag für Tag wiederholt sich in Gassen, Parks und Hinterhöfen, auf Treppenstufen und Terrassen morgens und abends das gleiche Ritual, kommen beflissene Menschen aus ihren Wohnungen gelaufen, in der Hand den Napf mit Milch, mit Trockenfutter, mit Leber, Fisch und Fleisch, und rufen mit wispernden Tönen ihre Herrchen und Frauchen herbei. Einer dieser Katzenadjutanten wohnt bei uns im Haus, ein freundlicher älterer Herr, der einmal die türkische Marine befehligte, nun springen er und die für ihn im Ruhestand abgestellten Leibwächter für zwei Katzen: Er füttert und er streichelt sie, er hat für ihre Sterilisierung bezahlt, und er bringt sie regelmäßig zum Tierarzt. Nein, die Katzen wohnen nicht mit ihm in der Wohnung, sie wohnen auf der Straße. Wie die meisten der Istanbuler Katzen.

Straßenkatzen. Das Wort ruft Bilder abgemagerter, schorfiger, scheuer Tiere hervor, die sich mit gigantischen Kanalratten duellieren, sich in Müllhalden Essensreste und Krankheiten holen und Nacht für Nacht ums Überleben kämpfen. Solche gibt es auch in Istanbul. Und doch treffen die Bilder nicht ganz: weil viele Istanbuler zwar keine Tiere in die Wohnung lassen, aber dennoch verrückt sind nach ihnen. Und so hat jedes Haus, jede Gasse, jede *Mahalle*, aber auch jeder Palast und jede Moschee seine eigenen Katzen, um die man sich mit Hingabe kümmert. Selbst im Müllcontainer haben sie den Vortritt, stöbern als Erste den frischen Müll nach Essbarem durch, danach dann ist die Reihe an Altpapier- und Gerümpelsammlern, und zuallerletzt kommen die Männer von der Müllabfuhr. Am Fischmarkt neben der Galatabrücke sonnen sie sich gerne auf der Markise über den Ständen, und wenn sie Hunger haben, dann beugen sie sich vor und tippen dem Verkäufer mit der Pfote sanft auf den Kopf, woraufhin dieser gehorsamst eine Makrele hochreicht. Der Mufti von Üsküdar hielt eigens eine Predigt, in der er all jene als Wohltätige pries, die ihr Leben den Katzen von Istanbul widmeten. US-Präsident Barack Obama machte ihre Bekanntschaft, als er bei seiner Istanbulreise die Hagia Sophia besuchte. Dort wurde er nicht nur vom Kulturminister und vom Regierungschef empfangen, sondern vor allem – und zwar vor laufender Kamera – von der dreijährigen Gli, schon seit ihrer Geburt eine der sieben Hauskatzen der Hagia Sophia, die gelassen zusammengerollt vom Sockel einer Säule aus Präsident Obama beobachtete und dann ungerührt seine Huldigung entgegennahm. Auf dem Gelände des Topkapıpalastes, erfuhr man bei dieser Gelegenheit, logieren dreißig Katzen. Für die Besucher vieler Etablissements in Beyoğlu sind sie ohnehin alte Bekannte. Der Kater Toraman (»Dickerchen«), der im »Jazz Café« nicht mehr von der Bühne zu kriegen ist, wenn Smooth Jazz gespielt wird. Die zehnjährige Ayşe im Rakı- und Fischlokal »Yakup 2«, die nur frisch Gekochtes speist. Und natürlich die Katzen von »Simurg«, dem linken Buchladen: Cimcime, die vor ein paar Jahren bei einem Unfall eine Pfote verloren hat. Oder die haarige Teyzo, die es sich gerne oben auf dem Computerbildschirm an der Kasse bequem macht, dabei alle viere so hängen lässt, dass man schon zweimal hinsehen muss, um zu erkennen, dass da kein Katzenfell drapiert ist, und die so praktisch den Bildschirmschoner neu erfunden hat. Die frühere Rektorin der Bosporus-Universität, Ayşe Soysal, berichtete von den Katzen an ihrer Universität, die auch auf Tische kletterten und am Unterricht teilnahmen. »Wenn die Studenten sie ärgerten, dann haben unsere Professoren sie daran erinnert, dass ein Student seinen Abschluss macht und weiterzieht, die Katzen aber immer an diesem Ort bleiben werden.«

Verstand und Diskretion. All das, womit Istanbuls Katzen ihr Glück gemacht haben, fehlt seinen Straßenhunden. Also auch das Glück. Ja, es gab immer auch viele Istanbuler, deren Herz an Hunden hing. Frühe Beobachter berichten von der

Tierliebe vor allem in muslimischen Stadtteilen: »Sie waren ständig im Freien, im Sommer unter der Sonne, im Winter im Schnee, Regen und Schlamm. Sie erhielten von den Läden und Häusern Brot, Knochen, Essensreste. Ältere Damen pflegten bei den Bäckern fünf oder zehn Brote zu kaufen und sie in großen Stücken an sämtliche Hunde zu verteilen. Das galt bei ihnen als frommes Werk. Die Leute hatten Mitleid mit den Hunden«, schreibt der Chronist Hagop Denizciyan. Und vielerorts ist das auch heute noch so. Der ehemalige Journalist Deniz Izgi hat es zu einiger Berümtheit gebracht, weil er seinen Beruf und sein bürgerliches Leben aufgab, um gemeinsam mit seiner Frau, einer Tierärztin, und mehr als sechshundert ausgesetzten, lahmen und blinden Hunden an einem geheimen Ort in einem Wald außerhalb Istanbuls zu hausen. In der Saray-Arkası-Sokak, der »Straße hinter dem Palast« in Gümüşsuyu, lebte die Hündin Sultan, der vor Jahren ein Auto ihre ersten Jungen überfuhr. Daraufhin kümmerten sich die Bewohner der Straße um Sultan, bestellten ihr ab und an chinesisches Take-away, und hüllten sie, nachdem sie sich Arthritis eingefangen hatte, im Winter in Burberrymäntel. Nicht weit davon, vor dem »Marmara-Hotel« am Taksimplatz, lebte lange Jahre die vielleicht bekannteste Hündin der Stadt, Ebru. Ebru war von dem Luxushotel adoptiert worden. Das Hotel spendierte ihr eine komfortable Hütte direkt neben dem Haupteingang, ein Kellner servierte jeden Tag die Mahlzeiten, und als Ebru starb, berief die Geschäftsführung eine Pressekonferenz ein. Gegenstand dieser Pressekonferenz war dann allerdings die Enthüllung einiger Tierschützer, wonach Ebru von Fußballfans zu Tode getreten worden sei – eine Nachricht, die das Hotel energisch bestritt: Dem »Marmara« zufolge war Ebru an Herzverfettung gestorben, was all jenen, die die wohlgenährte Ebru gekannt hatten, als nicht die unwahrscheinlichste Todesursache erschien, von den Tierschützern jedoch bis heute als billiges Ablenkungsmanöver abgetan wird.

Frühe Besucher beschreiben die Straßenhunde Istanbuls als äußerst phlegmatisch. Mark Twain sah einmal drei dösende Hunde mitten auf der Straße liegen, die auch dann keinen Muskel rührten, als eine Herde von Schafen über sie hinwegspazierte. Und doch waren sie immer auch berüchtigt und machten nicht wenigen Istanbulern Angst, vor allem, wenn die Nacht einbrach. Sie rotten sich zu Banden zusammen und patrouillieren durch ihre *Mahalle*, jederzeit bereit, in ohrenbetäubendes Geheule und Gebelle auszubrechen, wenn sich ein Unbefugter, ob Hund oder Herr, auch nur nähert. Das ist noch heute so: Ich habe mehr als nur eine Nachbarin, die es des Nachts nicht wagen würde, die zehn Minuten von uns zum Dorf hinunterzulaufen, und mein Freund Sinan ist nicht der Einzige, der abends ins Kino wollte, nur um festzustellen, dass ihm ein Rudel zähnefletschender Hunde vor der Haustüre auflauerte. Die Meute jagte ihn zurück in die Wohnung und hielt ihn dort fest, bis der Morgen anbrach. So etwas geschieht vor allem in Gegenden wie den unseren, wo es noch Grünflächen und Waldstücke gibt, in die sich die Hunde zurückziehen können. Fast ist es wie zu Zeiten des Bürgerkriegs in vielen Gebieten im kurdischen Südosten: Tagsüber herrscht trügerische Normalität, gehören die Straßen den Türken, des Nachts aber übernehmen die Rebellen, und die Menschen verriegeln ihre Türen.

Die hunderttausend Straßenhunde von Istanbul haben viele Freunde, aber vielleicht haben sie noch mehr Feinde: Hunger, Durst, Furcht, Zecken, Flöhe, Würmer, Kälte, Regen, Krankheiten, boshafte Kinder und noch boshaftere Gemeindebürgermeister. Offiziell sind die Gemeinden angehalten, die Tiere einzusammeln, zu sterilisieren und gegen Tollwut zu impfen. Mehrfach aber wurden in den letzten Jahren Behörden dabei erwischt, die die Hunde in Wäldern am Stadtrand aussetzten, sie dort verhungern oder vergiften ließen. Ein solches Vorgehen der Obrigkeit hat Tradition. Mehr als nur ein Sultan hatte versucht, die Hunde ins Exil zu schicken.

Sultan Mahmut II. – er regierte 1808–1839 – soll der Erste gewesen sein, der eine solche Order erteilte. Aber erst Sultan Abdülaziz (1861–1876) sorgte dafür, dass seinem Befehl auch Folge geleistet wurde: Alle Hunde wurden auf die Insel Hayırsız gebracht, die »Insel der Nichtsnutze«, eine der unbewohnten Prinzeninseln. Am Tag darauf brach ein großer Brand in der Stadt aus. Das Volk begann zu tuscheln: Gott hat uns bestraft, weil wir die Hunde weggeschafft haben. Der Sultan ließ sie wieder zurückbringen. Nach ihrer Revolution von 1908 dann erinnerten sich die Jungtürken wieder der einsamen Felsen im Marmarameer und gingen ein weiteres Mal daran, die Stadt von den Hunden zu befreien. Ein Chronist erinnert sich: »Mehrere Nächte lang konnte man ein schreckliches Heulen über das Marmarameer hinweg hören – noch fünfzig Jahre später erinnerten sich alte Männer daran. Dann fielen die Überlebenden übereinander her und zerrissen einander. Einige Monate lang schlief Konstantinopel fest und ruhig. Dann hörte man hier und da ein Jaulen, junge Hunde tauchten wieder auf – die Nachfahren von übersehenen Straßenhunden in den Vororten. 1913 waren die Hunde zurück in den Straßen. All jene Türken, die die Missgeschicke des Reiches auf die Verbannung der Hunde zurückgeführt hatten, waren erleichtert.«

»In Istanbul leben hunderttausend Straßenhunde? Na und?«, fragt Deniz Izgi, der Hundefreund aus dem Wald. »In Istanbul leben mehr Leute aus Sivas als in Sivas und mehr Leute aus Diyarbakir als in Diyarbakir. Und wenn schon. Ich seh da keinen Unterschied. Wir alle wollen hier zusammenleben.«

Lauschen

Ich bin mit Leuten durch diese Stadt gezogen, die näherten sich ihr über ihre Gerüche. Andere reißen die Augen weit auf. Mir liegt diese Stadt in den Ohren, mir gefällt es, Istanbul nachzulauschen. »Ich höre Istanbul«. Das bekannteste Gedicht über die Stadt heißt so, der Dichter Orhan Veli Kanık (1914–1950) schrieb es, mehrfach wurde es vertont.

Ich höre Istanbul, meine Augen geschlossen / Zuerst wehte ein leichter Wind / Leicht bewegen sich / Die Blätter in den Bäumen / In der Ferne, weit in der Ferne / Pausenlos die Glocke der Wasserverkäufer / Ich höre Istanbul, meine Augen geschlossen.

Das Gedicht habe ich zum ersten Mal gehört von Ara Güler, dem großen alten Istanbuler Armenier, dem Magnumfotografen und Chronisten der Stadt, der nun die achtzig überschritten hat, aber noch immer Nachmittag für Nachmittag in dem nach ihm benannten Café unweit der Fußgängerzone sitzt, vornübergebeugt über alte Negative und neue Druckfahnen, sich den weißen Bart kratzt, Hof hält, den Mädchen nachschaut und über all die »Zuhälter« und »Gurken aus Anatolien« schimpft, die aus seiner Stadt, so sieht er es, ein »geficktes Istanbul« gemacht haben. Ara Güler kannte Orhan Veli, den geliebten Dichter, der gerade mal sechsunddreißig war, als er in eine Baugrube stürzte und starb, Ara Güler war dabei, als sie ihn zu Grabe trugen, danach ging er zur Burg Rumeli Hisarı, setzte sich auf die Mauern, blickte auf den Bosporus und stimmte Velis Lied an, das von Südwinden erzählt, vom Gehämmer auf den Docks, vom Rausch vergangener Feste. Wer Ara Güler fragt, was geblieben ist von der Stadt, der er ein Denkmal gesetzt hat, der ist gerade an den Rechten geraten: »Ha. Riech mal.« Er deutet auf einen Kanaldeckel, verzieht die Nase: »Wir wandeln auf einer Leiche.«

Das ist das Klagelied der alten Istanbuler, die um ihre Heimat trauern, in der sie eine Gefallene sehen, den Händen des Pöbels ausgeliefert, und das Lied gehört zur Stadt wie die Schreie der Möwen und der Ruf des Muezzin. Ich höre das heisere Krächzen der Möwen jetzt in diesem Moment, da ich hier an meinem Schreibtisch sitze und die ersten Sonnenstrahlen allmählich an unser Haus herankriechen. Ich höre das nie endende Streichen des Windes durch die Kastanien, Eichen und Pinien vor unserem Haus, und wenn der Wind dreht, dann trägt er aus der Ferne das leise Rollen der Morgenkarawane über den Asphalt der Bosporusbrücke in mein Büro. An manchen Tagen gesellen sich von unten im Dorf die Motoren der Bagger hinzu, die ein Dauerabonnement bei der Gemeinde haben fürs Aufreißen und Auffüllen der Straße. Die Yeniköyer sagen, das sei so gewesen seit Anbeginn der Zeit und das werde so sein bis zum Ende der Zeit, und das Einzige, was zwischendurch wechsle, seien die Farbe der Bagger und die Namen auf den Schildern, immer dann, wenn die Wahlen wieder einmal eine neue Partei an die Macht gebracht haben.

Der erste Posaunenstoß des Tages ist längst verklungen: die Sirene des *Vapur*, der Bosporusfähre, die die Frühpendler in die Stadt bringt. Die kleinen Boote, die alle zwanzig Minuten übersetzen auf die andere Seite des Bosporus, sie haben einen kurzen Atem, stoßen Warnrufe aus, dünn und scheu wie auch die Stimme der Fischerboote. Die Sirene des *Vapur* dagegen ist so mächtig und beruhigend wie die mit stoischer Regelmäßigkeit in die Luft gestoßene Fontäne eines durch die Wasser pflügenden Wals. Aber auch das mächtige *Vapur* findet seinen Herrn, wenn es sich anschickt, dem allmächtigen Tanker vor den Bug zu kreuzen, und jener mit lautem und tiefem Bass seine Vorfahrt einfordert, einem Bass, der lange Nachhall findet zwischen Hügeln, die den Bosporus einrahmen. Wer sich nach dem Ausklang des Winters wundert, weil er glaubt, ein Räuspern in den Stimmen der Schiffe zu hören, die da unten kreuzen, der ist damit nicht allein: »Die Schiffsirenen haben ihre Sommerstimme noch nicht wiedergefunden«, flüstert im Roman »Seelenfrieden« ein junger Mann seiner Geliebten zu.

Irgendwann, nach dem Frühstück meist, erschallt die Klingel eines Trödlers, der mit seiner Karre durch unsere Straße zieht. Jeder der Istanbuler Straßenhändler hat seinen eigenen Ruf. Der Gerümpelsammler kündigt sich mit einem lang gezogenen »Trööödel« an, der Maisverkäufer preist seine gekochten Kolben lautstark als »Saaaftig!«, der Obsthändler, der mit einem klapprigen, breitschnauzigen Lastwagen Marke Dodge oder Fargo, stets knallrot lackiert, in die Viertel kommt und von der Ladefläche herunter verkauft, gibt mit heiserer Stimme die Früchte der Saison bekannt. Ab und zu ziehen auch Alteisensammler, Kammerjäger und *Overlokcu* ihre Runden, das sind Näher, die sich aufs Flicken ausgefranster und aufgedröselter Teppichränder spezialisiert und sich nach der dabei verwendeten »Overlock«-Nähmaschine benannt haben. Unseren *Piyangocu*, den alten Lotterieverkäufer, sehen wir immer im Ufercafé, wo er mit seinen Losen wedelt und ruft: »Heute Abend Ziehung! Ihr Schicksal wird sich wandeln!« Richtige

Schreihälse findet man unter den Händlern, die auf Markt und Basar stehen und ihren *Kokoreç*, ihre gefüllten Kartoffeln oder ihre gefälschten Adidas-Turnschuhe gegen die Konkurrenz anpreisen müssen. Diese Marktschreier sind mitunter Künstler ganz eigener Art, deren Sprüche und Redewendungen Eingang finden in den kollektiven Wortschatz, so wie dies jenem Scherzbold gelungen ist, der als Erster seiner kichernden Klientel »*Ikizlere Takkeee!*«, »Käppchen für Zwillinge«, anbot: Der Mann verkaufte billige Büstenhalter.

Es gibt Geräusche, die begleiten uns das ganze Jahr. Das metallische Klappern des Teelöffels, der auf die blecherne Untertasse fällt. Das Tosen und Hupen auf den Straßen. Das Knattern der Türkeifahnen im starken Wind. Das gotterbärmliche Geheule räudiger Katzen in der Nacht. Das Jaulen, Knurren, Kläffen und Bellen der Straßenhunde. Die ersten Jahre über auch der kurze Jingle, mit dem die auf die Lieferwagen aufmontierten Lautsprecher der Aygaz-Lieferanten überall in der Stadt das Kommen der bestellten Propangasflaschen ankündigten. Die scheppernde Melodie – eine Mischung aus elektronisch verzerrtem Glockenspiel und dem wie ein Kinderreim fröhlich in alle Wohnungen geplärrten Gesang »Ay-gaz, Ay-gaz…« – war ein genialer Marketingtrick: so kurz und einprägsam, dass sie einem sofort ins Hirn kroch, wo sie sich dann oft Tage und Wochen einnistete. Das gebar natürlich Ressentiments: Es gehörte zum guten Ton unter Istanbulern, sich über den Aygaz-Lieferanten zu ereifern, zumal der einen mit seinem Geplärre nicht selten überfiel, »bevor der Rabe seine Scheiße gefressen hat«, also in aller Herrgottsfrühe. Nicht selten bog der Aygaz-Wagen gerade in dem Moment um die Ecke, da der im Halbschlaf Dösende sich in traumtrunkenem Triumph zu der konzentrierten Gelassenheit gratulierte, mit der er eben den Ruf des Muezzin an der Bettdecke hatte abtropfen lassen. Es gibt Aygaz-Hasser, die sich in Internetforen über »den Albtraum unseres Morgens, den

Todesengel unseres Schlafes« auslassen. »Wenn ein Türke in die Hölle geht«, schreibt einer dort, »dann wird ihm dort die Aygaz-Melodie gespielt.« Seit aber die Stadt der Firma 2008 das öffentliche Abspielen des Liedes verboten hat, scheint unter den Istanbulern die Sentimentalität die Oberhand über den Groll zu gewinnen: Für viele war die Melodie ein Stück Kindheit, ein Stück Heimat. Man kann sie sich nun als MP3 herunterladen, und wenn man Glück hat, ganz selten nur, dann setzt sich ein übermütiger Aygaz-Fahrer ein paar Blocks weiter über das Verbot hinweg, und es hallen noch einmal Fetzen der vertrauten Melodie durch die Gassen, ein Echo alter Tage, und in ihren Büros heben die Menschen für einen Augenblick den Kopf und blicken in unbestimmte Ferne.

Der Gebetsruf des Muezzin wiederum ist seit der Erfindung elektronischer Audiotechnik auch nicht von Pappe, zumal dem Mann zwar das Abspielen vom Tonband verboten ist, nicht aber die künstliche Verstärkung durch ein Megafon, von dem er auch Gebrauch macht, und zwar so kräftig, dass die weniger frommen Türken sich bei jeder Gelegenheit gegenseitig in ihrem Verdacht bestätigen, die Muezzine würden von Tag zu Tag die Lautstärke hochdrehen, um so insgeheim die Islamisierung des Landes zu befördern. Es gibt mehr als dreitausend Moscheen in Istanbul, ganze zweitausend von ihnen beschäftigen Muezzine, deren Stimme und Musikalität der Aufgabe hörbar nicht gewachsen sind – diese deprimierende Schätzung stammt vom Mufti der Stadt persönlich, der seiner unmusikalischen Schar das Nachsitzen verordnet hat bei Gesangsdozenten renommierter Konservatorien. Dort aber, wo die Könner arbeiten, hat der Gebetsruf seinen eigenen Zauber, dem sich auch der Ungläubige nicht entziehen kann, zumal, wenn man ihn an einem magischen Ort erwartet wie auf dem Dach der alten Karawanserei im Basarviertel, auf welches man gelangt, wenn man den einen Kellner aus dem einen Restaurant findet, der den Schlüssel dazu hütet. Da steht man dann über Istanbul, über Konstantinopel, über Byzanz und mit einem Mal stürmen sie von allen Seiten über einen herein, die Gebetsrufe der ältesten und prächtigsten Moscheen des Landes. Meist prescht einer vor, dann antworten die anderen, nie ganz synchron, sie verstärken und beharken einander, greifen ineinander und galoppieren einander davon, bis sie im Schlusskanon zueinander finden.

Ebenfalls der Religion entspringt die Tradition der Trommler im Ramadan (oder *Ramazan*, wie die Türken sagen). Einst, als es noch keine Wecker und keine Aygaz-Wagen gab, zogen sie durch die Straßen, um die Istanbuler fürs erste Mahl des Tages aufzuwecken, schließlich darf kein Gläubiger mehr etwas zu sich nehmen, kein Stückchen Brot und keinen Schluck Wasser, wenn der Morgen erst angebrochen ist. Heute, da es längst Wecker gibt und Leute dazu, die es mit der Religion nicht mehr so genau nehmen, ziehen die Trommler noch immer durch die Straßen, und das trifft nicht nur auf Gegenliebe. Manche Istanbuler freuen sich über die Bewahrung einer Tradition, andere unterstellen den Männern, es gehe ihnen nur um das Trinkgeld, das sie am Ende ihres Tagwerks oder am Ende des Ramadan an jeder Haustüre eintreiben, den Neujahrsbläsern Süddeutschlands nicht unähnlich. Ein leichter Job ist das nicht, ein solcher Trommler muss heute die Flüche mancher Anwohner erdulden, manchmal auch mehr: »Einmal haben ein Tourist und seine Frau einen Kübel Wasser über mich ausgegossen. Ich habe nichts gesagt, nur gelächelt«, erzählt ein Trommler namens Cengiz einer Istanbuler Zeitung. Aber das war nicht alles: »Kurz darauf bedrohte mich ein Türke mit einer Pistole. Er sagte, er würde mir in die Beine schießen, wenn ich weitertrommle.«

Das Trommeln gehört also zu den saisonalen Geräuschen, wie auch im Sommer das Zirpen der Zikaden, das mitternächtliche Stampfen der Bosporusdiscos und das allabendliche Zischen und Knallen beim Abbrennen der Hochzeitsfeuerwerke am Ufer, die unsere Fenster bunt erleuchten. Wie die in den Himmel abgefeuerten Gewehrschüsse zu Fußball-Welt- und Europameisterschaften. Wie die in Minibussen vorüberfahrende krachende Parteimusik zu Wahlkampfzeiten (an der Popmusik erkennt man die Säkularen, an den Janitscharenmärschen die Ultranationalisten, an der türkischen Kunstmusik die Reformislamis und an den Klageliedern der schönen Sängerin Aynur die Kurdenpartei). Wie auch das Knattern des Hubschraubers unseres reichen Nachbarn im Sommer und Herbst, der beim Anflug auf seinen – illegal angelegten – Landeplatz am Rand der Straße hinter unserem Haus jedes Mal, so kommt es mir wenigstens vor, um ein Haar unser Dach abdeckt. Mein Sohn Leander und ich werden immer ganz aufgeregt, wenn der Hubschrauber sich nähert und laufen zum Fenster oder auf die Terrasse. Ich recke zornig die Fäuste gen Himmel und schüttele sie, in der Hoffnung, der Pilot werde furchterfüllt abdrehen und nie wiederkommen. Derweil springt Leander neben mir in die Luft und jauchzt und winkt. »Papa, ein Hubschrauber!«, sagt er auch beim dritten Mal am Tag noch ungläubig, und seine Augen leuchten.

Und noch einmal Orhan Veli:

Ich höre Istanbul, meine Augen geschlossen / Im Kopf den Rausch vergangener Feste / Eine Strandvilla mit halbdunklen Bootshäusern / Das Sausen der Südwinde legt sich / Ich höre Istanbul, meine Augen geschlossen.

Lesen

Wer mehr über das erste Jahrtausend Konstantinopels, wer überhaupt mehr über den Ursprung Europas erfahren möchte, der lasse sich vom britischen Historiker **John J. Norwich** und seiner brillianten Trilogie über »Byzanz« belehren.

Keiner litt wortgewaltiger, keiner dichtete stärker: **Nazım Hikmet** ist der Türken berühmtester Kommunist und größter Dichter. Er musste 1963 im Exil sterben und wurde erst 2009 vom Staat rehabilitiert. »Die Namen der Sehnsucht«, erschienen bei Ammann, stellt sein Schaffen vor.

Ahmet Hamdi Tanpınar starb 1962 und galt seinen Landsleuten vorrangig als Poet. Dabei hat er einige der stärksten Romane der türkischen Sprache geschrieben. Die Bürokratiesatire »Das Uhrenstellinstitut« (in Deutschland bei Hanser) erschien erst nach seinem Tod. Weltliteratur. Und ein großer, kluger Spaß.

Das »Istanbul Kochbuch« der Schweizer Künstlerin **Gabi Kopp** ist mehr als nur eine Rezeptesammlung, es ist ein Lese-

und Bilderbuch, in dem man sich verlieren kann. Aufwendig recherchiert, liebevoll gezeichnet. Das Kochbuch, das Istanbul verdient hat. Sie natürlich auch.

All jenen, die sich bei ihren Spaziergängen durch die Stadt gerne an Büchern festhalten, empfehle ich folgende: Der Turkologe **Klaus Kreiser** hat einen »Literarisch-historischen Stadtführer« geschrieben, der Zugang zu bis dahin unübersetzten osmanischen Quellen verschafft und damit ein Schatzkästlein öffnet. **Barbara Yurtdas** versammelt europäische und türkische Dichter und Romanciers für pointierte literarische Ausflüge in ihrem Büchlein »Istanbul, ein Reisebegleiter«. Nur auf Englisch erhältlich, aber ein Muss für jeden, der sich für die Geschichte der Griechen, Juden und Armenier in der Stadt interessiert ist »Going Back to Constantinople: Istanbul: A City of Absences« des griechischen Journalisten und Reiseschriftstellers **Alexandros Massavetas**.

Schwarz & Weiß

Fragen Sie den Fotografen Arif Aşçı, warum er Istanbul nur in Schwarz-Weiß aufnimmt, und er wird ihnen sagen: »Istanbul ist nicht Kuba, ist nicht China und ist nicht Indien, wo sogar die Bettler farbenprächtige Kleider tragen. Istanbul ist fast eine Schwarz-Weiß-Stadt.« Dann aber, der Bosporus: ein gleißender Spiegel, der an manchen Tagen das Licht der Sonne, türkis gebrochen, ein zweites Mal auf das Antlitz der Stadt wirft und ihm ein kühles Flirren verleiht. Am Bosporus ist ohnehin alles Reflex: das Licht eine Spiegelung und der Ton ein Widerhall. Hier kann auch der Mensch zum Echo von Dingen werden, von denen er bis dahin nichts ahnte.

PIPER

Iris Alanyali
Gebrauchsanweisung für die Türkei

192 Seiten mit 1 Karte. Gebunden

Sie wollen in Istanbul einen Teppich kaufen? Oder einen Dönerkebab in Antalya? Sie kennen das Wunderwort »ayıp« nicht? Und Sie möchten endlich Ihren Gemüsehändler besser verstehen lernen, der so ungeduldig auf den EU-Beitritt wartet? Dann sollten Sie diese Gebrauchsanweisung lesen: Sie verrät Ihnen nicht nur die Feinheiten türkischer Umgangsformen. Sie werden darin auch einiges über die Schamgrenzen in Hamams erfahren, über die Vorzüge nach Eau de Cologne duftender Überlandbusse und darüber, weshalb Mustafa Kemals berühmtes Konterfei den Besucher seit Generationen aus jeder Fischbude entgegenlächelt. Iris Alanyali weiß, was ihre Landsleute umtreibt – sie berichtet von der Vereinbarkeit von Religion und Weltoffenheit, von Gerichten, die »Damennabel« oder »Mädchenbrüste« heißen, und davon, welche Rolle die türkische Großmutter im gesellschaftlichen Leben eines patriarchalischen Landes wirklich spielt.